नोबेल पुरस्कृत भारतीय

नोबेल पुरस्कृत भारतीय

अरुण आनंद

प्रकाशक

प्रभात पेपरबैक्स

प्रभात प्रकाशन प्रा. लि. का उपक्रम

4/19 आसफ अली रोड, नई दिल्ली-110002

फोन : 23289777 • हेल्पलाइन नं. : 7827007777

इ-मेल : prabhatbooks@gmail.com ❖ वेब ठिकाना : www.prabhatbooks.com

संस्करण

प्रथम, 2022

मूल्य

दो सौ पचास रुपए

अनुवाद

पारितोष मालवीय

मुद्रक

आर-टेक ऑफसेट प्रिंटर्स, दिल्ली

NOBEL PURASKRIT BHARATIYA

by Shri Arun Anand

(Hindi translation of INDIAN NOBEL LAURATES)

Published by **PRABHAT PAPERBACKS**

An imprint of Prabhat Prakashan Pvt. Ltd.

4/19 Asaf Ali Road, New Delhi-110002

ISBN 978-93-5521-315-0

₹ 250.00

प्राक्कथन

"मेरा कार्यस्थल ही मेरा घर है तथा प्रत्येक स्थान मेरा कार्यस्थल है।" अल्फ्रेड नोबेल द्वारा मुखरित ये शब्द उस व्यक्ति के संकल्प को चित्रित करते हैं, जिसने घोर विषम परिस्थितियों का सामना करते हुए स्वयं अपने भाग्य को गढ़ा तथा नोबेल पुरस्कारों के जरिए अपना सर्वस्व समाज को अर्पित करने का निश्चय किया।

अल्फ्रेड नोबेल का जन्म 21 अक्तूबर, 1833 को स्वीडन के स्टॉकहोम नामक स्थान पर हुआ था। उनके पिता इमानुएल नोबेल एक यंत्री (इंजीनियर) तथा माता एंड्रियेट आलसेल एक संपन्न परिवार की महिला थीं।

इमानुएल न केवल एक यंत्री थे, वरन् वे एक आविष्कारक भी थे। जिस समय वे स्टॉकहोम के पास पुल एवं भवन निर्माण में व्यस्त थे, उसी समय उन्होंने चट्टानों में विस्फोट की नवीन तकनीकों के भी कई प्रयोग किए।

तथापि अपने व्यवसाय में हुए घाटे के कारण इमानुएल को 1833 में स्वयं को दिवालिया घोषित करना पड़ा, उसी वर्ष अल्फ्रेड का जन्म हुआ।

नई संभावनाओं/अवसरों की तलाश में इमानुएल को स्टॉकहोम छोड़ना पड़ा और इस समय अल्फ्रेड की आयु मात्र चार वर्ष थी। वे पहले फिनलैंड गए, तत्पश्चात् रूस पहुँचे। रूस के सेंट पीटर्सबर्ग में उन्होंने रूसी सेना को मशीनी उपकरण की आपूर्ति का कार्य आरंभ किया, जिसमें एक बार पुन: उन्होंने सफलता का स्वाद चखा। उन्होंने सफलतापूर्वक समुद्री सुरंगों का प्रारूप तैयार किया, जिसका रूसी सेना ने कीमियन युद्ध (1853-56) में प्रभावशाली ढंग से उपयोग किया। उन्होंने वाष्प इंजन का ढाँचा तैयार करने तथा शस्त्र निर्माण में अग्रणी भूमिका का निर्वाह किया।

1842 में वे अपने परिवार को सेंट पीटर्सबर्ग ले गए। वहाँ अल्फ्रेड नोबेल ने निजी शिक्षकों से शिक्षा प्राप्त की तथा प्राकृतिक विज्ञान के साथ-साथ भाषा एवं साहित्य की शिक्षा भी ग्रहण की। किशोर-वय में ही उन्होंने स्वीडिश, रूसी, अंग्रेजी तथा जर्मन भाषाओं में दक्षता प्राप्त कर ली थी।

उनके प्रिय विषयों में भौतिकी और रसायन ही नहीं थे, वरन् अंग्रेजी साहित्य तथा काव्य भी शामिल थे। अल्फ्रेड की काव्य में गहरी रुचि उनके पिता इमानुएल को खटकती थी। वे चाहते थे कि अल्फ्रेड उनके उद्यम में उनके साथ शामिल हो जाए। वे इस बात से भी चिंतित थे कि अल्फ्रेड में अंतर्मुखी व्यक्तित्व पनप रहा था।

विस्तृत अनुभव प्राप्त करने के लिए अल्फ्रेड को रसायन यांत्रिकी के अध्ययन के लिए विदेश भेजा गया। इस अवसर का लाभ उठाते हुए अल्फ्रेड फ्रांस, जर्मनी, संयुक्त राज्य अमेरिका तथा स्वीडन गए। पेरिस में उन्हें प्रसिद्ध रसायनशास्त्री टी. जे. पेलाउज की व्यक्तिगत प्रयोगशाला में कार्य करने का अवसर मिला।

इस प्रयोगशाला में कार्य करने के दौरान उनकी भेंट इटली के युवा रसायनशास्त्री सानियो सोबरेरो से हुई। सोबरेरो को कुछ ही वर्ष पूर्व किए गए उनके आविष्कार—उच्च विस्फोटक तरल—के लिए जाना जाता था। यह तरल नाइट्रोग्लिसरीन के नाम से जाना गया। इसे ग्लिसरीन, सल्फ्यूरिक अम्ल तथा नाइट्रिक अम्ल के मिश्रण से तैयार किया गया। इसकी विस्फोटक शक्ति उस समय सामान्यतः प्रयोग में लाई जानेवाली बारूद की विस्फोटक शक्ति से कहीं अधिक थी।

अल्फ्रेड को लगा, यदि उन्होंने नाइट्रोग्लिसरीन को स्थिर कर लिया तो वे अपने भाग्य की दिशा बदल सकते हैं। उन्होंने इस बात का आकलन कर लिया था कि भवन निर्माण कार्य में इस पदार्थ की बड़ी उपयोगिता है, क्योंकि इसके उपयोग से किसी चट्टान, भवन या अन्य निर्माण को विस्फोट कर समाप्त करने में आनेवाली लागत अत्यधिक कम होगी।

सन् 1852 में इमानुएल ने अपने कार्य में सहायता के लिए अल्फ्रेड नोबेल को पुनः वापस बुला लिया, क्योंकि रूसी सेना में उनके उत्पाद की माँग कई गुना बढ़ गई थी तथा उनका पारिवारिक उद्यम चरम पर था। बहरहाल, जैसे ही युद्ध समाप्त हुआ, भाग्य ने पलटा खाया तथा इमानुएल एक बार फिर दिवालिया हो गए। इसी बीच अल्फ्रेड ने अपने पिता के साथ नाइट्रोग्लिसरीन को स्थिर करने के अपने प्रयोग को जारी रखा।

इमानुएल अपने दो पुत्रों—अल्फ्रेड एवं एमिल—के साथ युद्ध समाप्ति के पश्चात् स्टॉकहोम वापस आ गए, जबकि उनके अन्य दो पुत्र रॉबर्ट एवं लुडविग सेंट पीटर्सबर्ग में ही रुक गए। रॉबर्ट और लुडविग ने तेल व्यवसाय में आकर अपने पारिवारिक उद्यम (व्यवसाय) को पुनः खड़ा किया।

अल्फ्रेड नोबेल 1863 में स्वीडन वापस आए तथा विस्फोटक के रूप में नाइट्रोग्लिसरीन के साथ अपने प्रयोगों को अब भी जारी रखा। 1864 में उनकी प्रयोगशाला में विस्फोट की एक दुर्भाग्यपूर्ण घटना घटित हुई, जिसमें उनके भाई एमिल सहित कई लोग मारे गए। स्वीडन के अधिकारियों ने अल्फ्रेड से कहा कि वे स्टॉकहोम शहर की परिधि के भीतर नाइट्रोग्लिसरीन के साथ कोई प्रयोग जारी नहीं रख सकेंगे।

बहरहाल, इस प्रकार किसी भी वर्जना से विचलित न होते हुए अल्फ्रेड ने मालरेन झील पर लंगर डाले हुए एक माल वाहक जहाज में अपना प्रयोग जारी रखा।

अंततः उन्हें अपनी समस्या का समाधान मिल गया। उन्होंने यह अन्वेषण कर लिया कि नाइट्रोग्लिसरीन तथा किजेलगुर का मिश्रण नाइट्रोग्लिसरीन को तरल से गाढ़े पदार्थ में परिवर्तित कर सकता है तथा इस गाढ़े पदार्थ को छड़ों का आकार दिया जा सकता है। इन छड़ों को ड्रिल किए हुए सूराखों के अनुरूप आकार एवं स्वरूप दिया जा सकता है। उन्होंने इस पदार्थ का नाम दिया—डायनामाइट रखा तथा 1867 में इसे पेटेंट करा लिया। डायनामाइट विस्फोट करने के लिए उन्होंने विस्फोट प्रेरक भी विकसित किया, जिससे विस्फोट सुरक्षित रूप से किया जा सके।

उनके इस आविष्कार से निर्माण की लागत में भारी कमी आई। इससे निर्माण स्थलों तथा खदानों में किए जानेवाले विस्फोट भी काफी सुरक्षित हो गए। अल्फ्रेड नोबेल न केवल एक उत्कृष्ट आविष्कारक थे, वरन् एक कुशल व्यवसायी भी थे।

सन् 1865 तक उन्होंने यूरोप के अन्य देशों, अमेरिका तथा ऑस्ट्रेलिया, में नाइट्रोग्लिसरीन विस्फोटक का निर्यात आरंभ कर दिया। अगले कुछ वर्षों में उन्होंने अपने व्यवसाय का तेजी से विस्तार किया तथा कम-से-कम बीस शहरों में प्रयोगशालाएँ तथा फैक्टरियाँ स्थापित कीं। तब तक पेरिस उनका मुख्य आवास बन चुका था, लेकिन अपनी उद्यमी प्रवृत्ति के कारण वे लगातार यात्राएँ करते रहे। लोगों ने उन्हें यूरोप के 'सबसे धनी यायावर' की संज्ञा दी।

जब वे अपने व्यवसाय के लिए यात्रा नहीं कर रहे होते थे, तब वे अपनी

प्रयोगशाला में किसी-न-किसी नए आविष्कार की खोज में लगे रहते थे। विस्फोट की तकनीक के विकास में अल्फ्रेड ने अग्रणी भूमिका निभाई। इसके अतिरिक्त सिंथेटिक रबड़ और चमड़े तथा नकली रेशम जैसे कई प्रकार के पदार्थ एवं रसायनों को विकसित करने में उनकी उपलब्धि स्मरणीय है।

सन् 1896 में अपनी मृत्यु के समय तक उनके खाते में 355 पेटेंट थे। चूँकि वे स्वयं को कार्यों में व्यस्त रखते थे, अत: अपने निजी जीवन के लिए उनके पास मुश्किल से ही समय बच पाता था।

काउंटेस बर्था किंसकी नामक ऑस्ट्रिया की भद्र महिला, जिन्होंने कुछ समय तक उनके घर की देखभाल भी की थी, आजीवन उनकी मित्र रहीं। उनके ऑस्ट्रिया वापस जाने तथा विवाह हो जाने के बाद भी दोनों एक-दूसरे को पत्र लिखते रहे।

रोचक तथ्य यह है कि कुछ वर्ष बीतने के साथ बर्था शस्त्रों की होड़ के विरुद्ध एक मुखर आलोचक के रूप में उभरकर सामने आईं। वे शस्त्र-विरोधी शांति आंदोलन की अग्रणी नेता बनीं तथा उन्होंने 'ले डाउन योर आर्म्स' नामक प्रसिद्ध पुस्तक लिखी।

ऐसा कहा जाता है कि उनका प्रभाव अल्फ्रेड नोबेल तथा उनकी वसीयत में भी दृष्टिगोचर हुआ। अपनी वसीयत में उन्होंने शांति का प्रसार करनेवाले व्यक्ति अथवा संस्था के लिए पुरस्कार की घोषणा की। संयोगवश, अल्फ्रेड नोबेल की मृत्यु के कुछ वर्षों बाद 1905 में बर्था को 'नोबेल शांति पुरस्कार' प्रदान किया गया।

अल्फ्रेड नोबेल का निधन 10 दिसंबर, 1896 को इटली के सैन रेमों में हुआ। जब उनकी वसीयत खोली गई तो हर कोई आश्चर्यचकित था। उन्होंने अपनी सारी संपत्ति को भौतिकी, रसायन, शरीर-क्रिया विज्ञान अथवा औषधि, साहित्य एवं शांति के लिए पुरस्कारों के नाम करने का निर्णय किया था।

दो युवा इंजीनियरों रैग्नर सालभन तथा रूडोल्फ लिलजेक्विएट ने उनकी वसीयत पर अमल किया। इसमें उनके सामने कई बाधाएँ आईं, क्योंकि उनके (अल्फ्रेड के) कई नजदीकी रिश्तेदार उस वसीयत के विरोध में खड़े हो गए। बहरहाल, वे एक संस्था के रूप में 'नोबेल फाउंडेशन' की स्थापना करने में सफल हो गए। इस फाउंडेशन पर अल्फ्रेड नोबेल द्वारा पुरस्कारों के लिए छोड़ी गई संपत्ति की वित्तीय देखभाल का दायित्व था। नोबेल फाउंडेशन पुरस्कारों के वितरण का संयोजन भी करता है।

नोबेल पुरस्कार 1901 से भौतिकी, रसायन (औषधि), साहित्य तथा शांति के क्षेत्र में विशिष्ट उपलब्धि के लिए दिए जा रहे हैं। अर्थशास्त्र के क्षेत्र में 'नोबेल पुरस्कार' की स्थापना स्वीडन के सेंट्रल बैंक—स्वरिग्स रिक्स बैंक—ने अल्फ्रेड नोबेल के सम्मान में अपनी 300वीं वर्षगाँठ पर की। इस तरह से अर्थशास्त्र में 'स्वरिग्स रिक्स बैंक पुरस्कार' अर्थशास्त्र में नोबेल पुरस्कार के रूप में जाने गए। प्रत्येक नोबेल पुरस्कार में एक तमगा (मेडल), व्यक्तिगत प्रशंसा-पत्र व नकद पुरस्कार होता है।

अनुक्रम

1

रवींद्रनाथ टैगोर

रवींद्रनाथ टैगोर 'नोबेल पुरस्कार' जीतनेवाले प्रथम भारतीय थे। 1913 में उन्हें साहित्य के क्षेत्र में उनकी महान् कृति 'गीतांजलि' के लिए 'नोबेल पुरस्कार' दिया गया था। वे वास्तव में बहुमुखी प्रतिभा के धनी थे, जिनमें कवि, दार्शनिक, सुधारक, उपन्यासकार, नाटककार, संगीतकार, चित्रकार और इन सबसे परे एक मानवतावादी के गुण थे।

प्रारंभिक वर्ष

रवींद्रनाथ टैगोर का जन्म 7 मई, 1861 को कोलकाता के जोरासांको भवन में हुआ था। उनके पिता सुप्रसिद्ध समाज सुधारक देवेंद्रनाथ टैगोर तथा माता सरला देवी थीं। बचपन में रबी के नाम से लोकप्रिय, वे तेरह भाई-बहनों में सबसे छोटे थे। देवेंद्रनाथ कलकत्ता में तत्कालीन लोकप्रिय सुधारवादी आंदोलन ब्रह्मसमाज के पथ-प्रदर्शक थे। वे उस समय के एक अन्य समाज सुधारक राजा राम मोहन राय के नजदीकी मित्र थे।

रबी का मानसिक झुकाव साहित्य की ओर था, यह बात तभी प्रमाणित हो गई थी, जब मात्र आठ वर्ष की आयु में उन्होंने अपनी पहली कविता लिखी। उनके पिता ने कई यात्राएँ कीं तथा चौदह वर्ष की आयु में उन्होंने अपनी माँ को खो दिया। टैगोर के कुछ भाई-बहन भी बड़े योग्य थे। उनके सबसे बड़े भाई द्विजेंद्रनाथ भी एक कवि और दार्शनिक थे तथा रबी की साहित्यिक यात्रा में, विशेषकर उनके प्रारंभिक वर्षों में, उन्होंने महत्त्वपूर्ण भूमिका अदा की। उनके एक अन्य भाई सत्येंद्रनाथ भारतीय नागरिक सेवा में नियुक्ति पानेवाले प्रथम भारतीय थे, जिसमें उस समय तक

केवल अंग्रेजों का ही आधिपत्य था। उनके एक और भाई ज्योतिरींद्रनाथ सुप्रसिद्ध संगीतकार एवं नाटककार थे, जबकि एक बहन स्वर्ण कुमारी एक उपन्यासकार के रूप में प्रसिद्ध हुईं।

प्रारंभिक वर्षों में टैगोर ने औपचारिक विद्यालयीन शिक्षा नहीं प्राप्त की, बल्कि घर पर रहकर ही अध्ययन किया। 1873 में वे अपने पिता के साथ एक यात्रा के लिए कलकत्ता से निकले और उनकी यह यात्रा कुछ महीनों तक चली। इस यात्रा के दौरान उन्होंने अपने पिता का शांतिनिकेतन एस्टेट, अमृतसर तथा डलहौजी देखा, जिसमें डलहौजी उनका आखिरी पड़ाव था। यात्रा करते समय टैगोर ने खूब अध्ययन किया; विशेषकर उन्होंने जीवनियाँ पढ़ीं तथा उनके पिता ने उन्हें इतिहास, ज्योतिष एवं संस्कृत का ज्ञान कराया। कई अन्य पुस्तकों के अतिरिक्त उनके पिता ने उन्हें संस्कृत के महान् कवि कालिदास के काव्य से परिचित कराया। 1873 में अप्रैल माह के मध्य जब वे डलहौजी पहुँचे और एक घर में रहने लगे तो वे वहाँ के प्राकृतिक सौंदर्य पर मुग्ध हो गए। पिता-पुत्र दोनों ही वहाँ कुछ महीनों तक रहे तथा टैगोर ने अपने पिता की सहायता से कई विषयों को पढ़ना तथा सीखना जारी रखा।

प्रारंभिक वर्षों में टैगोर ने औपचारिक विद्यालयीन शिक्षा नहीं प्राप्त की, बल्कि घर पर रहकर ही अध्ययन किया। 1873 में वे अपने पिता के साथ एक यात्रा के लिए कलकत्ता से निकले और उनकी यह यात्रा कुछ महीनों तक चली। इस यात्रा के दौरान उन्होंने अपने पिता का शांतिनिकेतन एस्टेट, अमृतसर तथा डलहौजी देखा, जिसमें डलहौजी उनका आखिरी पड़ाव था।

सन् 1874 में उन्हें कलकत्ता के सेंट जेवियर स्कूल में दाखिल किया गया, किंतु उन्हें विद्यालय की औपचारिक शिक्षा से घृणा थी, अत: 1875 में उन्होंने विद्यालय छोड़ दिया। उसी वर्ष उन्होंने अपनी माँ को खो दिया। 1877 में भानुशिंहो (भानु सिंह) के छद्म नाम से अपनी कविताएँ प्रकाशित कीं। उसी वर्ष उन्होंने 'भिखारिनी' नाम की लघु कथा भी लिखी। 1882 में 'संध्या-संगीत' नाम का उनका काव्य-संग्रह प्रकाशित हुआ, जिसमें उनकी एक अत्यंत लोकप्रिय कविता 'निर्झरेर स्वप्न भंग' (जलप्रपात का जाग्रत् होना) भी शामिल है।

इन दौरान उनके बचपन का अधिकांश हिस्सा उसी कोठी में व्यतीत हुआ, जहाँ वे रहते थे। वे हमेशा कई सेवकों से घिरे रहते थे, अत: उनमें प्रकृति के समीप

आने की इच्छा जाग्रत् हुई एवं उन्होंने प्राकृतिक सौंदर्य के प्रति भारी आकर्षण का अनुभव किया।

सन् 1873 में जब वे शांतिनिकेतन गए, तब उन्होंने लिखा था, ''जो मैं नहीं देख सका, उससे उबरने में मुझे अधिक समय नहीं लगा; क्योंकि जो मैंने देखा, वह पर्याप्त था। अब सेवकों का घेरा नहीं था, अगर कुछ था तो महज नीले क्षितिज का घेरा था, जिसे कदाचित् इस शांत एकांत स्थान की स्वामिनी किसी देवी ने खींचा था। इस घेरे में मैं स्वेच्छा से घूमने के लिए मुक्त था।''

बैरिस्टर बनने के लिए अध्ययन हेतु टैगोर को 1878 में इंग्लैंड भेजा गया। उनके पिता ने इंग्लैंड के ईस्ट ससेक्स में ब्राइटन नामक स्थान के एक पब्लिक स्कूल में इनका दाखिला करवा दिया। कुछ समय तक तो उन्होंने यूनिवर्सिटी कॉलेज लंदन में कानून की पढ़ाई के लिए स्वयं प्रयास किए, परंतु ज्यादा दिन जारी न रख सके और कॉलेज छोड़ दिया। उन्होंने स्वतंत्र रूप से शेक्सपियर तथा अन्य साहित्यिक कृतियों के अध्ययन को प्राथमिकता दी। इस काल के दौरान वे आयरिश, स्कॉटिश और इंग्लिश लोक संगीत से भी प्रभावित हुए। वर्ष 1880 में बिना कोई डिग्री लिये वे भारत वापस आ गए।

टैगोर का विवाह सन् 1883 में मृणालिनी देवी से हुआ, जिनसे उनकी पाँच संतानें हुईं। उनमें से दो का अल्पायु में ही निधन हो गया। 19वीं शताब्दी के आखिरी दशक में टैगोर ने अपनी पारिवारिक संपदा की देखभाल प्रारंभ की, जिसके लिए उन्हें व्यापक यात्राएँ करनी पड़ीं। 1890 में उन्होंने अपने एक अत्यंत लोकप्रिय काव्य संग्रह 'मानसी' का प्रकाशन किया।

विवाह, परिवार एवं साहित्य साधना

टैगोर का विवाह सन् 1883 में मृणालिनी देवी से हुआ, जिनसे उनकी पाँच संतानें हुईं। उनमें से दो का अल्पायु में ही निधन हो गया। 19वीं शताब्दी के आखिरी दशक में टैगोर ने अपनी पारिवारिक संपदा की देखभाल प्रारंभ की, जिसके लिए उन्हें व्यापक यात्राएँ करनी पड़ीं। 1890 में उन्होंने अपने एक अत्यंत लोकप्रिय काव्य संग्रह 'मानसी' का प्रकाशन किया। उस समय के अन्य जमींदारों से भिन्न टैगोर अत्यंत उदार थे एवं अपनी रियासत के ग्रामीणों से आदरपूर्ण व्यवहार करते थे। वे भी उन्हें उतना ही पसंद करते थे और जब भी टैगोर उनसे मिलने जाते, वे

उनका आदर-सत्कार करते। इस काल के दौरान उनका परिचय बाउल गान नामक संगीत विधा से हुआ, जिसका उन पर गहरा प्रभाव पड़ा।

शांतिनिकेतन

टैगोर का ऐसा मानना था कि विद्यालय के नियम तथा पाठ्य-पुस्तकोन्मुख शिक्षा बच्चों की क्षमता के साथ पूरा न्याय नहीं करते। वे मुक्त शिक्षा के प्रबल समर्थक थे। अपने सोच के अनुसार, बच्चों को शिक्षा प्रदान करने के उचित तरीके के क्रियान्वयन हेतु उन्होंने शांतिनिकेतन में प्रायोगिक तौर पर एक विद्यालय की स्थापना की। विद्यालय के साथ-साथ उन्होंने एक आश्रम की भी स्थापना की, जिसमें एक प्रार्थना कक्ष भी था। उन्होंने बेहतरीन पुस्तकों से युक्त एक पुस्तकालय की स्थापना हेतु अतिरिक्त प्रयास किए। विद्यालय, आश्रम तथा पुस्तकालय की स्थापना एक हरे-भरे सुरम्य वातावरण में की गई थी। विद्यालय काफी हद तक प्राचीन भारतीय संकल्पना 'तपोवन' पर आधारित था। वहाँ उन्होंने स्वयं ही विद्यार्थियों को शिक्षा प्रदान करना शुरू की।

सन् 1901 में उन्होंने 'बंगदर्शन' का भी संपादन प्रारंभ कर दिया। यह वह

काल था, जब उन्होंने पश्चिम के अंधानुकरण का विरोध किया, लेकिन विद्यालय चलाना आसान कार्य नहीं था, क्योंकि इससे उन पर अत्यधिक वित्तीय बोझ आ पड़ा।

अपने प्रयोग को जारी रखने के दृढ संकल्प के कारण उन्होंने अपनी व्यक्तिगत संपत्ति, यहाँ तक कि अपनी पत्नी के जेवर, विद्यालय के लिए धन जुटाने हेतु बेच दिए। 1902 में अपनी पत्नी के असामयिक निधन से टैगोर टूट गए थे और उन्होंने उनकी स्मृति में 'स्मरण' शीर्षक से संवेदनशील कविताओं की रचना की। इस व्यक्तिगत क्षति से उनकी बौद्धिक साधना में कोई व्यवधान नहीं पड़ा। वर्ष 1903 का ज्यादातर समय उन्होंने शांतिनिकेतन में ही व्यतीत किया तथा कविताएँ लिखीं। इस दौरान वे नियमित रूप से 'बंगदर्शन' में अपना योगदान देते रहे, जिसमें उनके उपन्यास 'नौका डूबी' का धारावाहिक प्रकाशन हुआ।

सन् 1904 में वे प्रसिद्ध वैज्ञानिक जे.सी. बोस तथा स्वामी विवेकानंद की अनुयायी भगिनी निवेदिता से मिले और उनके साथ महात्मा बुद्ध के ज्ञान प्राप्ति स्थल 'बोधगया' के भ्रमण पर गए। इस बीच शांतिनिकेतन के लिए धन के इंतजाम हेतु उन्होंने कठिन संघर्ष जारी रखा तथा अपनी कृतियों के सीमित संस्करणों के अधिकारों को बहुत कम राशि में बेच दिया।

सन् 1904 में वे प्रसिद्ध वैज्ञानिक जे.सी. बोस तथा स्वामी विवेकानंद की अनुयायी भगिनी निवेदिता से मिले और उनके साथ महात्मा बुद्ध के ज्ञान प्राप्ति स्थल 'बोधगया' के भ्रमण पर गए। इस बीच शांतिनिकेतन के लिए धन के इंतजाम हेतु उन्होंने कठिन संघर्ष जारी रखा तथा अपनी कृतियों के सीमित संस्करणों के अधिकारों को बहुत कम राशि में बेच दिया।

सन् 1905 में टैगोर को एक और व्यक्तिगत आघात लगा, जब 88 वर्ष की आयु में उनके पिता का देहांत हो गया। अब तक शैक्षिक मुद्दों को लेकर वे काफी मुखर होते जा रहे थे। उन्होंने भारतीय शिक्षा पद्धति के सामने आनेवाली विभिन्न समस्याओं को लेकर लेखों की एक श्रृंखला लिख डाली।

'स्वदेशी आंदोलन' के वे प्रबल समर्थक थे, लेकिन अगले दो वर्षों में शनैः-शनैः उन्होंने स्वयं को राजनीति से दूर कर लिया। अब उन्होंने उत्तरोत्तर अपना ध्यान साहित्य लेखन में लगाया तथा अपना अधिकांश समय, ऊर्जा तथा संसाधनों को शांतिनिकेतन चलाने में लगा दिया। वर्ष 1907 में उनकी महानतम कृतियों में से एक 'गोरा' नामक उपन्यास नियमित रूप से 'प्रवासी' में प्रकाशित होने लगा।

उनके सबसे छोटे पुत्र की मृत्यु से उन्हें कठोर आघात पहुँचा। उन्होंने शांतिनिकेतन का कार्यभार अपने एक साथी को सौंप दिया, जिससे वे उस दुःख से बाहर निकलने के लिए कुछ समय एकांत में व्यतीत कर सकें।

टैगोर के जीवन का उत्तर काल

टैगोर ने बंगाली युवाओं को कुछ सकारात्मक कार्य करने की आवश्यकता पर जोर देना आरंभ किया तथा उन्हें सही दिशा दिखाने के लिए ऐसी कार्ययोजना तैयार की, जिससे निर्धन ग्रामवासियों का उत्थान हो सके। वर्ष 1908-09 में शांतिनिकेतन मंदिर में लगभग छह महीनों तक प्रतिदिन अपने अनुभवों पर आधारित उपदेश तथा वार्त्ताएँ दीं। ये वार्त्ताएँ बाद में प्रकाशित हुईं और बहुत लोकप्रिय हुईं।

टैगोर सांस्कृतिक सम्मिश्रण तथा धार्मिक सहिष्णुता के प्रबल पक्षधर थे। वे इन विषयों पर वार्त्ताएँ सुनाया करते थे तथा सभी मनुष्यों के प्रति आदर एवं प्रेम की आवश्यकता पर बल देते थे। वर्ष 1909 में प्रसिद्ध चित्रकार नंदलाल ने उनकी कविताओं के लिए चित्र बनाए, तब कलात्मक चित्रों सहित टैगोर की कविताओं की पहली पद्यावली प्रकाशित हुई।

टैगोर सांस्कृतिक सम्मिश्रण तथा धार्मिक सहिष्णुता के प्रबल पक्षधर थे। वे इन विषयों पर वार्त्ताएँ सुनाया करते थे तथा सभी मनुष्यों के प्रति आदर एवं प्रेम की आवश्यकता पर बल देते थे। वर्ष 1909 में प्रसिद्ध चित्रकार नंदलाल ने उनकी कविताओं के लिए चित्र बनाए, तब कलात्मक चित्रों सहित टैगोर की कविताओं की पहली पद्यावली प्रकाशित हुई। टैगोर के लिए यह वर्ष अत्यंत महत्त्वपूर्ण था, क्योंकि इस वर्ष उन्होंने जिन गीतों की रचना की, उनमें से कुछ उनकी महानतम कृति 'गीतांजलि' का हिस्सा बने, जिसके लिए उन्हें 'नोबेल पुरस्कार' मिला।

शीघ्र ही प्रतिष्ठित साहित्यिक पत्रिका 'मॉडर्न रिव्यू' ने टैगोर की कहानियों का पहला अंग्रेजी अनुवाद प्रकाशित कर अंग्रेजी पुस्तक-प्रेमियों का टैगोर से परिचय कराया। 1911 तक न केवल उनके लिखे हुए गद्य, बल्कि काव्य का भी अंग्रेजी अनुवाद प्रकाशित हुआ, जिससे उन्हें विश्व भर से प्रशंसा प्राप्त हुई। 1911 में उन्होंने अपने जीवन के पचास वर्ष पूर्ण किए तथा यह एक रोचक तथ्य है कि उनकी पचासवीं वर्षगाँठ के उपलक्ष्य में शांतिनिकेतन में मंचित एक नाटक में उन्होंने अभिनय किया।

टैगोर ने किसी विधा विशेष में स्वयं को सीमित न रखते हुए अपने साहित्यिक लेखन को जारी रखा। उन्होंने नाटक लिखें, कविताएँ लिखी, गीतों की रचना की तथा साथ ही लघु कथाओं के द्वारा साहित्यिक एवं अन्य प्रकाशनों को योगदान दिया। पत्रिका 'प्रवासी' ने 'जीवन स्मृति' शीर्षक के अंतर्गत उनकी आत्मकथात्मक रचनाओं का क्रमिक प्रकाशन आरंभ कर दिया।

बहरहाल, शांतिनिकेतन को चलाने में सभी संसाधनों के व्यय हो जाने से टैगोर को निरंतर आर्थिक तंगी का सामना करना पड़ रहा था तथा शांतिनिकेतन के उत्तरोत्तर विस्तार से अधिकाधिक संसाधनों की आवश्यकता पड़ रही थी, तथापि इस समय तक वे उत्कृष्ट साहित्यकारों में से एक थे तथा वर्ष 1911 में भारतीय राष्ट्रीय कांग्रेस के छब्बीसवें सत्र में उनके द्वारा रचित 'जन-गण-मन-अधिनायक' गीत गाया गया। आगे चलकर यही गीत स्वतंत्रता उपरांत भारत का राष्ट्रगान बना।

जबकि टैगोर के साहित्य को लगातार हर क्षेत्र से अद्वितीय प्रशंसा मिल रही थी, उनके स्वप्निल प्रयास 'शांतिनिकेतन' को ब्रिटिश सरकार का क्रोध झेलना पड़ा। बंगाल तथा असम सरकार ने घोषणा कर दी कि शांतिनिकेतन सरकारी कर्मचारियों के बच्चों के लिए उपयुक्त नहीं है। बहरहाल, शांतिनिकेतन घूमने आए एक अमेरिकी वकील द्वारा किए गए संस्थान के देदीप्यमान वर्णन से इस बात का प्रकाशन हुआ कि मानव मूल्योन्मुख शिक्षा टैगोर के स्वप्न का आधार थी तथा इस तरह से उस समय यह संस्थान अपने आपमें अद्वितीय था।

जबकि टैगोर के साहित्य को लगातार हर क्षेत्र से अद्वितीय प्रशंसा मिल रही थी, उनके स्वप्निल प्रयास 'शांतिनिकेतन' को ब्रिटिश सरकार का क्रोध झेलना पड़ा। बंगाल तथा असम सरकार ने घोषणा कर दी कि शांतिनिकेतन सरकारी कर्मचारियों के बच्चों के लिए उपयुक्त नहीं है।

बीसवीं शताब्दी के दूसरे दशक के प्रारंभिक वर्षों में टैगोर ने इंग्लैंड की यात्रा की। उनकी कविताओं के कुछ अंग्रेजी अनुवाद कुछ परिचितों के माध्यम से विलियम बटलर यीट्स, एंड्रयू ब्रैडले तथा स्टाप फोर्ड ब्रुक तक पहुँचे। वे तीनों ही टैगोर के काव्य से अत्यंत प्रभावित हुए। अपने इंग्लैंड प्रवास के दौरान टैगोर ने 20वीं शताब्दी के अत्यधिक प्रभावशाली दार्शनिकों में से एक बर्ट्रेंड रसेल से भेंट की।

टैगोर के इंग्लैंड भ्रमण ने उन्हें अंतरराष्ट्रीय स्तर के बड़े साहित्यकार के रूप में स्थापित कर दिया। उनके कुछ मित्रों द्वारा उनकी कविताओं के पाठ का आयोजन

किया गया, जिसे अग्रणी साहित्यकारों ने सुना। उन सभी ने टैगोर की बेहतरीन साहित्यिक कृतियों की प्रशंसा की। उनकी एक लघु कथा का नाट्य रूपांतरण हुआ तथा उसका मंचन रॉयल अलबर्ट हॉल में किया गया, जिस पर साहित्यिक आलोचकों की प्रतिक्रियाएँ प्राप्त हुईं।

टैगोर ने बीसवीं शताब्दी के कुछ सर्वाधिक प्रभावशाली व्यक्तियों से भी भेंट की, जिनमें जी.बी. शॉ तथा एच.जी. वेल्स शामिल थे। इलिनोएस में अपने व्याख्यानों की एक शृंखला प्रस्तुत करने के लिए वे समुद्र यात्रा के द्वारा इंग्लैंड से अमेरिका पहुँचे।

इस बीच 'इंडिया सोसाइटी ऑफ लंदन' ने 'गीतांजलि' के कुछ सीमित संस्करण प्रकाशित किए। इसकी प्रस्तावना यीट्स द्वारा लिखी गई थी। टैगोर की साहित्यिक कृतियों, विशेषकर गीतांजलि ने अब तक विश्व भर का ध्यान आकृष्ट कर लिया था। शिकागो की एक पत्रिका 'पोइट्री' ने गीतांजलि की कुछ कविताओं का प्रकाशन किया। इंग्लैंड से लौटने के बाद सी.एफ. एंड्र्यूज ने भारत में टैगोर तथा उनकी साहित्यिक कृतियों के बारे में विस्तार से लिखा।

इस बीच 'इंडिया सोसाइटी ऑफ लंदन' ने 'गीतांजलि' के कुछ सीमित संस्करण प्रकाशित किए। इसकी प्रस्तावना यीट्स द्वारा लिखी गई थी। टैगोर की साहित्यिक कृतियों, विशेषकर गीतांजलि ने अब तक विश्व भर का ध्यान आकृष्ट कर लिया था। शिकागो की एक पत्रिका 'पोइट्री' ने गीतांजलि की कुछ कविताओं का प्रकाशन किया।

सन् 1913 में इंग्लैंड की मैकमिलन एंड कंपनी ने गीतांजलि का एक अत्यंत लोकप्रिय संस्करण प्रकाशित किया, यद्यपि टैगोर को संयुक्त राज्य अमेरिका के शिकागो, बोस्टन तथा न्यूयॉर्क सहित अनेक शहरों में विभिन्न विषयों पर व्याख्यान देने के लिए आमंत्रित किया जा रहा था।

सन् 1913 में उन्हें 'गीतांजलि' के लिए 'नोबेल पुरस्कार' दिया गया।

नोबेल समिति ने अपने प्रशंसा-पत्र में लिखा कि टैगोर को यह पुरस्कार उनके गंभीर, संवेदनशील, नवीन एवं सुंदर छंदों के लिए दिया गया है, जिनके द्वारा पूर्ण कौशल से उन्होंने अपने काव्यात्मक विचारों को स्वयं के अंग्रेजी शब्दों में, जो पश्चिम साहित्य का ही एक हिस्सा हैं, व्यक्त किया है।

10 दिसंबर, 1913 को तत्कालीन नोबेल समिति के अध्यक्ष हेराल्ड हिजार्ने

ने प्रस्तुति भाषण के दौरान कहा, ''समिति के लिए यह अत्यंत सुखद क्षण है कि यह एक ऐसे लेखक को स्वीकार करने की सहमति बनाने में सक्षम है, जिसने अल्फ्रेड नोबेल की अंतिम इच्छा एवं वसीयत के निश्चित शब्दों के अनुसार प्रचलित वर्ष के दौरान आदर्शवादी रुझान की उत्कृष्ट कविताओं की रचना की।'' जैसे ही टैगोर को 'नोबेल पुरस्कार' दिए जाने का समाचार भारत पहुँचा, चारों ओर उत्सव जैसा वातावरण हो गया। साहित्य के क्षेत्र में 'नोबेल पुरस्कार' पानेवाले न केवल वे प्रथम भारतीय थे, वरन् प्रथम एशियाई भी थे। साहित्य के संसार में उनके योगदान को देखते हुए, कलकत्ता विश्वविद्यालय ने 26 दिसंबर को उन्हें डी.लिट्. की उपाधि से सम्मानित किया।

टैगोर स्वीडन में आयोजित नोबेल पुरस्कार समारोह में उपस्थित न हो सके। उन्होंने स्वीडिश अकादमी की ओर से नोबेल पुरस्कार डिप्लोमा तथा मेडल वर्ष 1914 में कलकत्ता में ही प्राप्त किया। उनको नोबेल पुरस्कार प्रदान किए जाने के बाद साहित्य-प्रेमियों में उनकी पुस्तकें पढ़ने की लालसा जाग उठी। अत: उनकी मुख्य कृतियाँ कई यूरोपियन भाषाओं के साथ-साथ अरबी भाषा में अनूदित तथा प्रकाशित होने लगीं।

टैगोर स्वीडन में आयोजित नोबेल पुरस्कार समारोह में उपस्थित न हो सके। उन्होंने स्वीडिश अकादमी की ओर से नोबेल पुरस्कार डिप्लोमा तथा मेडल वर्ष 1914 में कलकत्ता में ही प्राप्त किया। उनको नोबेल पुरस्कार प्रदान किए जाने के बाद साहित्य-प्रेमियों में उनकी पुस्तकें पढ़ने की लालसा जाग उठी।

सन् 1914 में प्रथम विश्वयुद्ध प्रारंभ हो गया था तथा टैगोर, जो इस समय तक सबके बीच गुरुदेव के नाम से लोकप्रिय हो चुके थे, ने विश्व में शांति लाने की आवश्यकता तथा महत्त्व पर कई व्याख्यान दिए तथा वार्त्ताएँ कीं।

सन् 1915 में आधुनिक भारत की दो महान् हस्तियों की भेंट हुई, जब गांधीजी शांतिनिकेतन गए। 6 मार्च को दोनों की मुलाकात हुई और दोनों के मध्य गहरा जुड़ाव हो गया। उसी वर्ष उनके सारे संग्रह बंगाली भाषा में दस भागों में प्रकाशित हुए।

सन् 1916 में टैगोर एक लंबी अंतरराष्ट्रीय यात्रा के लिए निकले, जिसमें उन्होंने बर्मा सिंगापुर, जापान तथा संयुक्त राष्ट्र अमेरिका समेत कई देशों की यात्राएँ कीं। उन्होंने दर्जनों शहरों का भ्रमण किया तथा किसी भी प्रकार की राजशाही की आलोचना करते हुए व्याख्यान दिए।

भारत लौटने के पश्चात्, टैगोर ने एक ऐसे संस्थान की स्थापना की आवश्यकता

महसूस की, जो पूर्वी देशों की संस्कृति के विकास का केंद्र बन सके। इस प्रकार 1918 में विश्वभारती अस्तित्व में आया।

टैगोर उदार एवं मानवतावादी विचारधारावाले व्यक्ति थे तथा सदैव अपने मन की बात सुनने में विश्वास करते थे। उन्होंने खुलेआम अंतर्जातीय विवाह का समर्थन किया तथा उपनिवेशवाद के द्वारा मानवजाति पर किसी भी प्रकार के दमन की आलोचना की। नोबेल पुरस्कार प्राप्त करने के पश्चात्, टैगोर ने जलियाँवाला बाग हत्याकांड के विरोध में अंग्रेजों द्वारा दी गई 'नाइटहुड' की उपाधि लौटा दी।

सन् 1920 में गुरुदेव ने हिंदू-मुसलिम संबंधों में सुधार के लिए कड़े प्रयास किए। उन्होंने उपनिवेशवाद तथा भारत में इसके कुप्रभाव के बारे में खुलेआम विचार अभिव्यक्त करना जारी रखा। इस कारण उनके कुछ अंग्रेज मित्रों ने उनसे दूरी बना ली; किंतु इससे उनके उत्साह में किसी प्रकार की कमी नहीं आई। विश्व भर के कई देशों ने उन्हें राष्ट्रवाद, उपनिवेशवाद तथा राजशाही समेत विभिन्न विषयों पर व्याख्यान देने के लिए आमंत्रित किया और एक नायक की तरह उनका स्वागत-सत्कार किया। इसी दौरान पांडिचेरी में उनकी भेंट श्री अरोबिंदो (अरविंद) से हुई। इस बीच वे उपन्यास, कहानियाँ, कविताएँ, साहित्यिक आलोचना समेत विभिन्न साहित्मिक विधाओं में रचनाएँ करते रहे।

सन् 1920 में गुरुदेव ने हिंदू-मुसलिम संबंधों में सुधार के लिए कड़े प्रयास किए। उन्होंने उपनिवेशवाद तथा भारत में इसके कुप्रभाव के बारे में खुलेआम विचार अभिव्यक्त करना जारी रखा। इस कारण उनके कुछ अंग्रेज मित्रों ने उनसे दूरी बना ली; किंतु इससे उनके उत्साह में किसी प्रकार की कमी नहीं आई।

सन् 1930 तक चित्रकला के प्रति उनकी रुचि जाग्रत् हुई और इस कार्य को उन्होंने बड़ी गंभीरता से लिया। फ्रांस के पेरिस शहर में उनके चित्रों की प्रदर्शनी लगी। वे 1930 में महान् वैज्ञानिक अल्बर्ट आइंस्टाइन से मिले। 1935 में बनारस हिंदू विश्वविद्यालय ने उन्हें डी.लिट्. की उपाधि प्रदान की।

अगले छह वर्षों में कई अन्य देशों की यात्रा करने के साथ-साथ उन्होंने देश भर का भ्रमण किया। इस दौरान उन्होंने कई व्याख्यान दिए तथा लोगों से भेंट की। कई विषयों पर बौद्धिक मतभेद होते हुए भी उन्होंने महात्मा गांधी का सक्रिय रूप से साथ दिया। उन्होंने विश्वभारती की अपने क्रियाकलापों से विस्तार करने में भी सहायता की। न केवल देश भर से वरन् विश्व भर से लोग उनसे मिलने आते थे।

कई विदेशी उच्चाधिकारी उनसे मिलकर उनके शब्दों और कार्यों की प्रशंसा करते थे।

30 जुलाई, 1941 को उन्होंने अपनी अंतिम कविता लिखवाई, जिसमें ये पंक्तियाँ थीं, "...द लास्ट रिवॉर्ड ही कैरीज टु हिज ट्रेजर-हाउस...द अनवास्टिंग राइट टु पीस।" 7 अगस्त, 1941 को कलकत्ता में जोरसांको स्थित पैतृक घर में उनका निधन हुआ।

गांधी एवं टैगोर

दोनों महापुरुष, रवींद्रनाथ टैगोर एवं महात्मा गांधी, समकालीन थे तथा कई मुद्दों पर दोनों का दृष्टिकोण भी समान हुआ करता था। कई लेखकों ने बीते वक्त की इन दो विभूतियों को 20वीं सदी का महान् विचारक माना है, जिन्होंने विशिष्ट रूप से भारत पर गहरी छाप छोड़ी है।

जवाहरलाल नेहरू को जब टैगोर के निधन का समाचार मिला, तब वे जेल में थे। यह समाचार सुनकर, 7 अगस्त, 1941 की कारागार डायरी में उन्होंने लिखा था—

"गांधी एवं टैगोर, दो प्रकार, एक-दूसरे से पूर्णतः भिन्न, तथापि दोनों ही भारत के आदर्श, दोनों ही भारत की महान् विभूतियों की पंक्ति में मुझे लगता

है कि विश्व के महान् व्यक्तियों में आज गांधी एवं टैगोर सर्वश्रेष्ठ हैं।''

गांधी पर अपनी पुस्तक पूर्ण करने के पश्चात् मार्च 1923 में रोम्याँ रोलाँ ने एक भारतीय अकादमिक को लिखा, ''गांधी पर मैंने अपनी कृति पूर्ण कर ली है, जिसमें मैंने महान् नदियों जैसी आत्मावाले आपके टैगोर एवं गांधी को श्रद्धांजलि दी है, जिनमें अलौकिक तेज उमड़ रहा है।''

माननीय सी.एफ. एंड्र्यूज, गांधी एवं टैगोर दोनों के ही मित्र थे। एक बार उन दोनों के मध्य हुई एक चर्चा, जिसमें ये भी उपस्थित थे, को याद करते हुए उन्होंने बताया कि किसी विशेष मुद्दे पर उन दोनों (टैगोर एवं गांधी) के विचार अलग थे—

''चर्चा का पहला विषय था, मूर्तियाँ; गांधी इनके पक्ष में थे। गांधी ने कहा कि झंडे को ही प्रतीक (मूर्ति) मानकर यूरोप में कई बड़ी उपलब्धियाँ प्राप्त की गई हैं; टैगोर के लिए इसका विरोध अत्यंत आसान था, किंतु गांधी अपने आधार पर दृढ़ थे। चर्चा का दूसरा बिंदु था—राष्ट्रवाद; गांधीजी ने इसका पक्ष लेते हुए कहा, ''व्यक्ति को राष्ट्रवाद से होते हुए अंतरराष्ट्रवाद तक उसी प्रकार पहुँचना चाहिए, जैसे शांति हासिल करने के लिए युद्ध से गुजरना पड़ता है।''

गांधी पर अपनी पुस्तक पूर्ण करने के पश्चात् मार्च 1923 में रोम्याँ रोलाँ ने एक भारतीय अकादमिक को लिखा, ''गांधी पर मैंने अपनी कृति पूर्ण कर ली है, जिसमें मैंने महान् नदियों जैसी आत्मावाले आपके टैगोर एवं गांधी को श्रद्धांजलि दी है, जिनमें अलौकिक तेज उमड़ रहा है।''

इसमें कोई संदेह नहीं है कि टैगोर गांधी के प्रशंसक थे, किंतु राष्ट्रवाद, विज्ञान की भूमिका, आर्थिक विकास योजना तथा देशभक्ति जैसे मुद्दों पर दोनों के मध्य मत-भिन्नता रहती थी। इन दोनों विभूतियों के जीवन एवं समय का अध्ययन करनेवाले विशेषज्ञों का मानना है कि विभिन्न मुद्दों पर जहाँ गांधीजी की सोच अधिक पारंपरिक थी, वहीं टैगोर ने सदैव तर्क को अधिक महत्त्व देने पर बल दिया। बहरहाल, इन मतभेदों से परे, गांधीजी ने देश को जो राजनीतिक नेतृत्व प्रदान किया, टैगोर उसके अत्यधिक कायल थे। वस्तुतः गांधी के लिए 'महात्मा' शब्द टैगोर ने ही लोकप्रिय किया था।

टैगोर की साहित्यिक कृतियाँ

बंगाली

काव्य : आकाश प्रोदीप; आरोग्यो, बीथिका, भानु सिंह ठाकुरेर पड़ाबोली, बिचित्रिता, बोलाका, बोनो बानी, छोबी ओ गान, छोरा, छोरार छोबी, चित्रा, चित्रो-बिचित्रो, चोइताली, गल्पो-सल्पो, गीताली, गीतांजलि, गीति माल्यो, जन्मोदिन, काहिनी, कल्पोंना, खनिका, खापछारा, खेय, कोबिता, कोनिका, कोरी ओ कमोल, कोथा, लेखोन, मानोसी, मोहुआ, नबो जातोक, नोदी, नैबेद्यो, पात्रोपुट, पोलाटोक, पोरिशेष, प्रांतिक प्रोभात, संगीत, प्रोहासिनि, पुनाश्चो, पूरोबी, रोसोग्याय, रूपांतोर, सनाई, संध्या-संगीत, सेंजुती, स्फुलिंग, शेष लेखा, शेष सप्तोक, शिशु भोलानाथ, श्यामली, सोनारतोरी, स्वरोन (स्वर्ण) उत्सर्गो।

गीत : अनुष्ठानिक, पूजा, प्रोकृति प्रेम, प्रेम ओ प्रोकृति, बिचित्रो, स्वदेश।

उपन्यास : गोरा, घोर-बायरे, चोतुंखो, चार ओध्याय, चोखेरबाली, दुई बोन, नौका डूबी, प्राजापोतिर निर्बंधो, बोऊ ठकुरानीर हार, मलोन्यो जोग अजोग, राजोश्री, शेखेर कोबिता।

कहानियाँ : इदूरेर भोज, गल्पोगुच्छो, तीन सोंगी, प्रायोश्चित्तो, लोलातेर लेखोन, लीपिका से।

नाटक एवं व्यंग्य : अचलायोतोन, अरूपरतोन, रीनशेध, कालमृगया, कालेर जात्रा, काहिनी, गुरु गृहप्रोवेश, गोरे गालोद, चंडालिका, चित्रांगोदा, चिरोकुमार-सोभा, डाकघोर तापोती, तासेर देश, नटोराज, नोटीर पूजा, नोवीन, नोलिनी, नृत्योनाट्यो चंडालिका, नृत्योनाट्यो चित्रांगोदा, पोरित्राण प्रोकृतिर प्रोतिशोध, प्रायश्चित्तो, फाल्गुनी, बसोन्तो, बाँसोरी, वाल्मीकि-प्रोमिमा, बाल्मिकी प्रोतिमा-प्रोथोम, सस्कोरोन बिदाय-अभिशाप, बिसर्जोन, बिसर्जोन संक्षिप्तो, बोइ कुंधेर कथा, बोंगो कोतुक, भोग्नो ह्लदोय, मायार-खेला, मलोन्यो, मालिनी, मुकुट, युक्तोधरा, मुक्तिर उपाय, जोग अजोग, रक्तोकारोबी, राजा, राजा औ रानी, रुद्र योन्यो, शापमोचन, शरदोत्सोव, शेस बोर्षो, शेस रोखिया, शोध बोध, श्रबोन गाथा, श्यामा, सुंदोर, हास्यो कौतुक।

निबंध : अत्यपोरिचोय, अत्योशोक्ति, आधुनिक साहित्यो, आश्रमेर रूप ओ विकाश, इतिहास, कोर्तार इच्छाय कोर्मो, कालांतोर, ख्रीस्तो, ग्रांथे सोमालोचोना, चोरित्रो पूजा, चिट्ठीपोत्रो, छोंदो, छैलबाला, जापान जात्री, जावा-जात्रीर पोत्रो, जीवोनश्रीति/जीबोन रीति, धोर्मो, धोर्मो-दोर्शोन, पोंचोभूत, पोथेर सोंचोय,

पोरिचोय, पोल्लिप्रोकृति, पोस्चिम यात्रीय डायरी, परोसेये, प्राचीन साहित्यो, बांग्ला शोब्दोतत्वो, बांग्लाभाषा पोरिचोय, बिचित्रो प्रोबोन्धो, विज्ञान, विविधो, विश्वोपोरिचय, विश्वो भारती, वक्तो प्रोसोंगो, बगो कौतुक, भारोत बोर्षो, मोहात्मा गांधी, मानुषेर धोर्मो, यूरोप जात्रीर डायरी, राजा-प्रोजा, रशियार चीठी, लोको साहित्यो, शब्दतोत्वो, शांतिनिकेतन, शांतिनिकेतन ब्रोह्मचर्याश्रोम, शिक्षा, शिल्पो संगीत संगीतचिंता, सोचोय, सोभ्योतार, सोंकोट, सोमोबुनिती, सोमाज, सोमूहो, सामोयिक सोरो सोंग्रोह, सामोयिक साहित्यो सोमालोचोना, साहित्य, साहित्येर पोये, साहित्येर स्वरूप, स्वदेश

विविध : अनुवाद चोर्चा, आदोर्शो प्रोश्नो, आलोचोना अंग्रेजी पथ: प्रोथोम भाग, अंग्रेजी श्रुतिशिक्षा: प्रोथोम औ द्वितीयो भाग, अंग्रेजी सहोज शिक्षा: प्रोथोम औ द्वितीय भाग, अंग्रेजी सोपान: उपोक्रोमोनिका 1-3 भाग, औपोनिषद ब्रोह्म, कोवि काहिनी, बोनो फूल, विविधो, पोसोंगो, ब्रोह्म मोंत्रो, मोत्रि अभिषेक, शौयशोष संगीत, संस्कृतो शिक्षा: समालोचना, सहोज पथ: प्रोथोम औ द्वितीय भाग।

अंग्रेजी भाषा की चुनिंदा कृतियाँ

- ❖ गीतांजलि (सॉन्ग ऑफरिंग्स) प्रस्तावना, डब्ल्यू.बी. यीट्स—लंदन, 1913
- ❖ ग्लिम्प्सेस ऑफ बेंगॉल लाइफ रवींद्रनाथ टैगोर कृत बंगाली लघु कथाएँ/ रजनी रंजन सेन द्वारा अनूदित मद्रास; चिटगाँव, 1913
- ❖ द गार्डनर : लंदन-मैकमिलन, 1913
- ❖ साधना : द रियलाइजेशन ऑफ लाइफ—लंदन: मैकमिलन, 1913
- ❖ द क्रेसेंट मून : चाइल्ड पोयम्स—लंदन : मैकमिलन 1913
- ❖ चित्रा : अ प्ले इन वन एक्ट—लंदन : मैकमिलन, 1914
- ❖ द पोस्ट ऑफिस : नाटक/देव व्रत मुखर्जी द्वारा अनूदित—लंदन : मैकमिलन, 1914
- ❖ फ्रूट गैदरिंग : लंदन मैकमिलन, 1916
- ❖ द हंगरी स्टोंस एंड अदर स्टोरीज/मूल बंगाली से कई लेखकों द्वारा (विभिन्न भाषाओं में) अनूदित—लंदन : मैकमिलन, 1916
- ❖ स्टारी बईस : न्यूयॉर्क एवं टोरंटो : मैकमिलन, 1916
- ❖ माय रेमिनिशेंस/सुरेंद्रनाथ टैगोर द्वारा अनूदित—न्यूयॉर्क : मैकमिलन, 1917
- ❖ सैक्रिफाइस एंड अदर प्लेज—लंदन : मैकमिलन, 1917

- द सायकल ऑफ स्प्रिंग/एंड्र्यूज एवं निशिकांत सेन द्वारा अनूदित
- नेशनलिज्म लंदन : मैकमिलन, 1917
- पर्सनाटली : लेक्चर्स डिलीवर्ड इन अमेरिका—लंदन : मैकमिलन, 1917
- लवर्स गिफ्ट एंड क्रॉसिंग लंदन : मैकमिलन, 1918
- माशी एंड अदर स्टोरीज/मूल बंगाली से विभिन्न लेखकों द्वारा अनूदित—लंदन : मैकमिलन, 1918
- द पैरट्स ट्रेनिंग—कोलकाता : शिमला, ठाकर, स्पिंक, 1918
- द होम एंड द वर्ल्ड/सुरेंद्रनाथ टैगोर द्वारा अनूदित, रवींद्रनाथ टैगोर द्वारा संशोधित अनुवाद। लंदन : मैकमिलन, 1919
- द फ्यूजिटिव—लंदन : मैकमिलन, 1921
- द रेक लंदन : मैकमिलन, 1921
- क्रिएटिव यूनिटी लंदन : मैकमिलन, 1922
- द कर्स एट फेयरवेल/एडवर्ड थॉमसन द्वारा अनूदित—लंदन : हैराप, 1924
- गोरा लंदन : मैकमिलन, 1924
- रॉक्स इन चाइना : लेक्चर्स डिलीवर्ड इन एप्रिल एंड मैकमिलन, 1924। कोलकाता : विश्वभारती बुक शॉप, 1925
- रेड ऑलियांडर्स : ए ड्रामा इन वन एक्ट—लंदन : मैकमिलन, 1925
- ब्रोकन टाइज एंड अदर स्टोरीज—लंदन : मैकमिलन, 1925
- फायर फ्लाइज—न्यूयॉर्क : मैकमिलन, 1928
- द रिलीजन ऑफ मैन : बीइंग द हिब्बर्ट लेक्सर्च फॉर 1930। लंदन : एलेन एड अनबिन
- द चाइल्ड लंदन : एलेन एंड अनबिन, 1931
- द गोल्डन बोट/भवानी भट्टाचार्य द्वारा अनूदित। लंदन : एलेन एंड अनबिन, 1932
- महात्माजी एंड द डिप्रेस्ड ह्यूमैनिटी। कोलकाता : विश्वभारती बुक शॉप, 1932
- क्राइसिस इन सिक्लाइजेशन / ए मैसेज ऑन कंप्लीटिंग हिज एट्टी ईयर्स/ क्षितिज रॉय एवं कृष्णा आर. कृपलानी द्वारा अनूदित। शांतिनिकेतन : शांतिनिकेतन प्रेस, 1941
- फोर चैप्टर्स/1934 में सुरेंद्रनाथ टैगोर द्वारा बंगाली उपन्यास 'चार अध्याय' का अनुवाद। कोलकाता : विश्वभारती, 1950

- लेटर्स फ्रॉम रशा/शशधर सिन्हा द्वारा संपादित। कोलकाता : विश्वभारती, 1960
- बिनादिनी : एक उपन्यास/कृष्णा कृपलानी द्वारा अनूदित। नई दिल्ली : साहित्य अकादमी, 1959
- विंग्स ऑफ डेथ : रवींद्रनाथ टैगोर की अंतिम कविताएँ/अरोबिंदो बोस द्वारा अनूदित। लंदन : मुरे, 1960
- द पैरट्स ट्रेनिंग/देबज्ञानी चटर्जी द्वारा अनूदित। लंदन : टैगोर सेंटर यू.के., 1993
- सेलेक्टेड लेटर्स ऑफ रवींद्रनाथ टैगोर। अमर्त्य सेन की प्रस्तावना सहित, कृष्णा दत्ता एवं एंड्र्यू रॉबिंसन द्वारा संपादित। कैंब्रिज यूनिवर्सिटी प्रेस, 1997
- सॉन्ग ऑफ रिंग्स (गीतांजलि)/जो विंटर द्वारा अनूदित एवं प्रस्तुत। लंदन : एंविल, 2000

जहाँ अन्यथा नहीं बताया गया है, वे अनुवाद लेखक द्वारा ही किए गए हैं।

आलोचनात्मक अध्ययन (एक संकलन)

- रॉथेंस्टिन, विलियन : सिक्स पोर्टेट्स ऑफ रवींद्रनाथ टैगोर। लंदन, 1915
- रॉय, बसंत कुमार : रवींद्रनाथ टैगोर : द मैन एंड हिज पोइट्री/न्यूयॉर्क, 1915
- राधाकृष्णन, सर्वपल्ली : द फिलॉसोफी ऑफ रवींद्रनाथ टैगोर। लंदन : मैकमिलन, 1918
- द गोल्डन बुक ऑफ टैगोर : ए होमेज टु रवींद्रनाथ टैगोर, फ्रॉम इंडिया एंड द वर्ल्ड, इन सेलिब्रेशन ऑफ हिज सेवेंटियथ बर्थडे/रामानंद चटर्जी द्वारा संपादित। कोलकाता : द गोल्ड बुक कमेटी, 1931
- थॉम्प्सन, एडवर्ड जॉन : रवींद्रनाथ टैगोर : पोएट एंड ड्रामाटिस्ट। लंदन : ऑक्सफोर्ड यूनिवर्सिटी प्रेस, 1948
- घोष, शिशिर कुमार : द लेटर पोएम्स ऑफ टैगोर। लंदन, 1961
- सिन्हा शशधर : सोशल थिंकिंग ऑफ रवींद्रनाथ टैगोर। लंदन, 1962
- वर्मा, राजेंद्र : रवींद्रनाथ टैगोर : प्राफेट अगेंस्ट टोटलिटेरियनिज्म। लंदन, 1964
- एसेज ऑन रवींद्रनाथ टैगोर : डी.एम. गुप्ता के सम्मान में। टी.आर. शर्मा

द्वारा संपादित गाजियाबाद : विमल प्रकाशन, 1987

❖ डायसन, केतकी कुशारी : इन योर ब्लॉसमिंग—गार्डन : रवींद्रनाथ टैगोर एंड विक्टोरिया ओकांपो—नई दिल्ली : साहित्य अकादमी 1988

❖ दत्त, कृष्णा, रवींद्रनाथ टैगोर : द मिरियड—माइंडेड मैन। लंदन : ब्लूम्सबरी, 1995

रवींद्रनाथ टैगोर के कुछ लोकप्रिय कथन

❖ मृत्यु प्रकाश को समाप्त नहीं करती, यह महज एक दीपक बुझाती है, क्योंकि सवेरा हो चुका है।

❖ यदि हम प्राप्त करने की क्षमता पैदा करें, तो हर वह चीज जो हमारी है, हमारे पास आएगी ही।

❖ अच्छाई करने की चाह रखनेवाला द्वार खटखटाता है, प्यार करनेवाला द्वार खुला पाता है।

❖ मैंने अपने जीवन का समय साज के तारों को सँवारने (कसने और ढीला करने) में व्यतीत कर दिया, जबकि मेरा गीत अनगाया ही रह गया।

❖ मैं सोया तो स्वप्न में पाया कि जीवन खुशी है। मैं जागा तो पाया कि जीवन सेवा है। मैंने कर्म किया और देखा कि सेवा ही खुशी है।

- ❖ यदि आपने गलतियों के लिए दरवाजा बंद कर दिया, तो आपने सत्य को बाहर कर दिया है।
- ❖ रात्रि के अंधकार में वस्तुओं से ठोकर खाकर हम उनकी पृथकता के प्रति अत्यंत सजग हो जाते हैं, किंतु दिन का प्रकाश (ज्ञान) उन्हीं वस्तुओं को समग्रता में समेट लेता है।
- ❖ मृत व्यक्ति प्रसिद्धि से अमर होते हैं, किंतु जीवित व्यक्ति प्रेम से।
- ❖ हम खतरों से बचने की प्रार्थना न करें, बल्कि निर्भीकता से उनका सामना करने की प्रार्थना करें।
- ❖ हमें यह जीवन किसी के द्वारा दिया गया है, दूसरों को अर्पित कर हम इसे अर्जित करते हैं।
- ❖ जिस प्रकार भागता हुआ बच्चा झुनझुने की आवाज से प्रसन्न हो जाता है, उसी प्रकार भागती हुई जिंदगी मौत की आहट से प्रसन्न होती है।
- ❖ प्रेम अधिकार का दावा नहीं करता वरन् बंधन से मुक्त करता है।
- ❖ प्रेम के स्पर्श से हर वस्तु सुंदर हो उठती है।
- ❖ प्रेम अंतहीन रहस्य है, क्योंकि इसके पास स्वयं की व्याख्या के लिए कुछ नहीं है।
- ❖ प्रेम वास्तविकता है, यह मात्र भावना नहीं है। यह अंतिम सत्य है, जो सृष्टि के अंत:स्थल में विराजमान है।
- ❖ सामूहिक रूप में मनुष्य क्रूर होता है, जबकि एक अकेला मनुष्य दयावान होता है।
- ❖ संगीत दो आत्माओं के मध्य के अनंत को भरता है।
- ❖ धर्म बँटवारा करने योग्य वस्तु नहीं है, जिसे हम विद्यालयीन पाठ्यक्रम की तरह साप्ताहिक अथवा दैनिक भागों में बाँट सके। यह हमारे संपूर्ण अस्तित्व का सत्य है, उस अनंत से हमारे व्यक्तिगत संबंधों की चेतना है तथा यही हमारे जीवन के गुरुत्वाकर्षण का असली केंद्र बिंदु है।
- ❖ कविता की ही तरह धर्म महज एक विचार नहीं, बल्कि अभिव्यक्ति है।
- ❖ हम अब भी मानते हैं कि प्रत्यक्ष संसार के परे यह जगत् अपने में कई गहरे अर्थ समाहित किए हुए है और इसी में मनुष्य की आत्मा को अंतिम सामंजस्य और शांति प्राप्त होती है।
- ❖ एक तितली, महीनों का नहीं, वरन् क्षणों का हिसाब रखती है और उसके पास समय की कमी नहीं होती।

- किसी बालक के लिए सीखने की प्रक्रिया अत्यधिक सरल होती है, क्योंकि यह प्रकृति प्रदत्त भेंट है; किंतु वयस्क अपनी तानाशाही के चलते इस प्राकृतिक भेंट को नकारते हैं तथा बच्चे पर सीखने की उसी प्रक्रिया को अपनाने का दबाव डालते हैं, जिससे वे स्वयं गुजरे हैं। हम उनके मस्तिष्क में सूचनाओं को बलात् ठूँसने की प्रक्रिया पर बल देते हैं, जो उनके लिए प्रताड़ना बन जाती है। यह मनुष्य की एक अत्यंत क्रूरतापूर्ण तथा व्यर्थतापूर्ण भूल है।
- मछली पानी में शांत रहती है, जीव-जंतु धरती पर शोर करते हैं तथा पक्षी वायु में गाते हैं, किंतु मनुष्य के भीतर ये तीनों ही चीजें, अर्थात् समुद्र-सी शांति, धरती का शोर तथा वायु का संगीत एक साथ उपस्थित होते हैं।
- जीवन की मौलिक इच्छा है अस्तित्व की जिजीविषा।
- किसी को संपूर्ण सत्य का ज्ञान कराना ही शिक्षा का सही उद्देश्य है।
- विश्व को एक समान बनाना आधुनिक सभ्यता की प्रवृत्ति है, अच्छा हो कि हम मस्तिष्क में वैश्विक दृष्टिकोण का विकास करें, जिससे किसी व्यक्ति विशेष की बलि न चढ़े।
- ऐसे संस्थान, जो स्वभावतः स्थिर हैं, अपने चारों ओर पृथकता की दीवार खड़ी कर लेते हैं। यही वजह है कि विभिन्न धर्मों के इतिहास में धर्मगुरुओं ने समाज में ऊँच-नीच को बनाए रखा, जो मनुष्य की स्वतंत्रता में बाधक बनी, किंतु जीवन का सिद्धांत है जोड़ना; यह विविधता में रहते हुए एकता को खोजता है।
- समय परिवर्तनरूपी संपदा है, किंतु घड़ी की घूमती सुइयाँ इसे महज परिवर्तन बनाती हैं, संपदा नहीं।
- स्पष्टवादी होना तभी आसान है, जब आप पूर्ण सत्य बोलने की प्रतीक्षा नहीं करते।
- बुराई को सामने देख सत्य सहनशील नहीं बना रह सकता।
- विनम्रता ही हमें महानता के नजदीक पहुँचाती है।
- इस संसार से प्रेम करना ही सही अर्थों में इस संसार में जीना है।
- जब हम आनंद से परिपूर्ण होते हैं, केवल तभी हम परिणाम और आनंद को अलग-अलग कर सकते हैं।

□

2

सर सी.वी. रमण

विज्ञान के क्षेत्र में 'नोबेल पुरस्कार' प्राप्त करनेवाले चंद्रशेखर वेंकटरमन प्रथम भारतीय थे। वस्तुतः वही एकमात्र भारतीय वैज्ञानिक (भारतीय नागरिकतावाले) थे, जिन्होंने 'नोबेल पुरस्कार' प्राप्त किया। दो अन्य वैज्ञानिक, जिन्होंने यह पुरस्कार प्राप्त किया—हर गोविंद खुराना तथा सुब्रह्मण्यम चंद्रशेखर, अमेरिका के नागरिक बन गए थे।

सर सी.वी. रमण 'नोबेल पुरस्कार' पानेवाले पहले एशियाई व्यक्ति भी थे। अपनी रुचि के कारण रमण ने विज्ञान के विभिन्न क्षेत्रों—शरीर विज्ञान, अंतरिक्ष विज्ञान, खगोल विज्ञान में काम किया। विज्ञान से संबंधित विभिन्न क्षेत्रों में उन्होंने पाँच प्रामाणिक लेख तथा लगभग 475 शोध-पत्र लिखे, जो उनकी बहुमुखी प्रतिभा को दरशाता है।

उन्हें ध्वनिशास्त्र, दृष्टि विज्ञान, चुंबकत्व, क्रिस्टल भौतिकी तथा पराध्वनि के क्षेत्र में विभिन्न खोजों के लिए जाना जाता है। उन्होंने भारतीय संगीत वाद्यों (ड्रम) के लिए भी कुछ असाधारण कार्य किए।

रमण ने भौतिकी में अध्ययन एवं शोध के लिए दो उत्कृष्ट संस्थान स्थापित किए—1934 में बंगलौर में भारतीय विज्ञान अकादमी तथा 1948 में रमण शोध संस्थान।

रमण विज्ञान को लोकप्रिय बनाने में विश्वास रखते थे तथा एक महान् देशभक्त थे। 'नोबेल पुरस्कार' प्राप्त करने के पश्चात् उन्होंने अपने अनुभव को दोहराते हुए कहा, ''जब नोबेल पुरस्कार की घोषणा हुई तो मैंने इसे अपनी विजय के रूप में

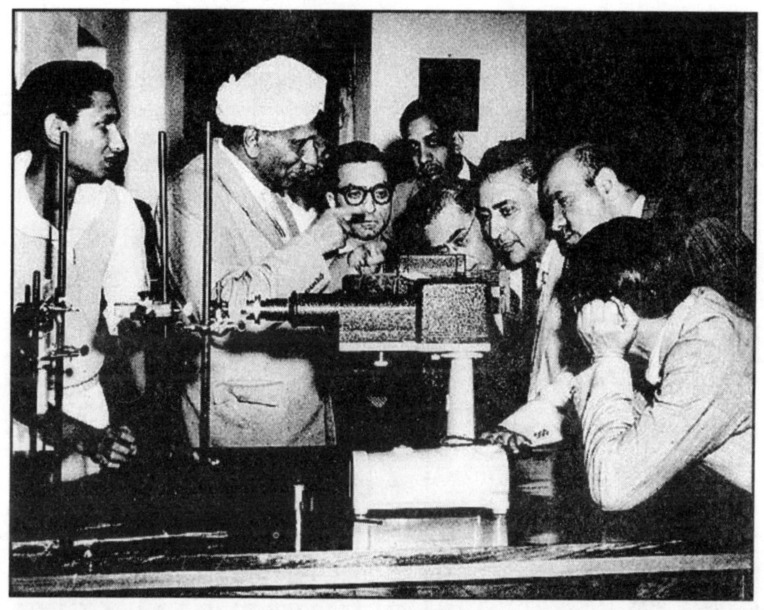

देखा, अपनी और अपने सहयोगियों की उपलब्धि के रूप में देखा। एक अत्यंत महत्त्वपूर्ण खोज की मान्यता, जिस तक पहुँचने के लिए मैंने सात वर्ष लगा दिए, लेकिन जब मैं लोगों से खचाखच भरे उस विशाल कक्ष में बैठा और स्वयं को घेरे हुए पश्चिमी चेहरों को देखा तो पाया कि मैं एकमात्र भारतीय हूँ, जिसके सिर पर पगड़ी है और जो बंद गले का कोट पहने है। तब मुझे अचानक आभास हुआ कि मैं वास्तव में अपने लोगों और अपने देश का प्रतिनिधित्व कर रहा हूँ। राजा गुस्ताव से पुरस्कार ग्रहण करते हुए मैं स्वयं को धन्य महसूस कर रहा था; यह अत्यंत भावुक क्षण था तथापि मैंने अपनी भावनाओं पर नियंत्रण रखा। तभी मैं पीछे घूमा और ब्रिटिश ध्वज 'यूनियन जैक' देखा, जिसके तले मैं बैठा हुआ था और मुझे लगा कि इस समय हमारे देश की स्थिति इतनी दयनीय है कि उसका अपना कोई ध्वज नहीं है और इस बात से मैं बुरी तरह निराश हो गया।'' बहुधा, उन्हें प्राय: भारत में विज्ञान का महान् विक्रेता कहा जाता था। विज्ञान को लोकप्रिय बनाने के लिए उन्होंने जगह-जगह व्याख्यान दिए और उनके व्याख्यान लोगों के बीच गहरी पैठ बना लेते थे, क्योंकि उनका हास्यबोध बहुत अच्छा था। वस्तुत: वे अपने व्याख्यानों को 'प्रस्तुति' कहा करते थे।

उनकी रेडियो वार्त्ताएँ भी काफी लोकप्रिय थीं, फिलॉसोफिकल लाइब्रेरी ऑफ

न्यूयॉर्क ने उनकी रेडियो वार्त्ताओं के संग्रह को पुस्तक के रूप में निकाला, जिसका शीर्षक था—'द न्यू फिजिक्स : टॉक्स ऑन आसपेक्ट्स ऑफ सांइस'। प्रिंसटन के 'इंस्टीट्यूट फॉर एडवांस्ड स्टडीज' में कार्यरत अत्यंत प्रतिष्ठित सैद्धांतिक भौतिक शास्त्री फ्रांसिस लो ने उस पुस्तक की प्रस्तावना में लिखा है, "अपनी प्रकृति के कारण भौतिकी अपने विद्यार्थियों से अतिविशिष्ट कार्य की अपेक्षा करती है। इसके निष्कर्ष, जो वास्तविक माप के नतीजों को अंततः संख्या में ही अभिव्यक्त करते हैं, गणितीय सूत्रों में ही सही रूप में व्यक्त किए जा सकते हैं। यह बात इस विषय को एक साधारण व्यक्ति के लिए अगम्य बना देती है। दुर्भाग्य से कुछ ऐसे अध्यापक हैं, जो इस कमी को और बढ़ा देते हैं। प्रोफेसर रमण ने एक पुस्तक लिखी है, जो इस खालीपन को दूर करती है तथा इस प्रकार एक साधारण पाठक को इस रोचक एवं महत्त्वपूर्ण विज्ञान के रहस्यों तक पहुँचने के मार्ग को भेदने का अवसर प्रदान करती है।"

रमण ने सदैव श्रेष्ठता के बल पर ही सीमाएँ लाँघने में विश्वास किया। उन्होंने गुणवत्ता से कभी समझौता नहीं किया। उन्हें कला एवं संगीत से भी बड़ा लगाव था। यद्यपि वे एक साधारण व्यक्ति थे तथापि उनके कई आलोचक उन्हें अहंकारी मानते थे, किंतु जिन लोगों ने उनके साथ रहकर कार्य किया है, उनके अनुसार व्यक्तिगत रूप से बातचीत में वे बहुत विनम्र थे। वे अत्यंत भावुक किस्म के व्यक्ति भी थे, जो सार्वजनिक रूप से भी रो पड़ते थे। कुल मिलाकर, वे अत्यंत प्रतिभाशाली व्यक्ति थे तथा विज्ञान के प्रति पूर्णरूपेण समर्पित थे।

रमण ने सदैव श्रेष्ठता के बल पर ही सीमाएँ लाँघने में विश्वास किया। उन्होंने गुणवत्ता से कभी समझौता नहीं किया। उन्हें कला एवं संगीत से भी बड़ा लगाव था। यद्यपि वे एक साधारण व्यक्ति थे तथापि उनके कई आलोचक उन्हें अहंकारी मानते थे, किंतु जिन लोगों ने उनके साथ रहकर कार्य किया है, उनके अनुसार व्यक्तिगत रूप से बातचीत में वे बहुत विनम्र थे।

प्रारंभिक जीवन

सी.वी. रमण का जन्म 7 नवंबर, 1888 को श्री आर. चंद्रशेखर अय्यर तथा श्रीमती पार्वती अम्मल के यहाँ तमिलनाडु में तिरुचिरापल्ली के निकट तिरुवनाइकवल नाम के एक छोटे से गाँव में हुआ था। वे अपने नाना के घर पैदा हुए थे। उनके

नाना सप्तर्षि शास्त्री संस्कृत के जाने-माने विद्वान् थे। प्रारंभ में रमण के पिता एक विद्यालय में अध्यापक थे तथा कालांतर में वे विशाखापट्टनम के ए.वी. नरसिम्हा राव महाविद्यालय में गणित तथा भौतिकी के व्याख्याता हुए।

रमण एक श्रेष्ठ विद्यार्थी थे। ग्यारह वर्ष की आयु में उन्होंने मैट्रिक की परीक्षा उत्तीर्ण कर ली थी और तेरह वर्ष की आयु में उन्होंने छात्रवृत्ति सहित इंटरमीडिएट की परीक्षा उत्तीर्ण की।

मैं 18 वर्ष की आयु तक विद्यालयीन, महाविद्यालयीन तथा विश्वविद्यालयीन शिक्षा पूरी कर चुका था। इतने कम वर्षों में मेरे ऊपर चार भाषाओं के अध्ययन, अलग-अलग विषयों की विभिन्न शाखाओं को सीखने तथा कतिपय प्रकरणों में विश्वविद्यालय के उच्चतम मानदंडों पर खरे उतरने का भारी दबाव था। अध्ययन करनेवाली पुस्तकों एवं उनके खंडों की सूची भयावह रूप से लंबी थी।

वर्ष 1903 में उन्होंने चेन्नई (उस समय इसका नाम मद्रास था) के प्रेसीडेंसी कॉलेज में प्रवेश लिया। बी.ए. की परीक्षा में वे प्रथम आए तथा एम.ए. की परीक्षा में शीर्ष पर रहे।

रमण ने लिखा है—

''मैं 18 वर्ष की आयु तक विद्यालयीन, महाविद्यालयीन तथा विश्वविद्यालयीन शिक्षा पूरी कर चुका था। इतने कम वर्षों में मेरे ऊपर चार भाषाओं के अध्ययन, अलग-अलग विषयों की विभिन्न शाखाओं को सीखने तथा कतिपय प्रकरणों में विश्वविद्यालय के उच्चतम मानदंडों पर खरे उतरने का भारी दबाव था। अध्ययन करनेवाली पुस्तकों एवं उनके खंडों की सूची भयावह रूप से लंबी थी। क्या इन पुस्तकों ने मुझे प्रभावित किया? हाँ, कुछ मायनों में इन्होंने मुझे विभिन्न विषयों से परिचित कराया, जैसे—प्राचीन ग्रीक एवं रोमन इतिहास, आधुनिक भारतीय एवं यूरोपियन इतिहास, औपचारिक तर्कशास्त्र, अर्थ सिद्धांत एवं लोक वित्त, कुछ नए संस्कृत लेखकों एवं अंग्रेजी लेखकों के बारे में पढ़ा, शरीर-विज्ञान, रसायनशास्त्र, विशुद्ध एवं अनुप्रयुक्त गणित की दर्जनों शाखाओं तथा प्रायोगिक एवं सैद्धांतिक भौतिकी के बारे में तो कुछ कहने की आवश्यकता ही नहीं है, किंतु इन तमाम विषयों एवं पुस्तकों से क्या वास्तव में मैं अपने मानसिक एवं आध्यात्मिक दृष्टिकोण को आकार देने के लिए कुछ चुन सकता हूँ तथा अपने

जीवन के चयनित पथ को सुनिश्चित कर सकता हूँ? हाँ; बिल्कुल और इसके लिए मैं तीन पुस्तकों का उल्लेख करूँगा।''

ये तीन पुस्तकें थीं—एडविन आर्नोल्ड द्वारा लिखित—'द लाइट ऑफ एशिया,' तथा हरमन वॉन हेमहॉल्ट्ज द्वारा लिखित—'द एलिमेंट्स ऑफ यूक्लिड' तथा 'द सेसेशन ऑफ टोन'।

प्रेसीडेंसी कॉलेज के छात्र के रूप में ही रमण ने स्वयं के शोधकार्य प्रारंभ कर दिए थे। कॉलेज के इतिहास में वे ऐसे प्रथम छात्र थे, जिनका शोध-पत्र अंतरराष्ट्रीय स्तर के ख्यातिप्राप्त जर्नल में प्रकाशित हुआ था। नवंबर 1906 में फिलॉसोफिकल मैग्जीन (लंदन) ने 'अनसीमेट्रिकल डिफ्रैक्शन बैंड्स ड्यू टु करेक्टैंग्यूलर एपरचर' नाम शीर्षक से उनका पत्र प्रकाशित किया। प्रिज्म के कोणों को मापने के लिए रमण ने कॉलेज प्रयोगशाला के एक साधारण से स्पेक्ट्रोमीटर का उपयोग किया। एक उत्कृष्ट गणितीय भौतिकशास्त्री एवं नोबेल पुरस्कार विजेता लॉर्ड रेले (1842-1919) का ध्यान रमण के इस शोध पर गया और उन दोनों के मध्य पत्रों का आदान-प्रदान आरंभ हो गया। रोचक तथ्य यह है कि रमण अभी छात्र ही थे, किंतु लॉर्ड रेले उन्हें अपने पत्रों में 'प्रोफेसर' कहकर ही संबोधित करते थे।

प्रेसीडेंसी कॉलेज के छात्र के रूप में ही रमण ने स्वयं के शोधकार्य प्रारंभ कर दिए थे। कॉलेज के इतिहास में वे ऐसे प्रथम छात्र थे, जिनका शोध-पत्र अंतरराष्ट्रीय स्तर के ख्यातिप्राप्त जर्नल में प्रकाशित हुआ था। नवंबर 1906 में फिलॉसोफिकल मैग्जीन (लंदन) ने 'अनसीमेट्रिकल डिफ्रैक्शन बैंड्स ड्यू टु करेक्टैंग्यूलर एपरचर' नाम शीर्षक से उनका पत्र प्रकाशित किया।

बाद के वर्ष

अब तक रमण वैज्ञानिक शोध के क्षेत्र में बड़ी उड़ान की अपनी क्षमता को सिद्ध कर चुके थे, किंतु उन दिनों विज्ञान के क्षेत्र में बहुत अच्छा भविष्य नहीं माना जाता था। अत: उनके पिता ने उन्हें वित्तीय नागरिक सेवा (एफ.सी.एस.) की परीक्षा देने के लिए प्रोत्साहित किया। रमण इस परीक्षा में शीर्ष पर रहे तथा 1907 के मध्य में कलकत्ता में सहायक महालेखाकार के रूप में भारतीय वित्त विभाग में सेवा प्रारंभ की।

एक दिन कार्यालय जाते समय रमण ने 'इंडियन एसोसिएशन फॉर द कल्टीवेशन ऑफ साइंस' लिखा हुआ एक विज्ञापन पट्ट देखा। कार्यालय से लौटते समय वे बाउबाजार स्थित एसोसिएशन के कार्यालय में गए तथा आशुतोष डे से भेंट की। 'आशु बाबू' के नाम से लोकप्रिय डे, लगभग पच्चीस वर्षों तक रमण के साथ रहे और उनकी सहायता की। एसोसिएशन की अपनी एक प्रयोगशाला थी तथा रमण इसमें अपने शोधकार्यों को जारी रखने के लिए बहुत आतुर थे। डे उन्हें अपने साथ अमृतलाल सरकार के पास ले गए, जिनके पिता महेंद्रलाल सरकार (1833-1904) ने इस एसोसिएशन की स्थापना की थी। एम.एल. सरकार ने वैज्ञानिक शोध करने के लिए इस संस्थान की स्थापना की थी। अमृतलाल सरकार ने वैज्ञानिक शोध करने के लिए अपनी प्रयोगशाला के उपयोग हेतु रमण का स्वागत किया। 1917 तक रमण ने अपनी सरकारी सेवा जारी रखी तथा अतिरिक्त समय में एसोसिएशन की प्रयोगशाला में अपना शोधकार्य भी करते रहे। इस दौरान उन्होंने अपना ध्यान मुख्यत: ध्वनिशास्त्र एवं दृष्टि विज्ञान पर ही केंद्रित किया। यद्यपि इस कालांश में वे केवल अतिरिक्त समय में ही शोधकार्य कर पाते थे, तथापि वे 'फिजिक्स रिव्यू' एवं 'नेचर' जैसे अग्रणी अंतरराष्ट्रीय जर्नलों में अपने शोध-पत्र प्रकाशित करने में सफल हुए। संगीत वाद्य वायलिन का अध्ययन करने के उपरांत उन्होंने एक रोचक लेख प्रकाशित किया, जिसका शीर्षक था—'ऑन द मेकैनिकल थ्योरी ऑफ वाइब्रेशंस ऑफ म्यूजिकल इंस्ट्रूमेंट्स ऑफ द वायलिन फैमिली विद एक्सपेरिमेंटल वेरीफिकेशंस ऑफ द रिजल्ट्स, पार्ट-1'।

एक दिन कार्यालय जाते समय रमण ने 'इंडियन एसोसिएशन फॉर द कल्टीवेशन ऑफ साइंस' लिखा हुआ एक विज्ञापन पट्ट देखा। कार्यालय से लौटते समय वे बाउबाजार स्थित एसोसिएशन के कार्यालय में गए तथा आशुतोष डे से भेंट की। 'आशु बाबू' के नाम से लोकप्रिय डे, लगभग पच्चीस वर्षों तक रमण के साथ रहे और उनकी सहायता की। एसोसिएशन की अपनी एक प्रयोगशाला थी तथा रमण इसमें अपने शोधकार्यों को जारी रखने के लिए बहुत आतुर थे।

अपने अंशकालिक शोध की उपादेयता के पश्चात् रमण को अपनी रुचि के लिए पूर्णकालिक कार्य करने का अवसर प्राप्त हुआ, जब कलकत्ता विश्वविद्यालय के उपकुलपति, आशुतोष मुखर्जी ने उन्हें पालित प्रोफेसरशिप का प्रस्ताव दिया। आशुतोष मुखर्जी कोलकाता उच्च न्यायालय के पूर्व न्यायाधीश थे। यद्यपि रमण को सरकारी सेवा की तुलना में मात्र आधे वेतन का प्रस्ताव दिया गया था, फिर भी उन्होंने इस प्रस्ताव को स्वीकार कर लिया।

मुखर्जी ने रमण के इस त्याग को स्वीकार करते हुए कहा, ''यह मेरी कर्तव्य विमुखता होगी, यदि मैंने रमण के साहस एवं आत्म बलिदान के जज्बे के प्रति अपनी सहज प्रशंसा की भावना को अभिव्यक्त करने में कोई कोताही की। उन्होंने आकर्षक भविष्यवाली अपनी शानदार सरकारी सेवा के बदले विश्वविद्यालय के प्रोफेसर के पद को स्वीकार किया, जिसमें मुझे कहते हुए दुःख होता है कि कोई विशेष वेतन/परिलब्धि तक नहीं है। इस एक घटना ने मुझे यह आशा करने का साहस बँधाया है कि जिस ज्ञान के मंदिर को खड़ा करने की हमारी महत्त्वाकांक्षा है, उसमें सत्य की खोज करनेवालों की कभी कमी नहीं होगी।''

विश्वविद्यालय ने रमण को मौलिक शोध करने के अधिकार दिए। उन्हें कक्षाओं में पढ़ाने के दायित्व से मुक्त रखा गया, ताकि वे अपना सारा समय शोधकार्यों में लगा सकें, लेकिन रमण को विद्यार्थियों के बीच ज्ञान साझा करने की

तीव्र लगन थी। वे सहज रूप से एक अध्यापक थे, अतः उन्होंने कक्षाएँ लेना भी प्रारंभ कर दिया। विद्यार्थी उनके व्याख्यानों से तथा विज्ञान के प्रति उनकी रुचि को सही प्रकार से जाग्रत् करने के तरीके से रोमांचित हो उठते थे।

उनके एक विद्यार्थी एल.ए. रामदास ने याद करते हुए कहा है, ''...विद्यार्थियों को लगता था कि वे वाकई में किसी ऐसे प्रेरक अध्यापन का श्रवण कर रहे हैं, जिसमें बीते समय के सारे मौलिक आस्वाद समाहित हैं...। उन्हें शिक्षण से इस हद तक लगाव था कि वे पूर्वाह्न के 2 से 3 घंटे तक का सारा समय शिक्षण के लिए ले लेते थे और हर व्याख्यान के बाद हम लोग उनके मौलिक पत्रों तथा ग्रंथों को अनायास ही देखा करते थे।''

सन् 1933 में उन्होंने कलकत्ता छोड़ दिया तथा भारतीय विज्ञान संस्थान, बेंगलुरु में निदेशक के पद पर चले गए। रमण इस प्रतिष्ठित संस्थान के निदेशक बननेवाले प्रथम भारतीय थे। निदेशक के रूप में उन्होंने 1933 से 1937 तक भारतीय विज्ञान संस्थान की सेवा की तथा 1933 से 1948 तक भौतिकी संकाय के प्रमुख रहे।

विश्वविद्यालय में रहने के दौरान भी रमण एसोसिएशन की प्रयोगशाला से जुड़े रहे। वर्ष 1919 में अमृतलाल सरकार की मृत्यु के उपरांत इन्हें एसोसिएशन का मानद सचिव चुना गया। वे इस पद पर 1933 तक रहे।

सन् 1933 में उन्होंने कलकत्ता छोड़ दिया तथा भारतीय विज्ञान संस्थान, बेंगलुरु में निदेशक के पद पर चले गए। रमण इस प्रतिष्ठित संस्थान के निदेशक बननेवाले प्रथम भारतीय थे। निदेशक के रूप में उन्होंने 1933 से 1937 तक भारतीय विज्ञान संस्थान की सेवा की तथा 1933 से 1948 तक भौतिकी संकाय के प्रमुख रहे। वर्ष 1948 में वे भा. वि.सं. से सेवामुक्त हुए। भा.वि.सं. के कार्यकाल के दौरान उन्होंने कई परिवर्तन किए तथा इस संस्थान को अन्य प्रतिष्ठित अंतरराष्ट्रीय संस्थानों के समकक्ष लाकर खड़ा किया।

अपने बारे में रमण का दृष्टिकोण बिल्कुल स्पष्ट था कि वे एक भी क्षण बेकार नहीं बैठ सकते थे, अतः सेवामुक्ति के पूर्व ही उन्होंने रमण शोध संस्थान का भवन बनाने का कार्य प्रारंभ कर दिया था। उस समय उनके पास अधिक धन नहीं था, क्योंकि नोबेल पुरस्कार की राशि सहित वे अपनी सारी जमा पूँजी एक निवेश में गँवा चुके थे। रमण शोध संस्थान को चलाने के लिए एक पूर्व छात्र के साथ रसायन उद्योग आरंभ किया तथा उससे प्राप्त धनराशि से शोधकार्य की सुविधाएँ बनाए

रखीं। रमण ने 1934 में बेंगलुरु में भारतीय विज्ञान अकादमी की भी स्थापना की।

रमण महात्मा गांधी के कट्टर समर्थक थे तथा उनकी स्मृति में रमण शोध संस्थान में प्रतिवर्ष एक व्याख्यान निश्चित किया। उन्हें बच्चों से भी बड़ा लगाव था तथा वे उन्हें रमण शोध संस्थान में अपने म्यूजियम तथा प्रयोगशालाएँ दिखाते थे। रमण कहा करते थे, ''किसी राष्ट्र की सच्ची संपदा खजाने अथवा बैंक में संगृहीत स्वर्ण या फैक्टरियों में नहीं होती; अपितु, वहाँ के पुरुषों, स्त्रियों एवं बच्चों की बौद्धिक एवं शारीरिक शक्ति में निहित होती है।''

जीवन के अंतिम दिनों में वे कुछ असंतुष्ट रहे। अपने देश में विज्ञान एवं तकनीक के प्रति सरकार के रवैए से वे खुश नहीं थे। जीवन के अंतिम दिनों में उन्होंने स्वयं को 'रमण शोध संस्थान' की चारदीवारी में सीमित कर लिया था तथा किसी भी आगंतुक से मिलना नहीं चाहते थे। 21 नवंबर, 1970 को उनका देहांत हुआ। उनका अंतिम संस्कार उनकी इच्छानुसार संस्थान के उद्यान में ही कर दिया गया।

जीवन के अंतिम दिनों में वे कुछ असंतुष्ट रहे। अपने देश में विज्ञान एवं तकनीक के प्रति सरकार के रवैए से वे खुश नहीं थे। जीवन के अंतिम दिनों में उन्होंने स्वयं को 'रमण शोध संस्थान' की चारदीवारी में सीमित कर लिया था तथा किसी भी आगंतुक से मिलना नहीं चाहते थे। 21 नवंबर, 1970 को उनका देहांत हुआ। उनका अंतिम संस्कार उनकी इच्छानुसार संस्थान के उद्यान में ही कर दिया गया।

नोबेल पुरस्कार

प्रकाश प्रकीर्णन से संबंधित उनके शोधकार्य तथा रमण प्रभाव की खोज के लिए वर्ष 1930 में रमण को 'नोबेल पुरस्कार' से सम्मानित किया गया। 'रमण प्रभाव' की साधारण सी व्याख्या है कि जब कोई प्रकाशपुंज पारदर्शी एवं धूलरहित रासायनिक मिश्रण से होकर गुजरता है, तो प्रकाश का एक छोटा अंश, उस प्रकाशपुंज के विपरीत दिशा में उभरता है। यह प्रकाश फैल जाता है तथा इसके अधिकतम हिस्से की तरंगों के शीर्ष का अंतर अपरिवर्तित रहता है; किंतु इस प्रकाश का एक छोटा सा हिस्सा ऐसा होता है, जिसकी तरंगें प्रकाश की तरंगों से भिन्न होती हैं। यह एक प्राकृतिक परिघटना है, जिसकी खोज वर्ष 1928 में रमण ने की थी। 28 फरवरी, जिस दिन उन्होंने अपनी इस खोज की घोषणा की थी, भारत में इस दिन को प्रतिवर्ष राष्ट्रीय विज्ञान दिवस के रूप में मनाया जाता है।

15 दिसंबर, 1998 को 'अमेरिकन कैमिकल सोसाइटी' तथा 'इंडियन एसोसिएशन फॉर द कल्टीवेशन ऑफ सांइस' ने 'द रमण इफेक्ट एन इंटरनेशनल हिस्टोरिक केमिकल लैंडमार्क' को 'इंडियन एसोसिएशन फॉर द कल्टीवेशन ऑफ साइंस', जादवपुर कलकत्ता में समर्पित किया। इस घटना की स्मारक पट्टिका में इस प्रकार लिखा है, ''वर्ष 1928 में सर सी.वी. रमण ने इस संस्थान में यह खोज की कि जब एक द्रव्य में रंगीन प्रकाशपुंज को प्रवेश कराया गया तो द्रव्य द्वारा प्रकीर्णित प्रकाश के एक हिस्से का रंग भिन्न था। रमण ने दरशाया कि इस बिखरे हुए प्रकाश की प्रकृति उपस्थित नमूने के प्रकार पर निर्भर करती है। अन्य वैज्ञानिकों ने वैश्लेषिक एवं शोध उपकरण के रूप में इस तथ्य के महत्त्व को अतिशीघ्र समझ लिया तथा इसे 'रमण प्रभाव' का नाम दिया। आधुनिक समय में कंप्यूटर तथा लेजर के आविष्कार के साथ यह विधि और अधिक मूल्यवान् हो गई है। वर्तमान में इसके प्रयोग की सीमा खनिजों की हानिरहित पहचान करने से लेकर जानलेवा बीमारियों का पता लगाने तक विस्तृत हो गई है। अपनी खोज के लिए रमण को वर्ष 1930 में भौतिकी के लिए 'नोबेल पुरस्कार' प्रदान किया गया था।''

अन्य पुरस्कार

इस महान् वैज्ञानिक के लिए पुरस्कारों एवं सम्मानों की कोई कमी नहीं थी। वर्ष 1924 में उनका चयन 'फेलो ऑफ रॉयल सोसाइटी ऑफ लंदन' के रूप में हुआ। 1928 में उन्हें 'सोशिएट इटालियाना डेला सांइजिया ऑफ रोम' की ओर से 'मैटेंकि मेडल' प्रदान किया गया। वर्ष 1929 में ब्रिटिश सरकार ने इन्हें 'नाइटहुड' की उपाधि से सुशोभित किया। रमण को 'रॉयल सोसाइटी ऑफ लंदन' की ओर से वर्ष 1930 में 'ह्यूज मेडल' प्रदान किया गया। वर्ष 1931 में फिलाडेल्फिया के फ्रैंकलिन संस्थान ने उन्हें 'फ्रैंकलिन मॉडल' से सम्मानित किया।

इस महान् वैज्ञानिक के लिए पुरस्कारों एवं सम्मानों की कोई कमी नहीं थी। वर्ष 1924 में उनका चयन 'फेलो ऑफ रॉयल सोसाइटी ऑफ लंदन' के रूप में हुआ। 1928 में उन्हें 'सोशिएट इटालियाना डेला सांइजिया ऑफ रोम' की ओर से 'मैटेंकि मेडल' प्रदान किया गया।

वर्ष 1954 में भारत सरकार ने उन्हें 'भारत रत्न' की उपाधि से विभूषित किया। वर्ष 1957 में तत्कालीन सोवियत यूनियन ने उन्हें अंतरराष्ट्रीय 'लेनिन पुरस्कार' से सम्मानित किया।

सर सी.वी. रमण के कुछ रोचक कथन

- शाहजहाँ ने अपनी सबसे प्रिय बेगम को दफनाने के लिए ताजमहल का निर्माण करवाया था। हमारी राष्ट्रीय प्रयोगशालाओं का निर्माण वैज्ञानिक उपकरणों को दफनाने के लिए कराया गया है।
- मैं केवल मनुष्य की भावना पर विश्वास करता हूँ।
- मनुष्य ने अपने अंदर की जन्मजात अच्छाइयों का स्मरण करने के लिए ईश्वर की खोज की। हमने अपनी सारी अच्छाइयों को अपने से अलग करके एक आकार दिया और नाम दिया 'ईश्वर', यही मनुष्य का सबसे बड़ा आविष्कार है।

- अपने सामने उपस्थित सभी युवा पुरुषों और स्त्रियों से मैं यही कहूँगा कि वे आशा और साहस न छोड़ें। आपको सफलता तभी मिल सकती है, जब आप सामने आए किसी भी कार्य को पूर्ण समर्पण एवं साहस से करेंगे; दुनिया में कोई ऐसी बहुमूल्य वस्तु नहीं है, जो माथे पर पसीना बहाए बिना मिल जाए। किसी भी विरोधाभास से भयमुक्त होकर मैं इस बात को कहता हूँ कि भारतीय मस्तिष्क गुणों में किसी भी ट्यूटोनिक, नॉर्डिक अथवा एंग्लो-सैक्सन मस्तिष्क के बराबर ही है।

हममें कमी है तो सिर्फ साहस की, हममें कमी है तो उस प्रेरकशक्ति की, जो किसी को कहीं भी ले जा सकती है। मेरे विचार से, हमारे भीतर हीनभावना विकसित हो गई है। मैं सोचता हूँ कि इस समय भारत को हार माननेवाली प्रवृत्ति को मिटाने की आवश्यकता है। हमें आवश्यकता है विजयी उत्साह की; एक ऐसे उत्साह की, जो हमें इस आकाश के तले किसी भी सही स्थान पर ले जाने में सक्षम हो, एक ऐसा उत्साह, जो हमें यह बता सके कि एक गौरवशाली सभ्यता के वाहक के रूप में हम इस उपग्रह के किसी भी यथोचित स्थान पर पहुँचने में सक्षम हैं। यदि हममें वह हठी उत्साह पैदा हो गया, तो अपनी अधिकारपूर्ण नियति प्राप्त करने से हमें कोई नहीं रोक सकेगा।

'प्रकृति' को मैं संसार की सबसे बड़ी नेमत मानता हूँ। वही सर्वोच्च कलाकार है; वह सुंदरता, प्रियता एवं रंगों के अद्वितीय रूप उपजाती है, आज से नहीं, कालारंभ से। वह न केवल कलाकारों, चित्रकारों, शिल्पियों तथा यंत्रियों की प्रेरणा है वरन् वैज्ञानिकों की भी प्रेरणा है।

- 'प्रकृति' को मैं संसार की सबसे बड़ी नेमत मानता हूँ। वही सर्वोच्च कलाकार है; वह सुंदरता, प्रियता एवं रंगों के अद्वितीय रूप उपजाती है, आज से नहीं, कालारंभ से। वह न केवल कलाकारों, चित्रकारों, शिल्पियों तथा यंत्रियों की प्रेरणा है वरन् वैज्ञानिकों की भी प्रेरणा है।
- विज्ञान कभी रुकता नहीं है। निरंतर चलता रहता है। जितना आप खोज लेते हैं, उतना ही खोजने के लिए बना रहता है। यही विज्ञान का आकर्षण है, बशर्ते आपके संपर्क में आनेवाले लोग आपको निराश न करें। आप उनकी परवाह न करें। वास्तविक बिंदु यह है कि विज्ञान एक अंतहीन अन्वेषण है तथा हर नया अन्वेषण अगले अन्वेषण की कई राहें खोल देता है। नए प्रश्न उठते हैं, जिनके नए उत्तर तलाशने की आवश्यकता होती है।
- संघर्ष ही महत्त्वपूर्ण है। चूँकि हमारे पास निरीक्षण एवं विचार करने की जन्मजात शक्तियाँ होती हैं, अतः हमें उनका प्रयोग करना ही चाहिए। हम जितना अधिक उनका प्रयोग करेंगे, वे उतनी ही अधिक धारदार

तथा शक्तिशाली होती जाएँगी तथा अंत में कुछ ऐसी चीज निकलकर सामने आएगी, जो मानवता के लिए एवं विज्ञान के लिए लाभकारी होगी। अंतत: विज्ञान संबंधी ज्ञान का उद्देश्य मानव जीवन के लिए उपयोगी होना ही है।

❖ विज्ञान का कार्य अत्यंत मूल्यवान् है, क्योंकि अंतत: यह मानव जीवन एवं मानव-क्रियाकलाप के लिए अपनी उपयोगिता सिद्ध कर ही देगा। आधुनिक विज्ञान का यही इतिहास रहा है। विज्ञान ने हमारे चारों ओर की चीजों के स्वरूप को बदलकर रख दिया है तथा यथार्थ यही है कि जिन वैज्ञानिकों का उद्देश्य किसी-न-किसी वस्तु का उत्पादन मात्र करना ही नहीं, बल्कि पूर्ण लगन से ज्ञान का प्रसार करना रहा है, अंतत: वे ही मानवता के सबसे बड़े हितैषी सिद्ध हुए हैं।

❖ कम-से-कम मेरे लिए तो प्रकृति से प्रेम ही विज्ञान की वास्तविकता-प्रेरणा रही है। वास्तविकता है कि हर जगह इस दुनिया में हम प्रकृति में कई तरह के चमत्कार होते हुए देखते हैं। मैं जो भी चीजें देखता हूँ, उनमें से कुछ अविश्वसनीय होती हैं तथा कुछ पूर्णत: अविश्वसनीय होती हैं। इन सबको हम बहुत ही सहज रूप में लेते हैं, लेकिन मेरे विचार से वैज्ञानिक भावना का अर्थ, वर्तमान के इस पार (भूतकाल) और उस पार (भविष्य) देखना है, जिससे हमें आभास हो सके कि हम कितनी अद्‌भुत दुनिया में रहते हैं और हर चीज, जो हमारे सामने उपस्थित है, वह केवल उत्सुकता का विषय नहीं है, वरन् एक चुनौती है; मनुष्य की चेतना के लिए ऐसी चुनौती, जिसके चलते वह अपने चारों ओर फैले विशाल रहस्य का छोटा सा अंश समझने का प्रयास करे।

सी.वी. रमण की चुनिंदा प्रकाशित कृतियों की सूची

1909

❖ 'द स्मॉल मोशन एट द नोड्स ऑफ अ वाइब्रेटिंग स्ट्रिंग', नेचर, 1909

❖ 'दे मेंटेनेंस ऑफ फोर्स्ड ऑसिलेशन ऑफ अ न्यू टाइप', नेचर, 1909

❖ 'द एकटारा', जे. इंडियन मैथ क्लब, 1909

1910

- 'द मेंटेनेंस ऑफ फोर्स्ड ऑसिलेशन', नेचर, 1910
- 'ऑसिलेशंस ऑफ द स्ट्रैच्ड स्ट्रिंग्स', जे. इंडियन मैथ क्लब, 1910

1911

- 'फोटोग्राफ्स ऑफ वाइब्रेशनल कर्व्स', फिलोस मैग्जीन, 1911
- 'रिमार्क्स ऑन अ पेपर बाय जे.एस. स्टोक्स ऑन सम क्यूरियस फिनॉमिना आब्सर्व्ड इन कनेक्शन विद मैल्डेज एक्सपेरिमेंट', फिजिक्स रिव्यू 1911
- 'द स्माल मोशन एट द नोट्स ऑफ अ वाइब्रेटिंग स्ट्रिंग', फिजिक्स रिव्यू, 1911

1912

- 'द मेंटनेंस ऑफ फोर्स्ड ऑसिलेशन ऑफ अ न्यू टाइप', फिलोस. मैग्जीन 1912
- 'सम रिमार्केबल केसेज ऑफ रेजॉनेंस', फिजिक्स रिव्यू, 1912
- 'एक्सपेरिमेंटल इनवेस्टिगेशंस ऑन द मेंटेनेंस ऑफ वाइब्रेशंस', बुलेटिन, इंडियन एसोसिएशन फॉर द कल्टीवेशन ऑफ साइंस, 1912

1913

- सम एकाउस्टिकल ऑब्जरवेशंस, 'बुलेटिन इंडियन एसोसिएशन फॉर द कल्टीवेशन ऑफ साइंस', 1913

1914

- 'द डायनमिकल थ्यॉरी ऑफ द मोशन ऑफ बॉब्ड स्ट्रिंग्स', बुलेटिन, इंडियन एसोसिएशन फॉर द कल्टीवेशन ऑफ साइंस, 1914
- 'द मेंटेनेंस ऑफ वाइब्रेशंस', फिजिक्स रिव्यू, 1914
- 'डायनमिकल थ्यॉरी ऑफ द मोशन ऑफ बॉब्ड स्ट्रिंग्स,' बुलेटिन, इंडियन एसोसिएशन फॉर द कल्टीवेशन ऑफ साइंस, 1914
- 'ऑन मोशन इन अ पीरियॉडिक फील्ड ऑफ फोर्स', बुलेटिन, इंडियन एसोसिएशन फॉर द कल्टीवेशन ऑफ साइंस, 1914

1915

- 'ऑन द मेंटनेंस ऑफ कॉम्बिनेशनल वाइब्रेशंस बाय टू सिंपल हारमोनिक फोर्सेस', फिजिक्स रिव्यू, 1915
- 'ऑन मोशन इन अ पीरियाडिक फील्ड ऑफ फोर्स', फिलॉस. मैगजीन, 1915

1916

- 'ऑन डिस्कंटिन्युअस वेव-मोशन-पार्ट 1', फिलॉस. मैगजीन, 1916 (एस. अप्पास वामैर के साथ)
- 'ऑन द वुफ नोट ऑफ द वायलिन एंड सैलो', नेचर (लंदन), 1916
- 'ऑन द वुफ नोट इन द बॉब्ड स्ट्रिंग्ड इंस्ट्रूमेंट्स', फिलॉस. मैगजीन, 1916

1917

- 'द मेंटनेंस ऑफ वाइब्रेशंस इन अ पीरिऑडिक फील्ड ऑफ फोर्स', फिलॉस. मैगजीन, 1917 (ए. डे के साथ)
- 'ऑन डिस्कंटिन्युअस वेव-मोशन पार्ट-2', फिलॉस. मैगजीन, 1917 (ए. डे के साथ)
- 'ऑन डिस्कंटिन्युअस वेव-मोशन पार्ट-3', फिलॉस. मैगजीन, 1917 (ए. डे के साथ)
- 'ऑन द ऑल्टरेशंस ऑफ टोन प्रोड्यूज्ड बाय अ वायलिन म्यूट', नेचर (लंदन) 1917

1918

- 'ऑन द बुल्फ नोट इन द बॉब्ड स्ट्रिंग्ड इंस्ट्रूमेंट्स,' फिलॉस. मैगजीन, 1918
- 'ऑन द बुल्फ नोट इन पिजिकैटो प्लेइंग', नेचर (लंदन, 1918)
- ऑन द मेकैनिकल थ्यॉरी ऑफ द वाइब्रेशंस ऑफ बॉब्ड स्ट्रिंग्स एंड ऑफ म्यूजिकल इंस्ट्रूमेंट्स ऑफ द वायलिन फैमिली विद एक्सपेरिमेंटल वेरीफिकेशन ऑफ रिजल्ट भाग 1', बुलेटिन, इंडियन एसोसिएशन फॉर द कल्टीवेशन ऑफ साइंस, 1918

- ‘द थ्यॉरी ऑफ द साइक्लिकल वाइब्रेशंस ऑफ अ बॉब्ड स्ट्रिंग’, बुलेटिन, इंडियन एसोसिएशन फॉर द कल्टीवेशन ऑफ साइंस, 1918

1919

- ‘एन एक्सपेरिमेंटल मेथड फॉर द प्रोडक्शन ऑफ वाइब्रेशंस’, फिजिक्स रिव्यू, 1919
- ‘अ न्यू मेथड फॉर द एब्सोल्यूट डिटरमिनेशन ऑफ फ्रीक्वेंसी’, प्रो. आर. सो. लंदन, 1919
- ‘द किनमैटिक्स ऑफ बॉब्ड स्ट्रिंग्स’, जे. डिपार्टमेंट ऑफ साइंस, कोलकाता वि.वि., 1919
- ‘ऑन द पार्शियल टोंस ऑफ बॉब्ड स्ट्रिंग्ड इंस्ट्रूमेंट्स’, फिलॉस. मैग्जीन, 1919

1920

- ‘ऑन द साउंड स्प्लैरोज’, फिलॉस. मैगजीन, 1920
- ‘ऑन द मेकैनिकल वॉयलिन–प्लेयर फॉर द एकाउस्टिकल एक्सपेरिमेंट्स’, फिलॉस. मैगजीन, 1920
- ‘एक्सपेरिमेंट्स विद द मैकेनिकली प्लेड वायलिंस’, प्रो. इंडियन एसो. फॉर कल्टीवेशन ऑफ साइंस, 1920
- ‘ऑन कॉफमैंस थ्योरी ऑफ द इम्पैक्ट ऑफ द पियानोफोर्ट हैमर’, प्रो. एस. सो. लंदन, 1920 (बी. बैनर्जी के साथ)
- ‘म्यूजिकल ड्रम्स विद हारमोनिक ओवरटोंस’, नेचर (लंदन), 1920 (एस. कुमार के साथ)

1921

- ‘व्हिसपरिंग गैलरी फिनॉमिना एट सेंट पॉल्स कैथेड्रल’, नेचर (लंदन), 1921 (जी.ए. सदरलैंड के साथ)
- ‘द नेचर ऑफ वॉवेल साउंड्स’, नेचर (लंदन), 1921
- ‘ऑन द व्हिसपरिंग गैलरी फिनॉमिना’, प्रॉफ. आर.सो., लंदन, 1921 (जी.ए. सदरलैंड के साथ)
- ‘ऑन सम इंडियन स्ट्रिंग्ड इंस्ट्रूमेंट्स’, प्रो. इंडि. एसो. फॉर कल्टी. ऑफ सा., 1921

1922

- ‘ऑन व्हिसपरिंग गैलरीज’, इंडि. एसो. कल्टी. ऑफ साइंस, 1922
- ‘ऑन द मॉलिक्यूलर स्कैटरिंग ऑफ लाइट इन वॉटर एंड द कलर ऑफ द सी’, प्रोसीडिंग्स ऑफ द रॉयल सोसाइटी, 1922
- ‘द एकाउस्टिक नॉलेज ऑफ द एंशियेंट हिंदूज’, आशुतोष मुखर्जी, रजत जयंती खंड-2

1926

- ‘द सब्जेक्टिव एनालिसिस ऑफ म्यूजिकल टोंस’, नेचर (लंदन), 1929

1927

- ‘म्यूजिकल इंस्ट्रूमेंट्स एंड देयर टोंस’

1928

- ‘ए न्यू टाइप ऑफ सेकेंडरी रेडिएशन’, नेचर, 1928
- ‘ए न्यू रेडिएशन’, इंडियन जर्नल ऑफ फिजिक्स, 1928

1935

- ‘द इंडियन म्यूजिकल ड्रम्स’, प्रो. इंडियन अकादमी ऑफ साइंस, 1935
- ‘द डिफ्रैक्शन ऑफ लाइट बाय हाई फ्रीक्वेंसी साउंड वैक्स : पार्ट-1’, प्रो. इंडियन अकादमी ऑफ साइंस, 1935 (एन.एस. नागेंद्र नाथ के साथ)
- ‘द डिफ्रैक्शन ऑफ लाइट बाय हाई फ्रीक्वेंसी साउंड वैक्स : पार्ट-2’, प्रो. इंडियन अकादमी ऑफ साइंस, 1935 (एन.एस. नागेंद्र नाथ के साथ)
- ‘नेचर ऑफ थर्मल एजिटेशन इन लिक्विड्स’, नेचर (लंदन), 1935 (बी.वी. भगवेंद्र राव के साथ)

1936

- ‘द डिफ्रैक्शन ऑफ लाइट बाय हाई फ्रीक्वेंसी साउंड वैक्स: पार्ट-3 : डॉपलर इफेक्ट एंड कोहरेंस फिनॉमिना’, प्रो. इंडियन अकादमी ऑफ साइंस, 1936 (एन.एस. नागेंद्र नाथ के साथ)
- ‘द डिफ्रैक्शन ऑफ लाइट बाय हाई फ्रीक्वेंसी साउंड वैक्स : पार्ट-4 : जेनेरालाइज्ड थ्यॉरी’, प्रो. इंडियन अकादमी ऑफ साइंस, 1936 (एन.एस. नागेंद्र नाथ के साथ)

- 'द डिफ्रैक्शन ऑफ लाइट बाय हाई फ्रीक्वेंसी साउंड वैक्स : पार्ट–5 : जनरल कंसिडरेशन–ऑब्लिक इंसिडेंस एंड एम्प्लिट्यूड चेंजेज', प्रो. इंडियन अकादमी ऑफ साइंस, 1936 (एन.एस. नागेंद्र नाथ के साथ)
- 'डिफ्रैक्शन ऑफ लाइट बाय अल्ट्रासॉनिक वैक्स', नेचर (लंदन), 1936 (एन.एस. नागेंद्र नाथ के साथ)

1937

- 'एकाउस्टिक स्पेक्ट्रम ऑफ लिक्विड्स', नेचर (लंदन), 1937 (बी.वी. भगवेंद्र राव के साथ)

1938

- 'लाइट स्कैटरिंग एंड फ्ल्यूड विस्कॉसिटी', नेचर (लंदन), 1938 (बी. वी. भगवेंद्र राव के साथ)

1948

- 'आस्पेक्ट्स ऑफ साइंस', 1948

1951

- 'द न्यू फिजिक्स : रॉक्स ऑन आस्पेक्ट्स ऑफ साइंस', 1951

1953

- 'द स्ट्रक्चर एंड ऑप्टिकल बिहेवियर ऑफ इरिडीसेंट ओपल', प्रो. इंडियन अकादमी ऑफ साइंस ए 38,1953 (ए. जयरमण के साथ)

1959

- 'लेक्चर्स ऑन फिजिकल ऑप्टिक्स', 1959

□

3

डॉ. हरगोबिंद खुराना

औषधि के क्षेत्र में जीन (वंशानुक्रम निर्धारण करनेवाले) के रहस्यों को उजागर करनेवाले उनके शोध के लिए डॉ. हरगोविंद खुराना को वर्ष 1968 का 'नोबेल पुरस्कार' मार्शल डब्ल्यू. निरेनबर्ग तथा रॉबर्ट डब्ल्यू. हौली के साथ, संयुक्त रूप से प्रदान किया गया था। उन्हें जीन चिकित्सा पद्धति के संस्थापक के रूप में भी जाना जाता है, जिसकी वजह से हजारों वर्षों से विभिन्न चिकित्सकीय समस्याओं से जूझती आई मानवजाति को अनेक समाधान प्राप्त हुए।

प्रारंभिक जीवन

खुराना का जन्म पश्चिम पंजाब के रायपुर नामक ग्राम के एक हिंदू परिवार में हुआ था। यह गाँव वर्तमान में पाकिस्तान में है। एक पुत्री एवं चार पुत्रों के परिवार में वे सबसे छोटे थे।

उनके पिता गाँव के पटवारी थे। वे अपने बच्चों को अच्छी शिक्षा देने के लिए कटिबद्ध थे। 'नोबेल पुरस्कार' प्राप्त करने के पश्चात् खुराना ने एक आत्मकथात्मक टिप्पणी में लिखा, ''यद्यपि मेरे पिता गरीब थे, परंतु अपने बच्चों की शिक्षा के लिए वे पूर्णतः समर्पित थे। वस्तुतः 100 लोगों के उस गाँव में एक हमारा परिवार ही शिक्षित था।''

खुराना ने डी.ए.वी. माध्यमिक विद्यालय, मुल्तान (वर्तमान में पाकिस्तान का हिस्सा) में अध्ययन किया। वे अपने विद्यालय के एक शिक्षक रतनलाल से अत्यधिक प्रभावित थे। माध्यमिक स्तर की परीक्षा उत्तीर्ण कर, खुराना लाहौर विश्वविद्यालय में बी.एससी. की पढ़ाई हेतु लाहौर आए। यहाँ एक बार फिर प्रो.

महान सिंह ने उन्हें बेहद प्रभावित किया। प्रो. महान सिंह में सटीकता के प्रति लगन तथा हर तरह के प्रयोगों के द्वारा अन्वेषण करने में अत्यधिक रुचि थी।

बी.एससी. की पढ़ाई समाप्त कर खुराना ने परास्नातक की उपाधि लाहौर विश्वविद्यालय से ही प्राप्त की। अब तक, आधारभूत विज्ञान की ओर उनकी रुचि विकसित हो चुकी थी। वे उसका और आगे अध्ययन करना चाहते थे तथा रोमांचित करनेवाली विज्ञान की पहेलियों को सुलझाना चाहते थे।

खुराना मेधावी छात्र थे। स्नातकोत्तर परीक्षा उत्तीर्ण करने के पश्चात् भारत सरकार ने उन्हें अध्येतावृत्ति प्रदान की। इसकी सहायता से उन्हें इंग्लैंड के लिवरपूल विश्वविद्यालय में प्रवेश लेना आसान हो गया, जहाँ से उन्होंने अपनी पी-एच.डी. पूरी की। रोजर जे.एस. बीयर ने उनके शोध कार्यों का पर्यवेक्षण किया। पी-एच. डी. के अध्ययन के दौरान वे उनके एक अच्छे परामर्शदाता साबित हुए तथा उन्होंने व्यावसायिक रूप से तथा व्यक्तिगत रूप से खुराना को निखारने में महत्त्वपूर्ण भूमिका निभाई। 1940 के दशक में, पश्चिमी देशों में जाकर विज्ञान की उच्च स्तर की शिक्षा प्राप्त करना, किसी भी भारतीय के लिए व्यावसायिक चुनौती थी। व्यक्तिगत रूप से पाश्चात्य जीवन-शैली को अपनाना एक और चुनौती थी, किंतु खुराना ने दोनों

ही तरह से (व्यावसायिक एवं व्यक्तिगत) अपनी कुशलता को प्रमाणित किया। वे मेहनती छात्र एवं परिश्रमी व्यक्ति थे, जिन्होंने निरंतर बेहतर प्रदर्शन कर ऊँचाइयाँ प्राप्त करने का दृढ़ निश्चय कर लिया था। इंग्लैंड के प्रारंभिक वर्षों ने खुराना को पाश्चात्य सभ्यता एवं संस्कृति को समझने में बहुत सहायता की।

विदेश में व्यतीत जीवन

पी-एच.डी. उपाधि प्राप्त करने के बाद, शोध उपरांत अनुसंधान कार्य के लिए उन्होंने ज्यूरिख, स्विट्जरलैंड के 'एडजीनोसिचे टैक्नीश्चे हॉचस्ह्यूल' संस्थान में एक वर्ष व्यतीत किया। यहाँ प्रो. व्लादिमीर प्रेलोग से उनके घनिष्ठ संबंध हो गए। इस संबंध ने विज्ञान के प्रति उनके सोच को आकार देने में महत्त्वपूर्ण भूमिका निभाई।

शोध उपरांत अनुसंधान के दौरान खुराना की भेंट स्विट्जरलैंड में एस्थर एलिजाबेथ से हुई। कालांतर में उन्होंने लिखा, ''एस्थर ने मेरे जीवन के उस नाजुक दौर में मुझे मेरे लक्ष्य के प्रति अविरल प्रोत्साहित किया, जब अपनी जन्मभूमि से अलग हुए मुझे छह वर्ष व्यतीत हो चुके थे, तब जब मैं कहीं का नहीं था, मेरा कोई घर नहीं था।''

शोध उपरांत अनुसंधान के दौरान खुराना की भेंट स्विट्जरलैंड में एस्थर एलिजाबेथ से हुई। कालांतर में उन्होंने लिखा, ''एस्थर ने मेरे जीवन के उस नाजुक दौर में मुझे मेरे लक्ष्य के प्रति अविरल प्रोत्साहित किया, जब अपनी जन्मभूमि से अलग हुए मुझे छह वर्ष व्यतीत हो चुके थे, तब जब मैं कहीं का नहीं था, मेरा कोई घर नहीं था।'' वर्ष 1952 में उन्होंने एस्थर से विवाह कर लिया। उनके तीन बच्चे हुए— जूलिया, एमिली तथा डेव।

वर्ष 1949 के आरंभ में खुराना भारत वापस आए, किंतु अल्प प्रवास के पश्चात् वे पुनः इंग्लैंड लौट गए, जहाँ वे कैंब्रिज में प्रो. जी.डब्ल्यू. केनर तथा प्रो. ए.आर. टॉड के साथ कार्य करने के लिए अध्येतावृत्ति (फेलोशिप) प्राप्त करने में सफल हुए। खुराना ने कैंब्रिज में 1950 से 1952 तक दो वर्ष व्यतीत किए। यह प्रवास उनके जीवन का निर्णायक पहलू रहा, क्योंकि यही वह समय था, जब प्रोटीनों और न्यूक्लिक अम्लों के प्रति उनका रुझान बढ़ा। कालांतर में अपने इसी रुझान के चलते उन्होंने इस क्षेत्र में महत्त्वपूर्ण शोधकार्य किए तथा 'नोबेल पुरस्कार' प्राप्त किया।

खुराना की मेधा एवं क्षमता को पहचानते हुए ब्रिटिश कोलंबिया विश्वविद्यालय

के डॉ. गॉर्डन एम. श्रम ने कनाडा के वैकुंवर में उन्हें एक नौकरी का प्रस्ताव दिया। खुराना ने वह प्रस्ताव स्वीकार कर लिया तथा 1952 में कनाडा जाने के लिए इंग्लैंड छोड़ दिया। डॉ. श्रम ने खुराना को आश्वस्त किया कि उन्हें अपने शोधकार्यों के लिए पूरी स्वतंत्रता प्राप्त होगी, यद्यपि ब्रिटिश कोलंबिया रिसर्च काउंसिल में सुविधाएँ सीमित थीं। डॉ. श्रम ने खुराना को आगे बढ़ने की प्रेरणा दी। इसी समय ब्रिटिश कोलंबिया के डॉ. जैक कैपबेल ने उन्हें विज्ञान संबंधी परामर्श देकर उनकी सहायता की। शीघ्र ही खुराना वैज्ञानिकों एवं शोधकर्ता के एक ऐसे प्रेरणा समूह के सदस्य बन गए, जो न्यूक्लिक एसिड के क्षेत्र में कार्य कर रहे थे। डॉ. गॉर्डन एम. टेनर, जो इस समूह के सदस्य थे, ने समूह का नैतिक बल, कार्यकुशलता तथा प्रेरणा बढ़ाने में विशेष रूप से महत्त्वपूर्ण कार्य किया।

वर्ष 1960 में खुराना को विस्फॉन्सिन विश्वविद्यालय के एंजाइम शोध संस्थान में जाने का अवसर प्राप्त हुआ, जहाँ उन्होंने उस कार्यप्रणाली की गुत्थी को सुलझाया, जिसमें यह सामने आया कि किस प्रकार न्यूक्लिक अम्ल में मौजूद न्यूक्लियोटाइड्स, जो कोशिका के वंशक्रम संकेत को धारण करते हैं, प्रोटीनों के कोशिका संश्लेषण को नियंत्रित करते हैं। इस खोज से खुराना को 'नोबेल पुरस्कार' के लिए चुना गया।

वर्ष 1960 में खुराना को विस्फॉन्सिन विश्वविद्यालय के एंजाइम शोध संस्थान में जाने का अवसर प्राप्त हुआ, जहाँ उन्होंने उस कार्यप्रणाली की गुत्थी को सुलझाया, जिसमें यह सामने आया कि किस प्रकार न्यूक्लिक अम्ल में मौजूद न्यूक्लियोटाइड्स, जो कोशिका के वंशक्रम संकेत को धारण करते हैं, प्रोटीनों के कोशिका संश्लेषण को नियंत्रित करते हैं।

वर्ष 1966 में वे स्वत: ही संयुक्त राज्य अमेरिका के नागरिक हो गए तथा 1971 में मैसाचुएट्स तकनीकी संस्थान के विभाग में पदासीन हो गए तथा 2007 में सेवामुक्त होने तक वहाँ बने रहे।

नोबेल पुरस्कार

औषधि के क्षेत्र में वर्ष 1968 का 'नोबेल पुरस्कार' खुराना को मार्शल डब्ल्यू. निरेनबर्ग तथा रॉबर्ट डब्ल्यू. हॉली के साथ संयुक्त रूप से प्रदान किया गया था। यह पुरस्कार उन्हें आणविक जीव विज्ञान के क्षेत्र में, विशेष रूप से जींस के गुप्त संकेतों की व्याख्या करने के लिए किए गए शोधकार्य के लिए दिया गया था।

यह खोज इतनी महत्त्वपूर्ण क्यों थी तथा खुराना ने इसमें क्या भूमिका निभाई, इस सबका समुचित उल्लेख नोबेल फाउंडेशन द्वारा आयोजित प्रस्तुति समारोह 'लैक्स प्रिस नोबेल' में किया गया है—

न्यूक्लिक एसिड पर शोध वर्ष 1944 में परिपक्वता के स्तर पर आया। इस वर्ष अमेरिकी वैज्ञानिक एवरी ने शुद्ध न्यूक्लिक एसिड की सहायता से एक जीवाणु के वंशानुगत गुण दूसरे जीवाणु में विस्थापित करने में सफलता प्राप्त की और ऐसा करते हुए उन्होंने यह दरशाया कि जींस न्यूक्लिक एसिड से ही निर्मित हैं। एवरी की खोज ने विज्ञान की एक नई शाखा का उद्‍घाटन किया, जिसे आणविक जीव विज्ञान के नाम से जाना गया तथा जो वर्तमान में आनुवंशिकी की मुख्यत: जीव रसायन विज्ञान शाखा से संबंध रखती है। आणविक जीव विज्ञान की शक्तिशाली क्षमता इसी बात से सत्यापित होती है कि आज का पुरस्कार औषधि के क्षेत्र में शोध के लिए 1958 से अब तक दिया जानेवाला पाँचवाँ नोबेल पुरस्कार है।

तो क्या है ये आनुवंशिक कोड और क्यों इन्हें 'जीवन का कोड' कहा जाता है? न्यूक्लिक एसिड अत्यंत जटिल अणु है, लेकिन उनके ढाँचे में निश्चित नियमितताएँ हैं। वे छोटे-छोटे खंडों की सीमित मात्रा से बने हैं। यदि हम न्यूक्लिक एसिड की तुलना किसी भाषा से करें तो हम भाषा के अक्षरों की तरह खंडों के निर्माण के बारे में सोच सकते हैं। इस तुलना की सहायता से हम कह सकते हैं कि कोशिका में न्यूक्लिक एसिड की भाषा हमारे अंतर्निहित गुणों के बारे में बताती है। यह बताती है कि हमारी और हमारे बच्चों की आँखें नीली हैं या भूरी, हम स्वस्थ हैं या बीमार।

हमारी कोशिकाओं में एक और भाषा का अस्तित्व है—प्रोटीनों की वर्णमाला में लिखी हुई प्रोटीनों की भाषा। एक अकेली कोशिका में हजारों की संख्या में प्रोटीन होते हैं, जो किसी जीव के सामान्य जीवन के लिए आवश्यक रासायनिक अभिक्रियाओं का निष्पादन करते हैं। प्रत्येक प्रोटीन का संश्लेषण किसी विशेष

न्यूक्लिक एसिड के निर्देशन पर होता है। एक भूरी आँखवाला बच्चा अपने माता-पिता से ऐसे न्यूक्लिक एसिड प्राप्त करता है, जिनमें आँखों के गहरे रंग के संश्लेषण के लिए आवश्यक प्रोटीनों के बनने के निर्देश देने की योग्यता हो। न्यूक्लिक एसिड का रासायनिक ढाँचा ही प्रोटीनों के रासायनिक ढाँचे को निश्चित करता है; न्यूक्लिक एसिड की वर्णमाला प्रोटीनों की वर्णमाला को शासित करती है। आनुवंशिक कोड उस शब्दकोश के समान हैं, जिसकी सहायता से हम किसी शब्द का अनुवाद प्राप्त करते हैं।

जब चित्रलेखों (भाषा को गुप्त रखने के लिए चित्रों का प्रयोग) की व्याख्या की गई तो पुरातत्त्ववेत्ताओं ने रोसेटा स्टोन का उपयोग किया, जिसमें वही वर्णमाला ग्रीक तथा मिस्र के अक्षरों में लिखी हुई थी। सैद्धांतिक तात्पर्य यह है कि किसी विशिष्ट रासायनिक ढाँचे की तत्संबंधित प्रोटीन के साथ तुलना के द्वारा आनुवंशिक कोडों की व्याख्या करने के लिए इस विधि को अपनाया जा सकता है। बहरहाल, तकनीकी कारणों से यह संभव नहीं है।

जब चित्रलेखों (भाषा को गुप्त रखने के लिए चित्रों का प्रयोग) की व्याख्या की गई तो पुरातत्त्ववेत्ताओं ने रोसेटा स्टोन का उपयोग किया, जिसमें वही वर्णमाला ग्रीक तथा मिस्र के अक्षरों में लिखी हुई थी। सैद्धांतिक तात्पर्य यह है कि किसी विशिष्ट रासायनिक ढाँचे की तत्संबंधित प्रोटीन के साथ तुलना के द्वारा आनुवंशिक कोडों की व्याख्या करने के लिए इस विधि को अपनाया जा सकता है।

इस परिस्थिति में निरेनबर्ग एक अत्यंत साधारण, किंतु बुद्धिमत्तापूर्ण निष्कर्ष पर पहुँचे; उन्हें आभास हुआ कि जैव रसायनशास्त्री एक पुरातत्त्ववेत्ता से कहीं अधिक अच्छी स्थिति में है, क्योंकि वह परखनली में ऐसी प्रणाली तैयार कर सकता है, जो प्रोटीन के निर्माण के लिए न्यूक्लिक एसिड का आधार के रूप में प्रयोग करती है। इस प्रणाली की तुलना एक अनुवाद यंत्र से की जा सकती है जिसमें वैज्ञानिक द्वारा न्यूक्लिक एसिडरूपी वर्णमाला में लिखा हुआ वाक्य डाल दिया जाता है तथा यंत्र उसे प्रोटीनरूपी वर्णमाला के वाक्य में अनुवाद कर बाहर निकालता है। निरेनबर्ग ने मात्र एक अक्षर की पुनरावृत्ति की शृंखला से तैयार अत्यंत साधारण न्यूक्लिक एसिड का संश्लेषण किया। इस न्यूक्लिक एसिड का प्रयोग करने से उनकी प्रणाली ने ऐसा प्रोटीन उत्पन्न किया कि वह भी प्रोटीन वर्णमाला के ही अक्षरवाला था। इस प्रकार निरेनबर्ग ने पहले चित्रलेख की व्याख्या भी कर

दी तथा यह भी दरशा दिया कि सामान्य तौर पर आनुवंशिक कोडों के परिवर्तन के लिए ऊतकरूपी यंत्र का प्रयोग किस प्रकार किया जाना चाहिए। इसके बाद तो इस क्षेत्र में अत्यंत तीव्रता से विकास हुआ। निरेनबर्ग ने अपने पहले परिणाम अगस्त 1961 में जाहिर किए। पाँच वर्षों से कम समय के पश्चात् ही, मुख्यत: निरेनबर्ग एवं खुराना के प्रयासों से, आनुवंशिक कोड के सभी विस्तृत विवरण पता कर लिये गए।

अंत का काफी कार्य खुराना द्वारा संपन्न किया गया। कई वर्षों तक उनके पास व्यवस्थित रूप से विचारी गई ऐसी प्रणालियाँ थीं, जिसकी सहायता से सुपरिभाषित न्यूक्लिक एसिडों तथा अपनी सही स्थिति में संरचना के प्रत्येक खंड सहित महाकाय अणुओं की संश्लेषण क्रिया संभव हो सकी। खुराना के संश्लेषित न्यूक्लिक अम्ल आनुवंशिक कोडों को हल करने के पूर्व आवश्यकता बन गए।

अंत का काफी कार्य खुराना द्वारा संपन्न किया गया। कई वर्षों तक उनके पास व्यवस्थित रूप से विचारी गई ऐसी प्रणालियाँ थीं, जिसकी सहायता से सुपरिभाषित न्यूक्लिक एसिडों तथा अपनी सही स्थिति में संरचना के प्रत्येक खंड सहित महाकाय अणुओं की संश्लेषण क्रिया संभव हो सकी।

कोशिका में निहित कोड के अनुवाद की प्रणाली क्या है ? हॉली ने सफलतापूर्वक इस प्रश्न का उत्तर खोजा। वे 'ट्रांसफर–RNA' नामक एक विशिष्ट प्रकार के न्यूक्लिक एसिड के खोजकर्ताओं में से एक हैं। इस न्यूक्लिक एसिड में आनुवंशिक कोड को पढ़ने तथा उन्हें प्रोटीन वर्णमाला में परिवर्तित करने की क्षमता है। कई वर्षों के अनुसंधान के पश्चात्, हॉली एक 'ट्रांसफर–RNA' के विशुद्ध रूप को तैयार करने में सफल हो गए और अंतत: 1965 में इसका सटीक रासायनिक ढाँचा तैयार किया। हॉली का यह कार्य जैविक रूप से सक्रिय न्यूक्लिक एसिड के संपूर्ण रासायनिक ढाँचे के पहले निर्धारण को प्रस्तुत करता है।

आनुवंशिक कोडों के अर्थ तथा इसकी कार्यप्रणाली की व्याख्या, पिछले बीस वर्षों में आणविक जीव विज्ञान के धमाकेदार विकास की विशेषताएँ हैं, जिससे पैतृक गुणों की कार्यप्रणाली को विस्तार से समझने में सहायता मिली। अब तक किया गया कार्य आधारभूत शोध कहा जा सकता है। बहरहाल, अब तक किए गए कार्यों से कई बीमारियों के ऐसे कारणों का पता लगना शुरू हो गया है, जिसमें आनुवंशिकता की मुख्य भूमिका है।

'नोबेल पुरस्कार' प्राप्त करने के समय दिए गए अपने व्याख्यान में खुराना ने स्वयं ही अपने अन्वेषण कार्यों की व्याख्या की, जिसमें उन्होंने कहा, ''यद्यपि आनुवंशिक कोडों की विस्तृत व्याख्या में अभी स्पष्टता की कमी है; किंतु अधिकतर हम सभी, जिन्होंने इस समस्या पर कार्य किया, के जीवन में एक संतोष है कि इस शोध के सामान्य ढाँचे के संबंध में सबकी पूर्ण सहमति रही तथापि विस्तृत प्रोटीन-संश्लेषण प्रणाली को पर्याप्त रूप से समझने के लिए रासायनिक एवं जैव-रासायनिक स्तर पर बहुत सा कार्य करना शेष है। बहरहाल, आनुवंशिक कोडों की समस्या का कम-से-कम एक आयामी रूप (पॉली न्यूक्लोटाइड के न्यूक्लोटाइड अनुक्रम तथा पॉलीपेप्टाइड के अमीनो एसिड के बीच रैखिक संबंध) हल होता दिखाई देगा। ऐसी आशा की जा सकती है कि यह शोध एवं ज्ञान आणविक एवं विकासमूलक जीव विज्ञान में आगे किए जानेवाले कार्यों के लिए आधार का कार्य करेगा।''

इस अवसर पर नोबेल पुरस्कार की यात्रा को संक्षेप में साझा करते हुए उन्होंने हर क्षेत्र से मिलनेवाले सहयोग को स्वीकार किया।

खुराना ने कहा—

''मैं पुनः इस बात पर बल देना चाहता हूँ कि इस व्याख्यान में जिन कार्यों का उल्लेख किया गया है, वह एक सामूहिक सहयोग एवं प्रयास का प्रतिफल है। मैं बड़ी संख्या में अपने सभी साथियों, रसायनशास्त्रियों तथा जैव-रसायनशास्त्रियों का हृदय से आभारी हूँ, जिनके साथ मैं सौभाग्य से जुड़ गया। विज्ञान में कार्य और प्रगति एक-दूसरे पर आश्रित होते हैं; आनुवंशिक कोड के कार्य के संदर्भ में यह बात पूर्णरूपेण सत्य है। यहाँ समीक्षा किए गए कार्य को प्रत्यक्ष अथवा अप्रत्यक्ष रूप से प्रभावित करनेवाले बहुत से वैज्ञानिकों का उल्लेख संबंधित लेख में किया गया है। मैं एक और वैज्ञानिक के प्रति व्यक्तिगत रूप से आभार व्यक्त करना चाहता हूँ। वे हैं—प्रो. वी. प्रेलॉग, जिन्होंने सौभाग्यवश मुझे 'एडजीनोसिचे टैक्नीश्चे हॉचस्च्यूल संस्थान', ज्यूरिख में शोध छात्र के रूप में

मैं पुनः इस बात पर बल देना चाहता हूँ कि इस व्याख्यान में जिन कार्यों का उल्लेख किया गया है, वह एक सामूहिक सहयोग एवं प्रयास का प्रतिफल है। मैं बड़ी संख्या में अपने सभी साथियों, रसायनशास्त्रियों तथा जैव-रसायनशास्त्रियों का हृदय से आभारी हूँ, जिनके साथ मैं सौभाग्य से जुड़ गया।

चुना। इस महान् वैज्ञानिक तथा सद्पुरुष की संगति ने विज्ञान के प्रति कार्य और प्रयासों के मेरे सोच और विचारधारा को अथाह रूप से प्रभावित किया। मेरे कार्य का प्रारंभ कनाडा के बैंकुवर में ब्रिटिश कोलंबिया शोध परिषद् से हुआ, जो डॉ. एम. शम (वर्तमान में सायमन फ्रेजर विश्वविद्यालय बी.सी. के कुलपति) के प्रोत्साहन तथा राष्ट्रीय शोध संस्थान, कनाडा की वित्तीय सहायता से संभव हो सका। अभी हाल ही में राष्ट्रीय स्वास्थ्य संस्थान की शाखा— राष्ट्रीय कैंसर संस्थान, यू.एस. लोक स्वास्थ्य सेवा, राष्ट्रीय विज्ञान संस्थान, वाशिंगटन, जीवन बीमा आयुर्विज्ञान शोध कोश तथा स्नातक विश्वविद्यालय, विसकॉन्सिन से बड़ी मात्रा में सहयोग प्राप्त हुआ।

'नोबेल पुरस्कार' प्राप्त करने के पश्चात् खुराना ने अपनी वैज्ञानिक खोज की यात्रा और अधिक उत्साह से आगे बढ़ाई। आनुवंशिकी के क्षेत्र में खुराना ने एक और महत्त्वपूर्ण योगदान दिया। 1970 में कृत्रिम जीन तैयार करके वंशानुक्रम के क्षेत्र में खुराना ने एक और महत्त्वपूर्ण योगदान दिया। जीवित कोशिका में यह पहला मानव निर्मित कृत्रिम जीन था। उनके आगे के शोधों ने रतौंधी नामक बीमारी को समझने तथा उसका उपचार करने में सहायता की। अब तक वे 'मैसाचुएट्स तकनीकी संस्थान' में अपनी सेवा देने के लिए जा चुके थे, जहाँ वंशानुक्रम के क्षेत्र में उन्होंने अपने शोध जारी रखे। वर्ष 2007 में वे एम.आई.टी. से सेवानिवृत्त हुए।

'नोबेल पुरस्कार' प्राप्त करने के पश्चात् खुराना ने अपनी वैज्ञानिक खोज की यात्रा और अधिक उत्साह से आगे बढ़ाई। आनुवंशिकी के क्षेत्र में खुराना ने एक और महत्त्वपूर्ण योगदान दिया। 1970 में कृत्रिम जीन तैयार करके वंशानुक्रम के क्षेत्र में खुराना ने एक और महत्त्वपूर्ण योगदान दिया।

अपने शोधकार्यों के दौरान खुराना विद्यार्थियों तथा शिक्षा में रुचि रखनेवाले अन्य सभी लोगों को सदैव प्रोत्साहित करते रहे। वस्तुत: उनके सेवानिवृत्त होने के पश्चात् भी कई छात्र उनसे नियमित रूप से मिलने आया करते थे तथा वे छात्रों द्वारा किए गए कार्यों पर लंबी चर्चा करते थे। उनके छात्रों को उनसे बड़ा लगाव था और वे उनके सेवानिवृत्त होने के बाद भी संपर्क में बने रहे।

उनके साथी उनकी ऊर्जा एवं ध्यान जैसे गुणों के साथ-साथ उनकी विनम्रता को भी याद करते थे। एम.आई.टी. में आणविक जीव विज्ञान के प्रोफेसर, उनके साथी तथा सुप्रतिष्ठित वैज्ञानिक उत्तम राजभंडारी ने उनके निधन पर उन्हें याद करते

हुए कहा, ''वे अत्यंत सज्जन एवं विनम्र व्यक्ति थे···एक छोटी जगह से आने के बाद भी अपने जीवन में उन्होंने जिन कार्यों को पूरा किया, वह अविश्वसनीय है।''

'नोबेल पुरस्कार' के अतिरिक्त खुराना ने कई अन्य प्रतिष्ठित पुरस्कार भी प्राप्त किए, जिनके अंतर्गत वर्ष 1968 में कोलंबिया विश्वविद्यालय की ओर से दिया जानेवाला 'लुई ग्रॉस हॉर्विज पुरस्कार' तथा बेसिक मेडिकल रिसर्च के लिए 'लास्कर फाउंडेशन पुरस्कार'; 1974 में 'अमेरिकन रसायन सोसाइटी' के शिकागो प्रखंड का 'विलॉर्ड गिब्स मेडल'; 1980 में 'गेयर्डनर फाउंडेशन वार्षिक पुरस्कार' तथा 1987 में रेटिना पर शोध के लिए 'पॉल केसर अंतरराष्ट्रीय उत्कृष्टता पुरस्कार' हैं।

खुराना प्रतिष्ठित राष्ट्रीय विज्ञान अकादमी के सदस्य थे। वे अमेरिकी कला एवं विज्ञान अकादमी के भी सदस्य थे।

वर्ष 2007 में उनके सम्मानार्थ विस्कॉन्सिन मेडिसन विश्वविद्यालय, भारत सरकार के जैव-प्रौद्योगिकी विभाग तथा भारत-अमेरिकी विज्ञान एवं प्रौद्योगिकी मंच ने संयुक्त रूप से एक कार्यक्रम का आयोजन किया। इस कार्यक्रम का उद्देश्य भारत तथा संयुक्त राज्य अमेरिका के वैज्ञानिकों, उद्योगपतियों तथा सामाजिक उद्यमियों की एक बड़ी श्रृंखला का निर्माण करना था।

वर्ष 2007 में उनके सम्मानार्थ विस्कॉन्सिन मेडिसन विश्वविद्यालय, भारत सरकार के जैव-प्रौद्योगिकी विभाग तथा भारत-अमेरिकी विज्ञान एवं प्रौद्योगिकी मंच ने संयुक्त रूप से एक कार्यक्रम का आयोजन किया। इस कार्यक्रम का उद्देश्य भारत तथा संयुक्त राज्य अमेरिका के वैज्ञानिकों, उद्योगपतियों तथा सामाजिक उद्यमियों की एक बड़ी श्रृंखला का निर्माण करना था।

'खुराना कार्यक्रम' स्नातक तथा परास्नातक विद्यार्थियों को परिवर्तन की क्षमता रखनेवाले शोध अनुभवों से परिचित कराता है। यह ग्रामीण विकास एवं खाद्य सुरक्षा में भाग लेनेवालों को व्यस्त रखता है। यह कार्यक्रम भारत और अमेरिका के मध्य लोक-निजी भागीदारी को सुगम बनाता है।

वर्ष 2009 में खुराना को मेडिसन विस्कॉन्सिन में '33वें स्टीन बॉक सिंपोजियम' में सम्मानित किया गया। 9 नवंबर, 2011 को यू.एस.ए. में उनका देहांत हो गया।

□

4

डॉ. सुब्रमण्यन चंद्रशेखर

सुब्रमण्यन चंद्रशेखर अपने जीवनकाल में ही किंवदंती बन गए थे। वे बीसवीं शताब्दी के महान् वैज्ञानिकों में से एक थे। उनका जन्म लाहौर (वर्तमान में पाकिस्तान में) शहर में 19 अक्तूबर, 1910 को हुआ था। चार पुत्रों एवं छह पुत्रियों के परिवार में ये तीसरे पुत्र थे। उनके पिता चंद्रशेखर सुब्रमण्य अय्यर भारतीय लेखा-परीक्षा एवं लेखा विभाग में अधिकारी थे। एस. चंद्रशेखर के जन्म के समय वे लाहौर में उत्तर-पश्चिम रेलवे के उप-महालेखापरीक्षक थे। उनकी माँ सीता भी एक बुद्धिजीवी महिला थीं। उन्होंने हेनरिक इबसेन की रचना 'अ डॉल्स हाउस' का तमिल भाषा में अनुवाद किया था।

बारह वर्ष की आयु तक चंद्रशेखर की शिक्षा घर पर रहकर ही हुई। वर्ष 1918 में उनके पिता का स्थानांतरण मद्रास हो गया। 1922 से 25 के दौरान वे ट्रिप्लिकेन के हिंदू हाईस्कूल में पढ़ने गए। स्कूली शिक्षा पूर्ण करने के बाद 1925 में उन्होंने मद्रास के प्रेसीडेंसी कॉलेज में प्रवेश लिया। वर्ष 1930 में उन्होंने भौतिकी से बी.एससी. (ऑनर्स) की उपाधि प्राप्त की। इसी वर्ष भारत सरकार ने उन्हें कैंब्रिज, इंग्लैंड से स्नातक अध्ययन के लिए छात्रवृत्ति प्रदान की।

कैंब्रिज में उन्होंने अध्ययन किया तथा प्रो. आर.एच. फाउलर के मार्ग-निर्देशन में शोध भी प्रारंभ कर दिया। ट्रिनिटी कॉलेज में चंद्रशेखर को प्रवेश दिलाने का श्रेय प्रो. फाउलर को ही जाता है। प्रो. पी.ए.एम. डिराक के परामर्श से उन्होंने कुछ समय डेनमार्क के कोपेनहेगन स्थित सैद्धांतिक भौतिकी संस्थान में व्यतीत किया।

वर्ष 1933 की गरमियों में चंद्रशेखर को कैंब्रिज में पी-एच.डी. की उपाधि

प्रदान की गई। तत्पश्चात् उनका चयन ट्रिनिटी महाविद्यालय में 1933–37 तक प्राइज फेलोशिप के लिए हुआ। ट्रिनिटी में अपने अध्येता वृत्तिकाल के दौरान उन्होंने सर आर्थर एडिंगटन तथा प्रो. ई.ए. माइल सहित कई मित्र बना लिये। उनकी यह मित्रता जीवनपर्यंत चली।

वर्ष 1935 की सर्दियों (जनवरी–मार्च) में चंद्रशेखर संयुक्त राज्य अमेरिका का हार्वर्ड विश्वविद्यालय देखने गए। इस भ्रमण के लिए स्वयं हार्वर्ड विश्वविद्यालय के निदेशक डॉ. हार्लो शेवली ने उन्हें आमंत्रित किया था। इस भेंट के दौरान डॉ. आट्रो स्ट्रूव तथा राष्ट्रपति रॉबर्ट मेनार्ड हचिंस ने उन्हें शिकॉगो यूनिवर्सिटी में शोध सहायक का पद प्रस्तावित किया। उन्होंने यह पद स्वीकार कर लिया तथा 1937 से शिकागो यूनिवर्सिटी में अध्यापन कार्य करने लगे।

वर्ष 1935 की सर्दियों (जनवरी–मार्च) में चंद्रशेखर संयुक्त राज्य अमेरिका का हार्वर्ड विश्वविद्यालय देखने गए। इस भ्रमण के लिए स्वयं हार्वर्ड विश्वविद्यालय के निदेशक डॉ. हार्लो शेवली ने उन्हें आमंत्रित किया था। इस भेंट के दौरान डॉ. आट्रो स्ट्रूव तथा राष्ट्रपति रॉबर्ट मेनार्ड हचिंस ने उन्हें शिकॉगो यूनिवर्सिटी में शोध सहायक का पद प्रस्तावित किया।

चंद्रशेखर ने अपने आत्मकथात्मक लेखों में अपनी स्मृतियों का उल्लेख करते हुए कहा है—मद्रास के प्रेसीडेंसी कॉलेज में 2 वर्षों (1928–30) के दौरान मेरी मित्रता, एक वर्ष जूनियर छात्रा, ललिता दोराई स्वामी से हुई। यह मित्रता प्रगाढ़ हुई तथा शिकागो विश्वविद्यालय में प्रवेश के पूर्व 1936 में हमारा विवाह (भारत में) हो गया। पिछले 47 वर्षों में अपने जीवन को साझा करने के दौरान ललिता का धैर्य, समझदारी, सहयोग एवं प्रोत्साहन मेरे जीवन के केंद्रीय तथ्य रहे।

वैज्ञानिक शोध

चंद्रशेखर अपनी खोज 'चंद्रशेखर सीमा' के लिए जाने जाते हैं, जिसके लिए उन्हें 'नोबेल पुरस्कार' प्रदान किया गया; किंतु उनकी छह दशकों से भी अधिक वैज्ञानिक खोज ने कई अन्य अन्वेषणों की राहें भी खोल दीं। इस प्रकांड विद्वान् ने विज्ञान के क्षेत्र में अपनी रोमांचक यात्रा का अपने शब्दों में वर्णन किया है—

> ''पूर्व-प्रारंभिक वर्षों के पश्चात् मेरा वैज्ञानिक कार्य एक निश्चित तरीके पर चला, जो मुख्यत: वैचारिक दृष्टिकोण से प्रेरित था। व्यावहारिक रूप से

यह अनुसंधान किसी क्षेत्र विशेष के मेरे चयन (कुछ परीक्षाओं और कष्टों के बाद) में निहित था, जिसमें उन्नति संभव हो और जो मेरी रुचि, योग्यता तथा स्वभाव के अनुरूप हो और जब कुछ वर्षों के अध्ययन के पश्चात् मुझे आभास होता कि मैंने ज्ञान का एक पर्याप्त भाग संचित कर लिया है तथा अपना एक दृष्टिकोण पा लिया है, मुझे क्रमिक और व्यवस्थित रूप से अपने विचारों को सिरे से प्रस्तुत करने की तीव्र इच्छा होने लगती।

''मेरे जीवन में इस प्रकार के सात कालांश आए—श्वेत बौना सिद्धांत सहित तारों की बनावट (1924–1939); तारों से संबंधित गति विज्ञान, जिसमें ब्राउनियन का गति सिद्धांत भी शामिल है (1938–1943); विकिरणशील संचरण का सिद्धांत, जिसमें तारों से संबंधित वायुमंडल का सिद्धांत तथा हाइड्रोजन के ऋणात्मक आयन के परिणाम का सिद्धांत शामिल है तथा ग्रह संबंधी वायुमंडल का सिद्धांत, जिसमें प्रदीप्ति एवं ध्रुवीकरण का सिद्धांत

शामिल है (1943–1950); द्रव गतिविज्ञान एवं जलविद्युत् चुंबकीय स्थिरता, जिसमें रेले–बेनार्ड का 'उष्णता संवाहन सिद्धांत' शामिल है (1952–1961); संतुलन एवं संतुलन के एलिपसोइडल आँकड़ों की स्थिरता, जिसमें आंशिक रूप से नॉर्मन आर. लेबोविट्ज का सहयोग है (1961–1968); सापेक्षता का सामान्य सिद्धांत तथा खगोल भौतिकी संबंध (1962–1971) तथा ब्लैक होल का गणितीय सिद्धांत (1974–1983)।''

उनके द्वारा प्रकाशित लेख एवं पुस्तकें उच्च कोटि की थीं। उनका दृष्टिकोण ज्ञान एवं वैचारिक अन्वेषण से प्रेरित था तथा उन्हें किसी मान्यता अथवा पुरस्कार की चिंता नहीं थी। वे निरंतर कार्यरत रहे तथा एक क्षेत्र विशेष का कार्य पूर्ण करने के उपरांत वे नया कार्य आरंभ कर देते थे। उन्होंने विषयों की विस्तृत समझ विकसित की, उन पर पूर्ण अधिकार प्राप्त किया तथा इस ज्ञान को आत्मसात् किया, इससे पहले कि वे किसी और विषय की ओर गमन करें। वे कार्यकुशल होने के साथ-साथ आकर्षक व्यक्तित्व के स्वामी भी थे।

उनके द्वारा प्रकाशित लेख एवं पुस्तकें उच्च कोटि की थीं। उनका दृष्टिकोण ज्ञान एवं वैचारिक अन्वेषण से प्रेरित था तथा उन्हें किसी मान्यता अथवा पुरस्कार की चिंता नहीं थी। वे निरंतर कार्यरत रहे तथा एक क्षेत्र विशेष का कार्य पूर्ण करने के उपरांत वे नया कार्य आरंभ कर देते थे।

उनके मार्गदर्शन में पी-एच.डी. करनेवाले छात्र उनके उत्साह एवं प्रोत्साहन से प्रेरित हुआ करते थे। वे छात्रों को अपने विचारों को निर्भयता से प्रकट करने के लिए प्रोत्साहित किया करते थे। उन्होंने कहा, ''मेरे छात्र, मैंने जिनके बेहद करीब रहकर कार्य किया है, इस मायने में सम्माननीय हैं कि वे हमें उन पुरानी यादों को ताजा कराते हैं, जो हम पुस्तकों में पढ़ते हैं, साथ ही वे मेरी कही हुई बातों से भयभीत नहीं होते। वे मेरी बातों के पक्ष अथवा विपक्ष में अपनी प्रतिक्रिया व्यक्त करते, चर्चा करते तथा तर्क किया करते थे। यदि कोई व्यक्ति आपकी कही हुई हर बात से सहमत होता है तो चर्चा का कोई बिंदु नहीं बचता।''

वे अपने कार्य को इतने समर्पित भाव से किया करते थे कि उसे नई ऊँचाइयों तक ले जाते। उनकी कार्यक्षमता इस बात से प्रमाणित होती है कि उन्होंने शिकागो विश्वविद्यालय की एक निजी पत्रिका को अमेरिकन एस्ट्रोनॉमिकल सोसाइटी की राष्ट्रीय पत्रिका का स्थान दिया दिया। चंद्रशेखर ने वर्ष 1952 से 1971 तक

'एस्ट्रोफिजिकल' पत्रिका का संपादन किया। 1952 से 1964 तक मात्र एक अंशकालिक सचिव के सहयोग से इस पत्रिका का प्रबंधन करने में सफल रहे। याद करते हुए वे कहते हैं, ''इस कार्य के साथ-साथ हम अपने सारे नियमित कार्य करते रहे। वैज्ञानिक पत्राचार सँभाला। हमने बजट, विज्ञापन तथा प्रति पेज शुल्क इत्यादि तैयार किए। हमने पुनर्मुद्रण आदेश तथा बिल इत्यादि तैयार किए।''

इस समय तक वे पत्रिका के संपादन का कार्य छोड़ चुके थे, जिसका विस्तार प्रतिवर्ष चौबीस संस्करणों सहित 12000 पृष्ठों तक पहुँच गया था। आप इसकी तुलना इस बात से कर सकते हैं कि जब उन्होंने इस पत्रिका का दायित्व लिया था, तब इसके प्रतिवर्ष मात्र छह संस्करण प्रकाशित होते थे तथा इसके कुल नौ सौ पचास पृष्ठ थे। वस्तुतः उन्होंने इस पत्रिका के लिए पर्याप्त धनराशि जुटाई, जो इसके पूर्व वित्तीय रूप से पूर्णतः शिकागो विश्वविद्यालय पर निर्भर थी।

वर्ष 1953 में उन्होंने संयुक्त राज्य की नागरिकता प्राप्त कर ली, तथापि वे भारत के कई वैज्ञानिक संस्थानों तथा युवा वैज्ञानिकों से अपने नजदीकी संबंध बनाए रहे। भारत के महान् गणितज्ञ रामानुजन बचपन से ही उनके प्रेरणास्रोत थे और जीवन भर बने रहे। उनकी प्रेरणा को श्रद्धांजलि अर्पित करने के लिए उन्होंने मद्रास में 'रामानुजन गणित संस्थान' को स्थापित करने में भरपूर में सहायता की।

वर्ष 1953 में उन्होंने संयुक्त राज्य की नागरिकता प्राप्त कर ली, तथापि वे भारत के कई वैज्ञानिक संस्थानों तथा युवा वैज्ञानिकों से अपने नजदीकी संबंध बनाए रहे। भारत के महान् गणितज्ञ रामानुजन बचपन से ही उनके प्रेरणास्रोत थे और जीवन भर बने रहे। उनकी प्रेरणा को श्रद्धांजलि अर्पित करने के लिए उन्होंने मद्रास में 'रामानुजन गणित संस्थान' को स्थापित करने में भरपूर में सहायता की। जब उन्हें यह पता चला कि रामानुजन की विधवा पत्नी अत्यंत निर्धनता में जीवन व्यतीत कर रही हैं, तो उन्होंने इस मामले में दखल देकर उनके लिए अच्छी पेंशन की व्यवस्था की।

चंद्रशेखर को वैज्ञानिक शोधकार्य करने के लिए किसने प्रेरित किया? उन्होंने इस बारे में एक बार स्वयं बताया है, ''विज्ञान की खोज की तुलना अकसर पहाड़ की चढ़ाई से की जाती है, ऊँचा, किंतु उतना ऊँचा भी नहीं, लेकिन हममें से ऐसा कौन है, जिसने स्वप्न में भी यह कल्पना की हो कि वह एवरेस्ट की चढ़ाई पूर्ण करके उसके शिखर पर पहुँच गया है, जहाँ आकाश नीला है और पवन शांत

और वह इस शांत वातावरण में असीम तक विस्तृत, बर्फ से ढकी जगमगाती पूर्ण हिमालय श्रृंखला को देख रहा हो। अपने चारों ओर फैली प्रकृति एवं ब्रह्मांड के लिए तुलनात्मक दृष्टि प्राप्त करने की आशा करना हममें से किसी के लिए भी असंभव है, किंतु कंचनजंगा की घाटी में नीचे खड़े होकर उसकी चोटियों पर सूर्योदय की प्रतीक्षा करना भी कोई छोटा काम नहीं है।''

विज्ञान के अतिरिक्त चंद्रशेखर की साहित्य में भी अत्यधिक रुचि थी। उन्होंने कहा था, ''कैंब्रिज में वर्ष 1932 के आस-पास साहित्य के प्रति मेरा रुझान गंभीरतापूर्वक आरंभ हुआ। सत्रों के बीच का दो से तीन सप्ताह का अधिकांश समय मैं साहित्य के अध्ययन के लिए समर्पित किया करता था। रूसी लेखक उस समय की मेरी वास्तविक खोज थे। क्रमानुसार मैंने कॉन्सटैंस गारनेट द्वारा अनूदित तुर्गनेव के सभी उपन्यास, दोस्तोवस्की कृत 'क्राइम एंड पनिशमेंट', 'ब्रदर्स कार्माजोव' तथा 'पोसेस्ड' को पढ़ा। चेखव की सारी कहानियाँ एवं नाटक मैंने पढ़े। टॉलस्टाय की सारी कृतियाँ तो नहीं, किंतु अन्ना कारेनीना अवश्य पढ़ी है। अंग्रेजी लेखकों में मैंने वर्जीनिया वुल्फ, टी.एस. इलियट, थॉमस हार्डी, जॉन गॉल्सवर्दी और बर्नार्ड शॉ को पढ़ने से शुरुआत की। हेनरिक इबसन भी मेरे पसंदीदा लेखकों में से एक थे।''

कैंब्रिज में वर्ष 1932 के आस-पास साहित्य के प्रति मेरा रुझान गंभीरतापूर्वक आरंभ हुआ। सत्रों के बीच का दो से तीन सप्ताह का अधिकांश समय मैं साहित्य के अध्ययन के लिए समर्पित किया करता था। रूसी लेखक उस समय की मेरी वास्तविक खोज थे। क्रमानुसार मैंने कॉन्सटैंस गारनेट द्वारा अनूदित तुर्गनेव के सभी उपन्यास, दोस्तोवस्की कृत 'क्राइम एंड पनिशमेंट', 'ब्रदर्स कार्माजोव' तथा 'पोसेस्ड' को पढ़ा।

नोबेल पुरस्कार

एस. चंद्रशेखर को भौतिकी के क्षेत्र में 1983 का नोबेल पुरस्कार 'तारों के निर्माण एवं क्रमिक विकास की भौतिक प्रक्रिया के महत्त्व के सैद्धांतिक अध्ययन' के लिए प्रदान किया गया था। उन्हें यह पुरस्कार विलियम अल्फ्रेड फाउलर के साथ ब्रह्मांड में रासायनिक तत्त्वों के निर्माण में आणविक अभिक्रिया के महत्त्व के सैद्धांतिक एवं प्रायोगिक अध्ययन' के लिए दिया गया। पुरस्कार प्राप्त करने के पश्चात् चंद्रशेखर ने कहा था, ''बड़ी मात्रा में अनुसंधान एवं प्रतियोगिता के उपरांत

प्राप्त होनेवाला 'नोबेल पुरस्कार' अपने आपमें इतना विशिष्ट है कि इस पुरस्कार को प्राप्त करनेवाले व्यक्ति में संयम और मर्यादा का प्रभाव आना ही चाहिए, क्योंकि पूर्व पुरस्कारप्राप्त व्यक्तियों के अनुभवों से कौन प्रभावित नहीं होगा, जिनमें से कुछ ने तो प्रकृति के संबंध में एक सीमा तक ज्ञान प्राप्त कर लिया, जो किसी अन्य उपलब्धि से परे हैं⋯।" रवींद्रनाथ टैगोर की 'गीतांजलि' से कुछ पंक्तियाँ उद्धृत करते हुए उन्होंने कहा—

'जहाँ मन है निर्भय, मस्तक है ऊँचा; ज्ञान है मुक्त;
जहाँ शब्द प्रस्फुटित होते हैं सत्य की गहराई से;
जहाँ अथक संघर्ष आलिंगन करता है पूर्णता का;
जहाँ निस्तेज अभ्यास की रूखी रेत में
तर्क की स्वच्छ धारा ने नहीं खोया है अपना पथ;
मुक्ति के उस लोक में, होने दो मुझे जाग्रत्।'

चंद्रशेखर की एक महत्त्वपूर्ण खोज, जिसके लिए उन्हें पूरे विश्व में जाना जाता है, वह है—'चंद्रशेखर लिमिट' (चंद्रशेखर सीमा), जिससे 'ब्लैक होल' की प्राकृतिक खोज संभव हुई। साधारण शब्दों में, " 'चंद्रशेखर सीमा' उस अधिकतम द्रव्यमान को इंगित करती है, जिसके परे श्वेत वामन तारा स्थिर नहीं रह सकता। यदि कोई श्वेत वामन तारे का पुंज उस सीमा को पार कर लेता है, तो परिणामस्वरूप गुरुत्वाकर्षण के कारण उसका क्षय हो जाता है तथा वह 'ब्लैक होल' में परिवर्तित हो जाता है।" उन्होंने इस सीमा की खोज 1930 में की थी, जब वे मात्र उन्नीस वर्ष के थे।

साधारण शब्दों में, " 'चंद्रशेखर सीमा' उस अधिकतम द्रव्यमान को इंगित करती है, जिसके परे श्वेत वामन तारा स्थिर नहीं रह सकता। यदि कोई श्वेत वामन तारे का पुंज उस सीमा को पार कर लेता है, तो परिणामस्वरूप गुरुत्वाकर्षण के कारण उसका क्षय हो जाता है तथा वह 'ब्लैक होल' में परिवर्तित हो जाता है।" उन्होंने इस सीमा की खोज 1930 में की थी, जब वे मात्र उन्नीस वर्ष के थे।

अन्य पुरस्कार

वर्ष 1944 में चंद्रशेखर 'फेलो ऑफ रॉयल सोसाइटी' बन गए तथा 1949 में उन्हें 'हेनरी नॉरिस रसेल लेक्चररशिप' से सम्मानित किया गया। 1952 में उन्होंने 'ब्रूस मेडल' जीता। उसी के अगले वर्ष उन्हें

'रॉयल एस्ट्रोनॉमिकल सोसाइटी' का 'स्वर्ण पदक' प्राप्त हुआ। 1957 में उन्होंने अमेरिकन अकेडमी ऑफ आर्ट्स एंड साइंस का प्रतिष्ठित 'एम्फोर्ड पुरस्कार' जीता तथा 1966 में 'नेशनल मेडल ऑफ साइंस'। भारत सरकार ने विज्ञान के क्षेत्र में उनकी सेवाओं को माना तथा वर्ष 1968 में उन्हें 'पद्मविभूषण' की उपाधि से विभूषित किया। वर्ष 1971 में उन्हें 'हेनरी ड्रेपर ऑफ दे नेशनल अकेडमी ऑफ साइंसेस' प्रदान किया गया। 1984 में उन्हें 'कोपले मेडल ऑफ रॉयल सोसाइटी' दिया गया तथा 1988 में उन्हें इंटरनेशनल अकेडमी ऑफ साइंस का मानद सदस्य बना दिया गया। वर्ष 1989 में उन्होंने 'गॉर्डन जे. लेंग' पुरस्कार जीता।

उनके सम्मान में 1970 में खोजे गए एक क्षुद्र तारे का नामकरण '1958 चंद्र' किया गया। उनकी मृत्यु के उपरांत, अमेरिकी अंतरिक्ष एजेंसी नासा ने अपनी एक वेधशाला का नाम उनके नाम पर 'चंद्र एक्स-रे वेधशाला' रखा, जो वर्ष 1999 में चालू हुई। एक आधिकारिक वार्त्ता में 'नासा' ने उनके नाम पर वेधशाला के नामकरण का कारण स्पष्ट किया। 'नासा' ने कहा, 'नासा की उन्नत एक्स-रे' एस्ट्रोफिजिक्स सुविधा को भारतीय अमेरिकन नोबेल पुरस्कार विजेता स्व. सुब्रमण्यन चंद्रशेखर के नाम पर पुनर्नामित किया गया है।''चंद्रशेखर दुनिया में 'चंद्र' के नाम

से लोकप्रिय थे। संस्कृत में 'चंद्र' का अर्थ है—'चंद्रमा' अथवा चमकीला। नासा द्वारा हाल ही में एक अंतरिक्ष यान के नामकरण हेतु आयोजित प्रतियोगिता में 'चंद्र' भी एक प्रविष्टि थी। इस प्रतियोगिता के लिए इकसठ देशों के पचास राज्यों से छह हजार से भी अधिक प्रविष्टियाँ प्राप्त हुईं···, ''उनमें से चंद्र सर्वाधिक उपयुक्त नाम है''—'सी एक्स सी' के निदेशक हार्वे टैननबॉम ने कहा। जीवनपर्यंत चंद्र ने निर्मल मन से अथक परिश्रम किया, ताकि हम ब्रह्मांड को और जान-समझ सकें। यही गुण कई और लोगों में है, जिन्होंने इस मुख्य एक्स-रे वेधशाला को बनाने में अपना जीवन समर्पित कर दिया।

'चंद्र एक्स-रे वेधशाला' दुनिया भर के तमाम खगोलशास्त्रियों को ब्रह्मांड के निर्माण तथा उसके क्रमिक विकास को भली प्रकार समझने में सहायता करेगी। इसमें एक्स-रे के शक्तिशाली स्रोतों, जैसे—तारों में विस्फोट, ब्लैक होल में पदार्थों का गिरना तथा अन्य अतिरिक्त खगोलीय पिंडों का अध्ययन अत्यंत सहायक होगा।

ग्रेट ब्रिटेन के 'रॉयल एस्ट्रोनॉमर' मार्टिन रीज ने कहा, ''आइंस्टाइन के बाद ब्रह्मांड के बारे में इतने समय तक तथा इतनी गहराई से सोचनेवाले संभवत: चंद्र ही थे।''

नासा के प्रशासनिक अधिकारी डैन गोल्डिन का कहना था, ''ब्लैक होल के सिद्धांत तथा कुछ अन्य परिघटनाओं के बारे में चंद्रशेखर का मौलिक योगदान रहा है, जिसके बारे में 'चंद्र एक्स-रे वेधशाला' में अध्ययन किया जाएगा।''

'चंद्र एक्स-रे वेधशाला' दुनिया भर के तमाम खगोलशास्त्रियों को ब्रह्मांड के निर्माण तथा उसके क्रमिक विकास को भली प्रकार समझने में सहायता करेगी। इसमें एक्स-रे के शक्तिशाली स्रोतों, जैसे—तारों में विस्फोट, ब्लैक होल में पदार्थों का गिरना तथा अन्य अतिरिक्त खगोलीय पिंडों का अध्ययन अत्यंत सहायक होगा। एक्स-विकिरण कई लाख गुना डिग्री गैस द्वारा उत्पन्न प्रकाश का अदृश्य रूप है। चंद्र वेधशाला पहले की अपेक्षा एक्स-रे की पचास गुना अधिक विस्तृत छवि उपलब्ध कराएगी। अंतरिक्ष यान द्वारा पृथ्वी की कक्षा में स्थापित की जानेवाली यह वेधशाला पहली सबसे बड़ी वस्तु होगी, जिसकी लंबाई पैंतालीस फीट तथा वजन पाँच टन से अधिक है।

21 अगस्त, 1995 को संयुक्त राज्य अमेरिका के शिकागो शहर में चंद्रशेखर का निधन हुआ।

चंद्रशेखर के बारे में अन्य लोगों ने क्या कहा

"चंद्र हमारे समय के एक महान् खगोल भौतिकशास्त्री थे। उन्होंने बताया कि श्वेत वामन तारे एक निश्चित द्रव्यमान के परे नहीं बढ़ सकते—वही द्रव्यमान, जो चमकीले तारों में विस्फोट का प्रेरक होता है, जिससे आकाश में द्युति की अद्भुत छटा दृष्टिगोचर होती है। चंद्र मेरे संज्ञान में अंग्रेजी भाषा के भी महान् विद्वान् थे।" —कॉर्नेल में फिजिक्स एमरिटस के प्रोफेसर एवं नोबेल पुरस्कार विजेता, हांस बेथे।

"इस संबंध में सभी खगोलशास्त्री एकमत हैं कि चंद्र हमारी पीढ़ी के महानतम गणितीय खगोल भौतिकशास्त्री थे। एक व्यक्ति के रूप में मुझे उनसे अत्यधिक लगाव था तथा वे एक बहुत अच्छे मित्र थे।"—प्रिंसटन यूनिवर्सिटी में एस्ट के प्रोफेसर मार्टिन श्वार्जशील्ड।

"भौतिकी के तथ्यों की मौलिक समझ तथा गणित की असाधारण योग्यता इन दोनों का संयोग चंद्र की अद्वितीय क्षमता थी। उन्होंने अपनी दोनों योग्यताओं को एक अत्यंत उपयोगी कॅरियर को गढ़ने में एक कर दिया।"—शिकागो यूनिवर्सिटी में एस. चंद्रशेखर विशिष्ट सेवा के प्रो. यूजिन पार्कर।

"चंद्र हमारे समय के एक महान् खगोल भौतिकशास्त्री थे। उन्होंने बताया कि श्वेत वामन तारे एक निश्चित द्रव्यमान के परे नहीं बढ़ सकते—वही द्रव्यमान, जो चमकीले तारों में विस्फोट का प्रेरक होता है, जिससे आकाश में द्युति की अद्भुत छटा दृष्टिगोचर होती है। चंद्र मेरे संज्ञान में अंग्रेजी भाषा के भी महान् विद्वान् थे।"

"चंद्र अपने छात्रों के व्यक्तिगत एवं बौद्धिक विकास का ध्यान रखते थे, उन्हें बड़ी लगन से प्रशिक्षित करते थे तथा बड़ी मात्रा में उनके साथ समय व्यतीत करने के लिए तैयार रहते थे। जो भी उनके संपर्क में आता, उसके लिए वे एक सुदृढ आदर्श बन जाते।" —प्रिंसटन यूनिवर्सिटी प्रोवोस्ट जर्मिया ऑस्ट्राइकर—1960 से 1964 तक चंद्रशेखर के एक छात्र।

"वे बुद्धिमानों से भी बुद्धिमान थे तथा विज्ञान के क्षेत्र में अथक परिश्रमी। वे पूर्ण गहराई से अध्ययन करना पसंद करते थे, यही उनका विश्राम था।" चंद्रशेखर के पूर्व छात्र तथा शिकागो में गणित के प्रोफेसर नॉर्मन लेबोविट्ज।

"चंद्रशेखर के साथ हुई एक मुलाकात को मैं नहीं भूल सकता। चार-पाँच

वर्ष पहले मैंने उन्हें उदास मुद्रा में कक्ष में आते हुए देखा। मैंने उनसे कारण पूछा। वे बोले, ''मैंने निदेशक को अपना वार्षिक प्रतिवेदन सौंप दिया है और इस वर्ष मैंने मात्र पाँच-छह शोध-पत्र ही लिखे हैं।'' मैंने कहा, ''हाँ, यह सही है कि इस बार तुम्हारा कार्य धीमा रहा, लेकिन क्या तुम्हें याद नहीं कि इसी वर्ष तुमने ब्लैक होल पर एक पुस्तक लिखी है।'' अत्यधिक प्रसन्न होते हुए वे बोले, ''अरे! मैं तो उसके बारे में बिल्कुल भूल चुका था।''—जॉन सिंपसन द आर्थर हॉली कॉम्पटन, भौतिकी में विशिष्ट सेवा प्रोफेसर।

एस. चंद्रशेखर के कुछ रोचक कथन

- ❖ वास्तव में, मुझे ऐसा लगता है कि कला के प्रति सजग एवं मर्यादित प्रशंसा भाव विज्ञान के क्षेत्र में बेहतर कार्य करने में सहायक होता है।
- ❖ विज्ञान आस-पास की दुनिया के प्रति समझ विकसित करता है। विज्ञान के माध्यम से आप प्रकृति का सही आनंद ले सकते हैं।
- ❖ यदि कोई नया तथ्य अथवा जानकारी किसी भी प्रकार से मुझे प्राप्त हो गई तो वह मेरे द्वारा की गई खोज नहीं है; बल्कि यह कि ब्रह्मांड में पहले से ही अस्तित्व में रही वह वस्तु या विचार संयोगवश मेरे हाथ में आ गई है।
- ❖ मैं समाज के प्रति विज्ञान की उपयोगिता से परिचित हूँ और इस बात से भी कि समाज विज्ञान से क्या लाभ उठाता है!
- ❖ एक अकेली समस्या को हल करना मेरा उद्देश्य नहीं रहा है; बल्कि एक संपूर्ण क्षेत्र के प्रति उचित दृष्टिकोण प्राप्त करना ही मेरा उद्देश्य है।
- ❖ आमतौर पर मैं वैज्ञानिक मुख्यधारा से अलग चीजों पर स्वान्तः सुखाय ही कार्य करता हूँ। प्रायः मेरे ऐसे कार्य की सराहना एक लंबे अर्से बाद होती है।
- ❖ मैं लगातार ऐसे लोगों की संगति में रहा, जिन्होंने महत्त्वपूर्ण खोजें कीं और मैं उनसे प्रभावित भी हुआ, किंतु पीछे मुड़कर देखता हूँ तो लगता है कि यह ऐसा प्रभाव है, जिससे व्यक्ति को बचना चाहिए'', क्योंकि यह इस बात की गलत तसवीर पेश करता है कि खोज करना आसान था।
- ❖ एक ध्यान देने योग्य बात यह है कि इस आधुनिक युग में वर्ष 1910 के पहले तक, अंतरराष्ट्रीय ख्याति अथवा हैसियत का कोई भी भारतीय वैज्ञानिक नहीं था। अचानक 1920 से 1925 के बीच हमारे पास

विश्वविख्यात पाँच-छह लोग हो गए। मैं स्वयं भी आत्म-अभिव्यक्ति की गरज से इस परिदृश्य से जुड़ा, जो राष्ट्रीय आंदोलन के दौरान युवकों के बीच एक सशक्त मुद्दा बन चुका था। दृढतापूर्वक स्वयं को सिद्ध करना राष्ट्रीय आंदोलन का हिस्सा था। उस समय भारत पराधीन देश था, किंतु विज्ञान, कला, विशेषकर विज्ञान में, हमने पश्चिमी देशों को यह दिखा दिया कि हम भी उनके समकक्ष हैं।

एस. चंद्रशेखर की कुछ प्रकाशित कृतियों की सूची

पुस्तकें

- ❖ एन इंट्रोडक्शन टु द स्टडी ऑफ स्टेलर स्ट्रक्चर
- ❖ प्रिंसिपल्स ऑफ स्टेलर डायनामिक्स
- ❖ रेडियेटिव ट्रांसफर
- ❖ प्लाज्मा फिजिक्स
- ❖ हाइड्रो डायनामिक एंड हाइड्रोमैग्निटिक स्टेबिलिटी
- ❖ एलिप्सॉइडल फिगर्स ऑफ इक्विलिबिरयम
- ❖ द मैथेमेटिकल थ्योरी ऑफ ब्लैक होल्स
- ❖ ट्रुथ एंड ब्यूटी। एस्थेटिक्स एंड मोटिवेशंस इन साइंस
- ❖ न्यूटंस प्रिंसिपल फॉर द कॉमन रीडर

प्रसिद्ध शोध-पत्र

- ❖ द हाइली कोलैप्स्ड कॉनफिगरेशंस ऑफ अ स्टेलर मास, मॉन.नॉट. रॉय एस्ट्रोनो. सो., 19, 456-66 (1931)
- ❖ द मैक्सिमम मास ऑफ आइडियल व्हाइट ड्वाफर्स, एस्ट्रोफिजिक्स जे., 74, 81-2 (1931)
- ❖ द डेंसिटी ऑफ व्हाइट ड्वार्फ स्टार्स, फिट. मै., 11, 592-96 (1931)
- ❖ सम रिमार्क्स ऑन द स्टेट ऑफ मैटर्स इन द इंटीरियर ऑफ स्टार्स, जेड. एफ. एस्ट्रोफिजिक, 5, 321-27 (1932)
- ❖ द फिजिकल स्टेट ऑफ मैटर इन द इंटीरियर्स ऑफ स्टार्स, ऑब्सरवेटरी, 57, 93-9 (1934)
- ❖ द हाइली कोलैप्स्ड कॉनफिगरेशन ऑफ अ स्टेलर मास (सेकंड पेपर),

मॉन नॉट रॉय एस्ट्रोन. सो., 95, 207–25 (1935)

- स्टेलर कॉनफिगरेशन विद डिजनेरेट कोर्स, मॉन. नॉट.रॉय. एस्ट्रॉनो. सो., 95, 207–25 (1935)
- स्टेलर कॉनफिगरेशन विद डिजेनरेट कोर्स (द्वितीय शोधपत्र), मान. नॉट. रॉय. एस्टोना. सो., 95, 676–93 (1935)
- द प्रेशर इन द इंटीरियर ऑफ अ स्टार, मॉन.नॉट.रॉय. एस्ट्रॉनो. सो; 96, 644–47 (1936)
- ऑन द मैक्सिमम पॉसिबल सेंट्रल रेडिएशन प्रेशर इन अ स्टार ऑफ अ गिवेन मास, ऑब्जर्वेटरी, 59, 47–8 (1936)
- डाइनामिकल इंस्टेबिलिटी गैशियस मासेस एप्रोचिंग द श्वार्जशील्ड लिमिट इन जनरल रिलेटिबिटी, फिजी. रि. लेट., 12, 114–16 (1964); ईरैटम, फिजी. रि.लेट. 12, 437–38 (1964)
- द डाइनामिकल इंस्टेबिलिटी ऑफ द व्हाइट ड्वार्फ कॉनफिगरेशन एप्रोचिंग द लिमिटिंग मास (रॉबर्ट एफ. टूपर के साथ), एस्ट्रोफि जे., 139, 1396–98 (1964)
- सॉल्यूशंस ऑफ टू प्रॉब्लम्स इन द थ्योरी ऑफ ग्रेवीटेशनल रेडिएशन, फि. रि. लेट, 24, 611–15 (1970); ईरैटम, फिजि. रिव्यू. लेट. 24, 762 (1970)
- द इफेक्ट ऑफ ग्रैविटेशनल रेडिएशन ऑन द सेक्युलर स्टेबिलिटी ऑफ द मैक्लॉरिन स्फेराइड, एस्टोफिजिक्स जे., 161, 561–69

□

5

मदर टेरेसा

मदर टेरेसा का जन्म 26 अगस्त, 1910 को स्कोप्जे में हुआ था, जो उस समय ओटोमन साम्राज्य का भाग था एवं वर्तमान में मैसेडोनिया रिपब्लिक की राजधानी है। चूँकि वे 21 अगस्त, 1910 को ईसाई धर्म में दीक्षित हुई थीं, अत: यही उनकी वास्तविक जन्मतिथि मानी जाती है। उनका बचपन का नाम 'आग्नेस गोंसा बोजासियु' था। उनके पिता निकोला बोजासियु और माता द्राना बोजासियु धर्मपरायण कैथोलिक थे एवं उनका परिवार अल्बानियाई मूल का था। निकोला एक उद्यमी थे। वे निर्माण ठेकेदार के रूप में कार्य करते थे एवं औषधि एवं अन्य सामग्रियों का व्यवसाय भी करते थे। निकोला एवं द्राना, दोनों ही स्थानीय चर्च की गतिविधियों से नजदीकी रूप से जुड़े हुए थे। वे शहरी राजनीति में भी सक्रिय थे एवं स्वतंत्र अल्बानिया के पक्षधर थे।

जब आग्नेस महज आठ साल की थीं, उनके पिता का वर्ष 1919 में बीमारी के कारण अचानक निधन हो गया। उनके पिता का असामयिक निधन उन्हें अपनी माता के काफी नजदीक ले आया, जिन्होंने अपनी पुत्री को मानवता की सेवा करने का संस्कार प्रदान किया। उन्होंने अपनी पुत्री से हमेशा अपना भोजन भूखे लोगों के साथ साझा करने को कहा तथा वे प्राय: अभावग्रस्त लोगों को परिवार के साथ भोजन करने के लिए आमंत्रित किया करती थीं।

आह्वान

आग्नेस की प्रारंभिक शिक्षा कॉन्वेंट स्कूल में हुई। प्राथमिक शिक्षा पूर्ण करने के उपरांत उन्होंने अध्ययन हेतु शासकीय उच्चतर माध्यमिक स्कूल में दाखिला लिया।

बचपन से ही वे मिशनरी की कहानियों के प्रति आकर्षित थीं। उनकी आवाज सुमधुर एवं कर्णप्रिय थी एवं वे स्थानीय चर्च के समूहगान में भाग लिया करती थीं। प्राय: उन्हें एकल गीत गाने को कहा जाता। जब वे 12 वर्ष की थीं, वे एकोप्जे स्थित 'मडोना ऑफ लैटनिश स्टॉप ब्लैक माउंटेन' की वार्षिक तीर्थयात्रा पर गईं। उस यात्रा के दौरान उन्हें धार्मिक जीवन व्यतीत करने के प्रति तीव्र आह्वान महसूस हुआ।

वर्ष 1928 में जब आग्नेस 18 वर्ष की थीं, उन्होंने इस आह्वान को तार्किक परिणति देते हुए नन बनने का निर्णय लिया। उन्होंने आयरलैंड जाने एवं लोरेटो सिस्टर्स ऑफ डब्लिन में रहने का निर्णय लिया। वहाँ आग्नेस को एक नया नाम दिया गया—सिस्टर मैरी, जो लीसेक्स के संत थेरेस के नाम पर था।

एक वर्ष बाद वे भारत आईं एवं प्रसिद्ध हिल स्टेशन दार्जिलिंग गईं। उन्होंने मई 1931 में धर्मानुसार जीवन व्यतीत करने का प्रण लिया, जिसके बाद उन्हें कलकत्ता भेजा गया। उन्होंने शहर में लोरेटो सिस्टर्स द्वारा संचालित स्कूल में अध्यापन कार्य किया। इस स्कूल की स्थापना निर्धन लड़कियों को शिक्षित करने के लिए की गई थी और इस प्रकार वे 'मदर टेरेसा' बन गईं।

वे उसी स्कूल में पढ़ाती रहीं। वर्ष 1944 में 34 वर्ष की युवावस्था में वे उसी स्कूल की प्रधानाचार्या बन गईं। उन्होंने विद्यार्थियों को ईसामसीह के प्रति समर्पण का जीवन जीने के लिए प्रोत्साहित एवं प्रेरित किया। अपनी एक प्रार्थना में उन्होंने लिखा, ''मुझे उनके जीवन में हमेशा प्रकाश की किरण बनने की शक्ति प्रदान करो, ताकि मैं उन्हें अंतत: आपके नजदीक ला सकूँ।''

यद्यपि स्कूल के अध्यापन कार्य में उनका मन रमा हुआ था, लेकिन कलकत्ता के आस-पास के इलाकों की निर्धनता से उन्हें दुःख होता था। वर्ष 1943 में पड़े बंगाल के अकाल, जिसमें बड़ी संख्या में लोगों की मौत हुई थी, चहुँओर दरिद्रता के कारुणिक दृश्यों ने उनके ऊपर गहरा प्रभाव डाला। उन्होंने चारों ओर कष्टों का हाहाकार देखा एवं सभी को प्रभावित करनेवाले इस दुःख ने उन पर गहरा असर डाला।

यह कहा जाता है कि 10 सितंबर, 1946 को मदर टेरेसा को कलकत्ता से हिमालय के निचले इलाके में एकांतवास हेतु रेल से जाते समय दूसरी बार आह्वान का अनुभव हुआ। उन्होंने उनकी सेवा करने का निर्णय लिया, जिनकी कोई परवाह नहीं करता। जनवरी 1948 में उन्होंने स्कूल एवं लोरेटो कॉन्वेंट छोड़ दिया। जाते समय वे नीली और सफेद साड़ी में थीं, जो उनके शेष जीवन भर उनका पर्याय बन गई। उन्होंने पटना के होली फैमिली अस्पताल में छह माह तक आधारभूत चिकित्सा का प्रशिक्षण प्राप्त किया एवं इसके उपरांत 'अवांछित, अप्रिय एवं बेसहारा' लोगों की सेवा के लिए वे सीधे कलकत्ता की झुग्गी-झोंपड़ियों में पहुँच गईं।

यह कहा जाता है कि 10 सितंबर, 1946 को मदर टेरेसा को कलकत्ता से हिमालय के निचले इलाके में एकांतवास हेतु रेल से जाते समय दूसरी बार आह्वान का अनुभव हुआ। उन्होंने उनकी सेवा करने का निर्णय लिया, जिनकी कोई परवाह नहीं करता। जनवरी 1948 में उन्होंने स्कूल एवं लोरेटो कॉन्वेंट छोड़ दिया।

मिशनरी ऑफ चैरिटी

कोई साधन न होने के बावजूद उन्होंने अथक समर्पण भाव के साथ निर्धनों की सेवा प्रारंभ कर दी। झुग्गियों में सेवा के प्रथम वर्ष के दौरान उन्हें स्रोतों की कमी के अलावा स्वसंदेह का भी सामना करना पड़ा। अपने अनुभवों को उन्होंने डायरी में इस तरह से लिखा, "मेरा प्रभु मुझे एक निर्धन एवं मुक्त नन बनाना चाहता है। आज मैंने एक अच्छा सबक लिया है। गरीबों के लिए उनकी निर्धनता अत्यंत कठोर होनी चाहिए। मैं एक आशियाने की तलाश में तब तक चलती रही, जब तक कि मेरे हाथ-पैर में दर्द नहीं होने लग गया। तब मुझे यह आभास हुआ कि घर, भोजन और स्वास्थ्य की तलाश में गरीबों के तन एवं मन में कितनी पीड़ा होती होगी। इसके बाद लोरेटो का आरामदायक जीवन मुझे ललचाने लगा। तुम्हें

केवल एक शब्द मात्र बोलने की आवश्यकता है और सबकुछ तुम्हें फिर हासिल होगा। लालच देनेवाला कहता रहा, '''स्वतंत्र विकल्प होने के कारण हे प्रभु, तुम्हारे प्रति प्रेम के कारण मैं वही बने रहना और करना चाहती हूँ, जो तुम्हारी पवित्र इच्छा हो। मैंने आँसू की एक भी बूँद बाहर नहीं आने दी।''

मदर टेरेसा शहर में बेसहारा मर रहे निर्धनों एवं वंचितों के लिए एक मुक्त विद्यालय प्रारंभ करने एवं घर स्थापित करने में सफल रहीं। इस कार्य हेतु, वे शहर के अधिकारियों को एक जीर्ण-शीर्ण इमारत दान देने हेतु मनाने में सफल रहीं।

इस बीच, वर्ष 1950 में उन्हें कैथोलिक चर्च की उच्चतम संख्या वेटिकन से धर्म पद्धति संबंधी व्यवस्था करने की अनुमति प्राप्त हुई, जो आगे चलकर मिशनरीज ऑफ चैरिटी बना।

उनके स्वयं के शब्दों में मिशनरीज ऑफ चैरिटी का उद्‌देश्य, ''भूखे, नंगे, बेघर, विकलांग, अंधे, कोढ़ी एवं उन सभी के लिए, जो समाज के लिए अवांछित, घृणित, बेसहारा हों तथा समाज पर बोझ हों, की देखभाल करना है।''

उनके कार्यों को मान्यता मिलनी शुरू हो गई और धीरे-धीरे उन्हें दान प्राप्त होने लगा, जिससे उन्हें धर्मार्थ कार्यों के विस्तार में सहायता प्राप्त हुई। अगले दो दशकों में मिशनरीज ऑफ चैरिटी शहर में एक कुष्ठ रोगी कॉलोनी, एक नर्सिंगहोम, मोबाइल चिकित्सालय, परिवार चिकित्सालय एवं एक अनाथालय स्थापित करने में सफल रहा।

वर्ष 1965 में पोप जॉन पॉल VI ने मिशनरीज ऑफ चैरिटी को डिक्री ऑफ प्रेज प्रदान की। इससे मदर टेरेसा को अपनी गतिविधि का भारत के बाहर विस्तार करने का प्रोत्साहन मिला।

वर्ष 1997 में उनके निधन होने तक मिशनरीज ऑफ चैरिटी 123 देशों में कार्यरत थी। संगठन ने अपने धर्मार्थ कार्य सभी सातों महाद्वीपों में शुरू किए। इस संगठन के पास सारी दुनिया में हजारों स्वैच्छिक कार्यकर्ता एवं 4000 से अधिक नर्सें थीं। यह विकलांगों, बुजुर्गों, निर्धनों, बेघरों एवं प्राकृतिक आपदा-पीड़ित लोगों के लिए अनाथालय एवं धर्मार्थ केंद्र संचालित करता है।

वे वहाँ गईं, जहाँ कोई जाने को तैयार नहीं था एवं जोखिम बहुत था। सिविल युद्ध में पकड़े गए बच्चों को सहायता पहुँचाने के लिए वे बेरुत, लेबनान गईं एवं कई बार युद्धरत प्रतिद्वंद्वी समूहों के क्षेत्र को पार किया। वे एक प्रमुख अस्पताल से 37 बच्चों को निकालने में कामयाब रहीं, जिसके लिए उन्हें दोनों पक्षों से शांतिवार्त्ता करनी पड़ी।

वर्ष 1997 में उनके निधन होने तक मिशनरीज ऑफ चैरिटी 123 देशों में कार्यरत थी। संगठन ने अपने धर्मार्थ कार्य सभी सातों महाद्वीपों में शुरू किए। इस संगठन के पास सारी दुनिया में हजारों स्वैच्छिक कार्यकर्ता एवं 4000 से अधिक नर्सें थीं। यह विकलांगों, बुजुर्गों, निर्धनों, बेघरों एवं प्राकृतिक आपदा-पीड़ित लोगों के लिए अनाथालय एवं धर्मार्थ केंद्र संचालित करता है।

नोबेल पुरस्कार

पीड़ित मानवता को कष्टों से उबारने के लिए वर्ष 1979 में मदर टेरेसा को 'नोबेल पुरस्कार' से सम्मानित किया गया। पुरस्कार की घोषणा करते समय नोबेल समिति ने कहा—

"तीस वर्ष पूर्व मदर टेरेसा ने शहर के निर्धन से भी निर्धन लोगों के मध्य कार्य करने हेतु अपना जीवन समर्पित करने के लिए कलकत्ता के रोमन कैथोलिक गर्ल्स स्कूल की शिक्षिका के पद को त्याग दिया था।

"रोमन कैथोलिक पदक्रम, जिसमें अब वे प्रधान हैं, ने हाल ही के वर्षों में अपनी गतिविधियों का विस्तार भारत के अन्य शहरों एवं विश्व के अन्य भागों में किया है।"

पुरस्कार घोषित करते समय नॉर्वे की नोबेल समिति ने पीड़ित मानवता को

कष्टों से उबारने में मदर टेरेसा के कार्यों को अपनी मान्यता प्रदान की··· समिति ने उस भावना पर विशेष जोर दिया, जिसने उनकी गतिविधियों को प्रोत्साहित किया एवं जो उनके व्यक्तिगत व्यवहार एवं मानवीय गुणों का वास्तविक प्रमाण है।

उनके कार्य की विशेषता मनुष्य मात्र का आदर, उसकी गरिमा एवं मानव मूल्य है। सबसे अकेले, सबसे बदनसीब एवं मरणासन्न मनुष्य को भी उनके पास आकर विनम्रतापूर्वक सहानुभूति प्राप्त होती थी, जिसका आधार मनुष्य मात्र के प्रति प्रेम और श्रद्धा थी।

मदर टेरेसा के मामले में जीवन के इस आधारभूत दर्शन की जड़ें ईसाई धर्म के प्रति उनके गहरे विश्वास में थी। कलकत्ता एवं अन्यत्र उन्होंने अन्य धार्मिक संख्याओं से प्राप्त हुई सहायता को सूचीबद्ध किया था। उन्हें भारतीय प्राधिकरणों से भी मान्यता प्राप्त हुई थी···भूख और निर्धनता से मुकाबले के लिए सकारात्मक प्रयास तथा मानवता के लिए सुरक्षित एवं बेहतर विश्व समुदाय सुनिश्चित करना, जिसका विकास मदर टेरेसा की व्यक्तिगत मनुष्य के प्रति आदर और गरिमा की भावना के द्वारा प्रेरित होना चाहिए।

उनके कार्य की विशेषता मनुष्य मात्र का आदर, उसकी गरिमा एवं मानव मूल्य है। सबसे अकेले, सबसे बदनसीब एवं मरणासन्न मनुष्य को भी उनके पास आकर विनम्रतापूर्वक सहानुभूति प्राप्त होती थी, जिसका आधार मनुष्य मात्र के प्रति प्रेम और श्रद्धा थी।

पुरस्कार ग्रहण करते समय उन्होंने एक भावनात्मक भाषण दिया, जिसमें उन्होंने अत्यंत विनम्रतापूर्वक अपने अनुभवों एवं दर्शन को साझा किया। उन्होंने कहा, "निर्धन लोग बहुत महान् होते हैं। वे हमें बहुत सी बेहतरीन बातें सिखा सकते हैं। दूसरे ही दिन उनमें से एक धन्यवाद देने आया और कहा—'आप लोग, जिन्होंने ब्रह्मचर्य व्रत की प्रतिज्ञा ली है, हम लोगों को परिवार नियोजन की शिक्षा देने के लिए सर्वश्रेष्ठ हैं', क्योंकि यह और कुछ नहीं, बल्कि एक-दूसरे के प्रति प्रेम के कारण आत्मनियंत्रण मात्र है और मैं सोचती हूँ कि उन्होंने एक बेहतरीन बात कही और ये लोग जिनके पास खाने को कुछ नहीं है और शायद रहने को भी घर नहीं है, लेकिन वे महान् लोग हैं। निर्धन लोग अत्यंत आश्चर्यजनक होते हैं। एक शाम हम बाहर गए और हमें सड़क पर चार लोग मिले। उनमें से एक की दशा बहुत खराब थी—मैंने सिस्टर्स से कहा, 'तुम

लोग अन्य तीनों की देखभाल करो, मैं इसे सँभालती हूँ, जो सबसे खराब दिख रही है।' मैंने यथाशक्ति उसकी प्रेमपूर्वक देखभाल की। मैंने उसे बिस्तर पर लिटाया और उसके चेहरे पर एक प्यारी सी मुसकान थी। उसने मेरा हाथ पकड़ा और सिर्फ एक शब्द कहा—'धन्यवाद' और वह नहीं रही।

''मैं कुछ नहीं कर सकी, लेकिन मैंने उसके सामने अपनी अंतरात्मा का परीक्षण किया और पूछा कि यदि मैं उसकी जगह होती तो मैं क्या कहती? और मेरा उत्तर बहुत साधारण था—मैं अपनी ओर थोड़ा ध्यान आकर्षित करने का प्रयास करती, शायद मैं कहती कि मैं भूखी हूँ कि मैं मर रही हूँ, मुझे ठंड लग रही है, मैं कष्ट में हूँ या ऐसा ही कुछ, लेकिन उसने मुझे कहीं अधिक दिया—उसने मुझे अपना अमूल्य प्रेम दिया और वह अपने चेहरे पर प्यारी सी मुसकान लिये इस दुनिया से कूच कर गई। इसी तरह उस आदमी को हम घर लाए, जिसे हमने गंदगी में से उठाया और जिसके शरीर में कीड़े पड़ गए थे। उस आदमी ने कहा कि मैंने सड़क पर जानवरों से भी बदतर जीवन जिया है, लेकिन मैं एक देवदूत की तरह मर रहा हूँ, जिसे प्रेम मिला और जिसकी देखभाल की गई। उस व्यक्ति की महानता को देखना एक अद्‌भुत अनुभव था, जो मरते समय ऐसा कह सका। उसके मन में किसी के प्रति शिकायत का भाव नहीं था, उसने किसी को नहीं कोसा, किसी से तुलना नहीं की। एक देवदूत की तरह, यह हमारे लोगों की महानता है और इसीलिए हम ईसा मसीह के उस कथन में विश्वास करते हैं; मैं भूखा था, मैं नंगा था, मैं बेघर था, मैं अवांछित, अप्रिय एवं बेसहारा था और तुमने मेरे साथ ऐसा किया।

मैं मानती हूँ कि हम सच्चे सामाजिक कार्यकर्ता नहीं हैं। लोगों की राय में हम भले ही सामाजिक कार्य कर रहे हों, लेकिन वास्तव में हम इस दुनिया के हृदय में विचारमग्न हैं। हम 24 घंटे ईसा मसीह के शरीर के संपर्क में रहते हैं।

''मैं मानती हूँ कि हम सच्चे सामाजिक कार्यकर्ता नहीं हैं। लोगों की राय में हम भले ही सामाजिक कार्य कर रहे हों, लेकिन वास्तव में हम इस दुनिया के हृदय में विचारमग्न हैं। हम 24 घंटे ईसा मसीह के शरीर के संपर्क में रहते हैं। हम 24 घंटे उनकी उपस्थिति में रहते हैं और उसी तरह आप और मैं। आप लोग भी अपने परिवार में ईश्वर की उपस्थिति चाहते हैं, उस परिवार के लिए, जो एक साथ प्रार्थना करता है और एक साथ रहता है और मैं मानती

हूँ कि हमें अपने परिवार में शांति लाने के लिए बमों और बंदूकों की कोई आवश्यकता नहीं है, केवल एक साथ रहें, एक-दूसरे को प्रेम करें, और परिवार में शांति, उल्लास और एक-दूसरे की उपस्थिति की शक्ति लाएँ और इस तरह हम इस दुनिया में विद्यमान सभी बुराइयों से छुटकारा पा सकते हैं।

''दुनिया में इतने दु:ख, इतनी नफरत और इतने कष्ट हैं और हम अपनी प्रार्थना और बलिदान के साथ अपने घर से शुरुआत कर रहे हैं। प्रेम की शुरुआत घर से होती है, यह मायने नहीं रखता कि हम कितना कार्य करते हैं, बल्कि यह मायने रखता है कि हम उस कार्य में कितना प्रेम शामिल करते हैं। यह सर्वशक्तिमान ईश्वर पर है, चूँकि ईश्वर अनंत है, इसलिए हम कितना कार्य करते हैं, यह मायने नहीं रखता, बल्कि यह मायने रखता है कि हम उस कार्य में कितना प्रेम शामिल करते हैं। हम जिस व्यक्ति की सेवा कर रहे हैं, उसके लिए हम कितना करते हैं, यह महत्त्वपूर्ण है।

''कुछ समय पूर्व कलकत्ता में हमें शक्कर प्राप्त करने में कठिनाई हो रही थी और मुझे पता नहीं कि यह बात बच्चों को कैसे पता लग गई। चार साल का एक छोटा सा हिंदू बच्चा अपने घर गया और माता-पिता से बोला—मैं तीन दिन तक शक्कर नहीं खाऊँगा। मैं अपने हिस्से की शक्कर मदर टेरेसा को बच्चों के लिए दे दूँगा। तीन दिन बाद उसके माता-पिता उसे हमारे घर लेकर आए। मैं उन लोगों से पहले कभी नहीं मिली थी और वह छोटा सा बच्चा कठिनाई से मेरा नाम पुकार पा रहा था, लेकिन वह जानता था कि वह क्या करने आया है। वह जानता था कि वह अपना प्रेम बाँटने आया था।

कुछ समय पूर्व कलकत्ता में हमें शक्कर प्राप्त करने में कठिनाई हो रही थी और मुझे पता नहीं कि यह बात बच्चों को कैसे पता लग गई। चार साल का एक छोटा सा हिंदू बच्चा अपने घर गया और माता-पिता से बोला—मैं तीन दिन तक शक्कर नहीं खाऊँगा। मैं अपने हिस्से की शक्कर मदर टेरेसा को बच्चों के लिए दे दूँगा।

''और इसीलिए मुझे आप सभी से बहुत प्यार मिला है। मैं जब से यहाँ आई हूँ, मैं चारों ओर से प्रेम से घिरी हुई हूँ और वास्तविक प्रेम से। ऐसा महसूस होता है कि भारत का हर व्यक्ति, अफ्रीका का हर व्यक्ति आपके लिए बहुत विशेष महत्त्व रखता है। मैं आज सिस्टर से कह भी रही थी कि यहाँ मुझे घर जैसा प्रतीत हो रहा है।

''मैं कॉन्वेंट में सिस्टर्स के साथ ऐसा महसूस कर रही हूँ जैसे कि कलकत्ता में अपनी सिस्टर्स के साथ हूँ। अतः मुझे यहाँ पूरी तरह घर जैसा अहसास हो रहा है।

''और इसीलिए मैं आपसे बात करने के लिए यहाँ हूँ, मैं चाहती हूँ कि आप निर्धनों की तलाश करें, सबसे पहले अपने घर से और वहाँ प्रेम करना शुरू करें। यह तुम्हारे अपनों के लिए शुभ समाचार होना चाहिए। अपने निकटतम पड़ोसी को खोजें—क्या तुम जानते हो कि वे कौन हैं? मुझे एक हिंदू परिवार का असाधारण अनुभव है, जिनकी आठ संतानें थीं। एक सज्जन मेरे पास आए और बोले—मदर टेरेसा, आठ बच्चोंवाला एक परिवार है, जिसने कई दिनों से कुछ नहीं खाया है—कुछ कीजिए। मैंने थोड़ा सा चावल लिया और तुरंत वहाँ पहुँची। मैंने उन बच्चों को देखा, उनकी आँखें भूख से चमक रही थीं—मुझे पता नहीं आप लोगों ने भूख का अनुभव किया है या नहीं, लेकिन मैंने इसे प्रायः देखा है। उसने चावल लिया, चावल का बँटवारा किया और वह बाहर चली गई। जब वह वापस आई तो मैंने उससे पूछा—'तुम कहाँ गई थी और तुमने क्या किया?' उसने मुझे बहुत साधारण सा उत्तर दिया, 'वे भी भूखे हैं।' मुझे सबसे ज्यादा इस बात ने प्रभावित किया कि वह जानती थी—और वे कौन थे, एक मुसलिम परिवार और वह यह जानती थी। मैं उस शाम उनके लिए और चावल नहीं लाई, क्योंकि मैं चाहती थी कि वे साझा भोजन का आनंद लें, लेकिन वहाँ ऐसे बच्चे थे, जो आनंद फैला रहे थे, अपनी माँ के साथ आनंदित थे; क्योंकि उसके पास उन्हें देने के लिए असीमित प्यार था और इस तरह आप देखते हैं कि प्रेम कहाँ से शुरू होता है, घर से और मैं चाहती हूँ, मैंने जो प्राप्त किया है, उसके प्रति बहुत आभारी हूँ। यह एक जबरदस्त अनुभव रहा है।''

और इसीलिए मैं आपसे बात करने के लिए यहाँ हूँ, मैं चाहती हूँ कि आप निर्धनों की तलाश करें, सबसे पहले अपने घर से और वहाँ प्रेम करना शुरू करें। यह तुम्हारे अपनों के लिए शुभ समाचार होना चाहिए। अपने निकटतम पड़ोसी को खोजें—क्या तुम जानते हो कि वे कौन हैं?

गिरता हुआ स्वास्थ्य

मानवता की सेवा के प्रति अथक परिश्रम का असर उनकी सेहत पर भी पड़ा। वर्ष 1983 में जब वे पोप से मिलने रोम गई हुई थीं, उन्हें हृदयाघात हुआ। वर्ष 1989 में उन्हें दूसरी बार हृदयाघात हुआ। उनका स्वास्थ्य निरंतर गिरता रहा और वर्ष 1990 में उन्हें निमोनिया हो गया, जिसके बाद उन्हें हृदय से संबंधित कई अन्य समस्याएँ हुईं। वर्ष 1996 में दुर्घटनावश गिरने से उनके कॉलर बोन में फ्रैक्चर हो गया। मार्च 1997 में उन्होंने मिशनरीज ऑफ चैरिटी के प्रमुख के पद को त्याग दिया और उसी वर्ष 5 सितंबर को उन्होंने अंतिम साँस ली।

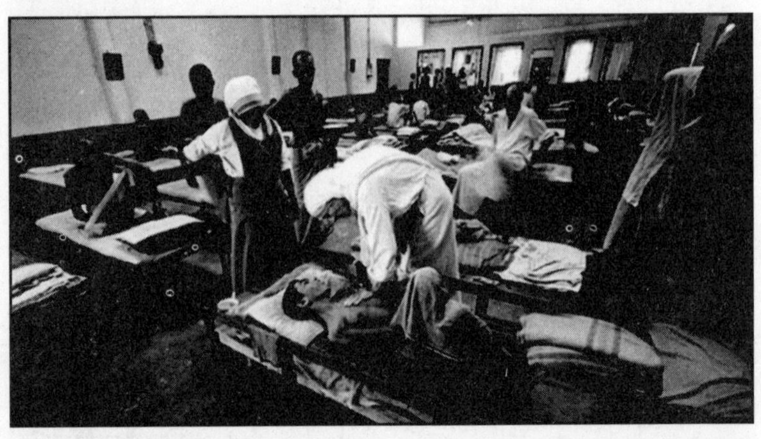

भारत सरकार ने राजकीय सम्मान के साथ उनका अंतिम संस्कार कर उनके कार्यों एवं सेवा के प्रति कृतज्ञता व्यक्त की। उनके निधन पर पूरी दुनिया के नेताओं ने शोक व्यक्त किया।

पुरस्कार एवं सम्मान

मदर टेरेसा को वर्ष 1962 में 'पद्मश्री' एवं 1969 में अंतरराष्ट्रीय समझ हेतु जवाहरलाल नेहरू पुरस्कार से सम्मानित किया गया। वर्ष 1980 में उन्हें भारत के सर्वोच्च नागरिक पुरस्कार 'भारत रत्न' से सम्मानित किया गया। भारत सरकार ने उनकी जन्मशताब्दी के उपलक्ष्य में वर्ष 2010 में रुपए 5 का सिक्का जारी किया।

तत्कालीन भारतीय राष्ट्रपति श्रीमती प्रतिभा पाटिल ने उनके बारे में कहा, "नीले बॉर्डर की सफेद साड़ी में लिपटी मदर टेरेसा एवं 'मिशनरीज ऑफ चैरिटी' की सिस्टर्स कई लोगों के लिए आशा की किरण रही हैं। उन बुजुर्ग, बेसहारा,

बेरोजगार, बीमार, गंभीर रूप से बीमार एवं वे जिन्हें उनके परिवारों द्वारा त्याग दिया गया हो।''

वर्ष 1962 में उन्हें प्रतिष्ठित 'रमन मैगसेसे पुरस्कार' प्राप्त हुआ। वर्ष 1971 में उन्हें प्रथम पोप जॉन XXIII शांति पुरस्कार से सम्मानित किया गया। वर्ष 1982 में उन्हें ऑर्डर ऑफ ऑस्ट्रेलिया का ऑनरेरी कंपेनियन नियुक्त किया गया। वर्ष 1985 में अमेरिकी राष्ट्रपति रोनाल्ड रीगन ने मदर टेरेसा को 'प्रेसीडेंट मेडल ऑफ फ्रीडम' से सम्मानित किया। वर्ष 1994 में उनके देश अल्बानिया ने उन्हें 'गोल्डन ऑनर ऑफ नेशन' सम्मान प्रदान किया।

विवाद

कुछ निश्चित हलकों से मदर टेरेसा के कार्यों से संबंधित कुछ आलोचनाएँ भी विवादस्वरूप दृष्टिगोचर हुईं। मदर टेरेसा के समर्थकों ने उन पर ध्यान नहीं दिया, लेकिन फिर भी समय-समय पर ये विवाद सुर्खियों में रहे।

उनके जीवनकाल में सर्वाधिक मुखर आलोचना इस बात को लेकर हुई कि उन्होंने कुछ विवादास्पद व्यक्तियों एवं स्रोतों से दान स्वीकार किया। उन्होंने हैती के तानाशाह जेन क्लाउड डुवेलियर से दान स्वीकार किया। जब वह सत्ता से निष्कासित हुए तो यह तथ्य उजागर हुआ कि उन्होंने हैती जैसे गरीब देश को लूटा था। वास्तव में, वर्ष 1981 में मदर टेरेसा डुवेलियर के हाथों पुरस्कार लेने हैती गई थीं, जिसकी कई लोगों ने आलोचना की थी। वर्ष 1990 में यह खुलासा हुआ कि कई वित्तीय घोटालों के लिए बदनाम अमेरिकी बैंकर चार्ल्स कीटिंग ने 'मिशनरीज ऑफ चैरिटी' को बड़ी मात्रा में दान दिया है। कीटिंग द्वारा ठगे गए निवेशकों ने मदर टेरेसा से दान में प्राप्त इस धन को लौटाने की अपील की, किंतु उनकी यह माँग नहीं मानी गई। अपने ही कर्मचारियों के पेंशन फंड के गबन के आरोप में फँसे अंग्रेज प्रकाशक रॉबर्ट मैक्सवेल ने भी उनकी संस्था को धन दान में दिया था। 'मदर टेरेसा, सी.ई.ओ. : अनएक्सपैक्टेड प्रिंसिपल्स फॉर प्रैक्टिकल लीडरशिप' नामक अपनी पुस्तक में रूमा बोस और लू

> *उनके जीवनकाल में सर्वाधिक मुखर आलोचना इस बात को लेकर हुई कि उन्होंने कुछ विवादास्पद व्यक्तियों एवं स्रोतों से दान स्वीकार किया। उन्होंने हैती के तानाशाह जेन क्लाउड डुवेलियर से दान स्वीकार किया। जब वह सत्ता से निष्कासित हुए तो यह तथ्य उजागर हुआ कि उन्होंने हैती जैसे गरीब देश को लूटा था।*

फॉस्ट ने मदर टेरेसा पर लगे इन आरोपों से उनका बचाव किया है। लेखकों ने यह तर्क दिया कि भले ही धन का स्रोत दागदार हो, परंतु इसे प्राप्त करने का उद्देश्य सही है। वर्ष 1991 में जर्मन पत्रिका 'स्टर्न' ने एक विवादास्पद रिपोर्ट के माध्यम से 'मिशनरीज ऑफ चैरिटी' को दानस्वरूप प्राप्त धन के वास्तव में धर्मार्थ कार्यों से समुचित खर्च को लेकर प्रश्न उठाए।

गर्भपात के बारे में मदर टेरेसा के रवैए ने कई लोगों को नाराज किया। उन्होंने गर्भपात का विरोध किया एवं 'नोबेल पुरस्कार' प्राप्त करते समय दिए गए भाषण में भी उन्होंने अपने पक्ष को रखा। उन्होंने कहा, ''यदि एक माँ अपने बच्चे को मार सकती है, तो आखिर मुझे आपको मारने एवं आपको मुझे मारने में क्या कठिनाई है।'' उन्होंने गर्भ निरोधकों का भी विरोध किया एवं परिवार नियोजन के प्राकृतिक तरीकों का समर्थन किया। इस मामले में उन्हें पोप जॉन पॉल द्वितीय का स्पष्ट समर्थन प्राप्त हुआ। इन दो मुद्दों पर उनके पक्ष से नारीवादी आंदोलन का एक तबका उनसे खुश नहीं था।

वर्ष 1994 में ब्रिटेन के चैनल 4 टेलीविजन पर 'हैल्स ऐंजिल' नामक विवादास्पद वृत्तचित्र का प्रसारण किया गया। इस फिल्म ने न केवल यूनाइटेड किंगडम में वरन् संपूर्ण विश्व में मदर टेरेसा के कार्यों को लेकर विवादों को हवा दी। वर्ष 2003 में अरूप चौधरी ने 'मदर टेरेसा : द फाइनल वर्डिक्ट' नामक पुस्तक का प्रकाशन किया, जिसमें मदर टेरेसा एवं उनके धर्मार्थ कार्यों को लेकर बनी तथाकथित धारणाओं पर प्रश्न किए गए।

वर्ष 1994 में ब्रिटेन के चैनल 4 टेलीविजन पर 'हैल्स ऐंजिल' नामक विवादास्पद वृत्तचित्र का प्रसारण किया गया। इस फिल्म ने न केवल यूनाइटेड किंगडम में वरन् संपूर्ण विश्व में मदर टेरेसा के कार्यों को लेकर विवादों को हवा दी। वर्ष 2003 में अरूप चौधरी ने 'मदर टेरेसा : द फाइनल वर्डिक्ट' नामक पुस्तक का प्रकाशन किया, जिसमें मदर टेरेसा एवं उनके धर्मार्थ कार्यों को लेकर बनी तथाकथित धारणाओं पर प्रश्न किए गए।

क्रिस्टोफर हिकेंस, जो 'हैल्स ऐंजिल्स' के प्रस्तुतकर्ता थे, ने बाद में 'द मिशनरी पोजीशन : मदर टेरेसा इन थ्योरी एंड प्रैक्टिस' का प्रकाशन किया, जिसमें उन्होंने मदर टेरेसा पर कई आरोप लगाए। विभिन्न लोकप्रिय पत्रिकाओं के लिए लिखे गए अपने कई लेखों में हिकेंस ने मदर टेरेसा की निस्स्वार्थ एवं समर्पित

सामाजिक कार्यकर्ता की छवि पर प्रश्न उठाए।

चटर्जी एवं अन्य कई लोगों ने भी यह आरोप लगाए कि मदर टेरेसा की किसी अन्य चीज के बजाय लोगों को ईसाई धर्म में धर्मांतरित करने में अधिक रुचि थी। 'मिशनरीज ऑफ चैरिटी' द्वारा मरणासन्न रोगियों को ईसाई बनाए जाने पर भी प्रश्न उठाए गए।

कई अग्रणी विशेषज्ञों द्वारा मिशनरीज ऑफ चैरिटी होम में बीमारों एवं मरणासन्न लोगों को प्रदान की जानेवाली चिकित्सकीय देखभाल के तरीकों पर भी प्रश्न उठाए गए। उनमें से कुछ लोगों ने ये भी आरोप लगाए कि 'मिशनरीज ऑफ चैरिटी' के कलकत्ता स्थित होम में कई ऐसे मरीजों की जान भी जोखिम में डाल दी गई, जिन्हें बचाया जा सकता था; क्योंकि वहाँ कार्य करनेवाले कार्यकर्ताओं द्वारा साध्य और असाध्य मरीजों में कोई अंतर नहीं किया गया। ऐसी ही राय प्रतिष्ठित मेडिकल जर्नल 'द लान्सैट' के संपादक डॉ. रॉबर्ट फॉक्स द्वारा कलकत्ता स्थित मिशनरीज ऑफ चैरिटी के भ्रमण के उपरांत रखी गई।

मदर टेरेसा को कुछ प्रसिद्ध उक्तियाँ

❖ कल बीत गया है। आनेवाला कल अब तक नहीं आया है। हमारे पास सिर्फ आज है। चलो शुरुआत करें।

❖ यदि आप लोगों का मूल्यांकन ही करते रहेंगे तो आपके पास उन्हें प्यार करने का समय नहीं रहेगा।

❖ जीवन एक संभावना है, इसका लाभ उठाएँ।

❖ हम सभी महान् कार्य नहीं कर सकते, लेकिन हम अपार प्रेम के साथ छोटी-छोटी चीजें कर सकते हैं।

❖ मैं जानती हूँ कि ईश्वर मुझे वह कभी नहीं देंगे, जिसे मैं सँभाल न सकूँ। मैं केवल यह कामना करती हूँ कि वह मुझ पर ज्यादा भरोसा नहीं करते।

❖ मुसकराहट के साथ शांति प्रारंभ होती है।

❖ मैं नहीं जानती कि स्वर्ग वास्तव में कैसा होगा, लेकिन मैं जानती हूँ कि जब हम मरेंगे और ईश्वर हमारे कार्यों का मूल्यांकन करेंगे, तब वे ये नहीं पूछेंगे कि आपने अपने जीवन में कितने अच्छे काम किए, बल्कि वे यह पूछेंगे कि तुमने अपने कामों में कितना प्रेम समाहित किया है ?

❖ हर बार जब आप किसी को देखकर मुसकराते हैं, यह प्रेम का कार्य है, उस व्यक्ति के लिए एक उपहार है, एक खूबसूरत चीज।

- मीठी बोली भले ही छोटी और बोलने में आसान हो सकती है, परंतु उसकी गूँज वास्तव में अंतहीन है।
- ईश्वर नहीं चाहता कि हम सफल हों, वह केवल यह चाहता है कि हम प्रयत्न करें।
- अकेलापन और अप्रिय होने से ज्यादा भयानक दरिद्रता और कुछ नहीं।
- जीवन की समाप्ति पर हमारा मूल्यांकन इस बात से नहीं होगा कि हमने कितनी उपाधियाँ अर्जित की हैं, कितना धन कमाया है और कितने महान् कार्य किए हैं। हमारा मूल्यांकन इस बात से होगा कि मैं भूखा था और तुमने मुझे कुछ खाने को दिया, मैं नंगा था और तुमने मुझे पहनने को वस्त्र दिया, मैं बेघर था और तुम मुझे घर ले गए।
- यह महत्त्वपूर्ण नहीं है कि हम कितना देते हैं, बल्कि यह महत्त्वपूर्ण है कि हम कितने प्रेमपूर्वक देते हैं।
- सादा जीवन व्यतीत करो, ताकि अन्य लोग भी सादगी से जी सकें।
- मैं अकेली इस दुनिया को नहीं बदल सकती, परंतु मैं पानी में लहर पैदा करने के लिए एक पत्थर तो फेंक ही सकती हूँ।
- मैं ईश्वर के हाथ में पेंसिल की तरह हूँ, जो इस दुनिया को प्रेम-पत्र लिख रहे हैं।
- यदि आप विनम्र हैं तो कोई भी आपका स्पर्श नहीं कर सकता, न प्रशंसा, न बदनामी; क्योंकि आप जानते हैं कि आप क्या हैं।
- जो मैं कर सकती हूँ, वह आप नहीं, जो आप कर सकते हैं, वह मैं नहीं; लेकिन साथ-साथ हम कई महान् चीजें कर सकते हैं।
- केवल हम ही यह भली-भाँति जानते हैं कि हम जो कर रहे हैं, वह समुद्र में एक बूँद से अधिक नहीं है, परंतु यह बूँद ही नहीं होगी तो समुद्र कैसे बनेगा।
- वह जीवन व्यर्थ है, जो दूसरों के लिए न जिया गया हो।
- यदि आप सैकड़ों लोगों को खाना नहीं खिला सकते तो एक को ही खिलाएँ।
- संख्या की कमी की परवाह मत करें। एक बार में एक व्यक्ति की सहायता करें एवं अपने सबसे नजदीक व्यक्ति से यह कार्य शुरू करें।
- यदि हम प्रार्थना करेंगे तो हम विश्वास करेंगे; यदि हम विश्वास करेंगे, तो हम प्रेम करेंगे; यदि हम प्रेम करेंगे तो हम सेवा करेंगे।

- बिना प्रेम के किया गया कार्य गुलामी है।
- जब आपके पास कुछ नहीं होता, तब आपके पास सबकुछ होता है।
- वास्तविक कुरबानी वह है, जिसकी हमारे लिए कुछ लागत है, जो हमें क्षति पहुँचाए और जो हमें रिक्त करे। अपने आपको ईश्वर के प्रति पूर्णतः समर्पित कर दो। वह केवल इसी शर्त पर आपको महान् चीजें सौंपेंगे, जब आप यह अपनी कमजोरी से ज्यादा ईश्वर के प्रेम में यकीन करेंगे।
- ईश्वर मेरा दिल इस संपूर्णता से तोड़ दे कि सारा जगत् उसमें गिर जाए।

□

6

डॉ. अमर्त्य सेन

अमर्त्य सेन का जन्म 3 नवंबर, 1933 को शांतिनिकेतन, भारत में हुआ था। उन्हें 'कल्याण अर्थशास्त्र में आधारभूत समस्याओं, सामाजिक विकल्प के अध्ययन, कल्याण उपाय एवं निर्धनता पर अनुसंधान' के लिए अर्थशास्त्र के क्षेत्र में 'नोबेल पुरस्कार' से सम्मानित किया गया।

अमर्त्य सेन का सिर्फ जन्म ही विश्वविद्यालय परिसर में नहीं हुआ था, बल्कि ऐसा प्रतीत होता है कि अपना सारा जीवन एक परिसर से दूसरे परिसर में व्यतीत करना ही उनकी नियति थी। उनका परिवार ढाका में निवास करता था, जो अब बँगलादेश की राजधानी है। उनका पैतृक मकान 'पुराने ढाका' में 'वारी' नामक स्थान पर था।

अमर्त्य के पिता श्री आशुतोष सेन ढाका विश्वविद्यालय में रसायनशास्त्र के अध्यापक थे। उनकी ममेरी दादी क्षिति मोहन सेन शांतिनिकेतन परिसर में स्थित विश्वभारती में संस्कृत के साथ-साथ प्राचीन एवं मध्यकालीन भारतीय संस्कृति पढ़ाती थीं। शांतिनिकेतन के संस्थापक गुरुदेव रवींद्रनाथ टैगोर थे, जो स्वयं भी 'नोबेल पुरस्कार' विजेता थे। उनकी माँ अमिता सेन ने भी शांतिनिकेतन में अध्ययन किया था।

अमर्त्य सेन ने भी अपनी प्रारंभिक शिक्षा का एक बड़ा भाग शांतिनिकेतन में व्यतीत किया था, जिसके उपरांत वे कलकत्ता स्थित प्रेसीडेंसी कॉलेज गए। इसके बाद वे विदेश में अध्ययन हेतु कैंब्रिज स्थित ट्रिनिटी कॉलेज गए।

उन्होंने दिल्ली विश्वविद्यालय, लंदन स्कूल ऑफ इकोनॉमिक्स, ऑक्सफोर्ड विश्वविद्यालय एवं हार्वर्ड विश्वविद्यालय इत्यादि कई विश्वविद्यालयों में अध्यापन

कार्य किया। वे एम.आई.टी. स्टैनफोर्ड बरकेले एवं कार्नेल में अतिथि प्रोफेसर भी रहे हैं।

अपने प्रारंभिक वर्षों में उन्होंने संस्कृत, गणित एवं भौतिकी विज्ञान जैसे कई विषयों का अध्ययन किया, लेकिन अंततः उन्होंने अर्थशास्त्र का ही चयन किया, लेकिन उनके इस विचार में कि वे अध्यापक के साथ-साथ अनुसंधानकर्ता भी हों, कई वर्षों तक कोई परिवर्तन नहीं आया।

वे तीन से लेकर छह वर्ष की आयु तक मांडले, बर्मा (अब म्याँमार) में रहे; क्योंकि उनके पिता वहाँ अतिथि प्रोफेसर थे। उन्होंने अपनी विधिवत् शिक्षा सेंट ग्रेगरी स्कूल से प्रारंभ की, लेकिन जल्द ही उन्होंने शांतिनिकेतन में दाखिला लिया। वे स्वयं भी अपने अकादमिक तौर-तरीकों का श्रेय शांतिनिकेतन में गुजारे गए वर्षों को देते हैं।

यह एक सह-शिक्षा विद्यालय था, जिसमें कई प्रगतिशील विशेषताएँ थीं। यहाँ प्रतियोगी उत्कृष्टता की जगह उत्सुकता जाग्रत् करने पर अधिक जोर दिया जाता था एवं परीक्षाओं में प्रदर्शन और ग्रेड को लेकर पैदा हुई किसी भी तरह की अभिरुचि को बुरी तरह हतोत्साहित किया जाता था। (मुझे याद है कि मेरे अध्यापक ने मेरे एक सहपाठी को मेरे बारे में बताते हुए कहा था, 'वह एक गंभीर चिंतक है, यद्यपि उसकी ग्रेड बहुत अच्छी है')। लैस प्रिक्स नोबेल, द नोबेल प्राइज 1998 (संपादक टोर फ्रेंग्समायर, नोबेल फाउंडेशन, स्टॉकहोम, 1999) में वर्षों बाद लिखे गए एक आत्मकथात्मक लेख में सेन यह याद करते हुए लिखते हैं, ''दुर्भाग्यवश चूँकि मैं पर्याप्त अच्छा विद्यार्थी था, अपने ऊपर लगे इस धब्बे को हटाने के लिए मुझ पर अपना सर्वश्रेष्ठ प्रदर्शन करने का दबाव था।''

यह एक सह-शिक्षा विद्यालय था, जिसमें कई प्रगतिशील विशेषताएँ थीं। यहाँ प्रतियोगी उत्कृष्टता की जगह उत्सुकता जाग्रत् करने पर अधिक जोर दिया जाता था एवं परीक्षाओं में प्रदर्शन और ग्रेड को लेकर पैदा हुई किसी भी तरह की अभिरुचि को बुरी तरह हतोत्साहित किया जाता था।

शांतिनिकेतन के पाठ्यक्रम ने उनके भीतर कल्पनाशक्ति एवं उत्सुकता जाग्रत् कर दी थी, क्योंकि पाठ्यक्रम में छात्रों को भारतीय एवं वैश्विक विरासत के साथ विभिन्न परिदृश्यों से भी परिचित कराया जाता था। उन्होंने वहाँ कई गैर-पश्चिमी संस्कृतियों का भी अध्ययन किया, जिनमें चीन, कोरिया, जापान एवं इंडोनेशिया के साथ-साथ अफ्रीका एवं पश्चिमी एशियाई क्षेत्र शामिल हैं।

1940 के दशक के मध्य में देश भर में फैली सांप्रदायिक हिंसा ने उन पर गहरा प्रभाव डाला। वे अपने जीवन के एक भयावह अनुभव को याद करते हैं, जिसका उनके जीवन पर लंबे समय तक गहरा प्रभाव रहा, "एक नौजवान बच्चे के रूप में मुझे भी लापरवाहीपूर्वक उस हिंसा को देखना था। एक दोपहर, ढाका में एक व्यक्ति, जो बुरी तरह से रक्तरंजित था, बेतहाशा चिल्लाता हुआ दरवाजे से अंदर आया। वह घायल व्यक्ति कादर मियाँ थे, जो दैनिक आधार पर काम करते थे। उनकी पीठ पर खंजर लगा हुआ था। वे पड़ोस के एक घर में किसी काम से आए हुए थे और पुरस्कारस्वरूप हमारे हिंदू इलाके में रहनेवाले कुछ सांप्रदायिक गुंडों द्वारा गली में उनको चाकू मारा गया था। चूँकि मेरे पिता उन्हें अस्पताल लेकर गए थे, इसलिए वे रास्ते भर यही कहते रहे कि उनकी पत्नी ने उन्हें सांप्रदायिक दंगों के दौरान ऐसे संवेदनशील इलाकों में जाने को मना किया था, लेकिन काम और रोजी-रोटी की तलाश में घर से निकलना उनकी मजबूरी थी, क्योंकि घर में परिवार के खाने के लिए कुछ नहीं था। उस आर्थिक गुलामी का दंड मृत्यु के सिवाय और कुछ नहीं था, जो कुछ दिनों बाद उनकी अस्पताल में हुई। यह मेरे लिए एक विध्वंसकारी अनुभव था और अचानक मैं संकीर्ण परिभाषित पहचान के खतरों तथा संप्रदाय-केंद्रित राजनीति के कारण होनेवाले अलगाव से अवगत हो गया। इस कारण मैं यह तथ्य भी समझ सका कि गंभीर निर्धनता के रूप में आर्थिक गुलामी किसी व्यक्ति को अन्य प्रकार की स्वतंत्रता के उल्लंघन की स्थिति में एक लाचार शिकार बना सकती है—यदि ऐसे कठिन समय में परिवार का गुजारा चल सकता तो कादर मियाँ को रोजी की तलाश में ऐसे इलाके में आने को विवश नहीं होना पड़ता।"

प्रेसीडेंसी कॉलेज कलकत्ता (अब कोलकाता) में दाखिला लेते समय तक वे ऐसी नासमझ सांप्रदायिक हिंसा एवं उन्माद के माहौल, जो 1940 के दशक के अंत तक जारी रहा, को देखने के बाद वह सांस्कृतिक बहुलतावाद के बड़े पैरोकार बन गए थे। प्रेसीडेंसी कॉलेज के अकादमिक उत्कृष्टता के माहौल ने उन्हें बहुत प्रभावित किया। वे अर्थशास्त्र के कुछ उत्कृष्ट प्रोफेसर, जैसे—भावातोष दत्ता और तापस मजूमदार के संपर्क में आए। धीरेश भट्टाचार्य भी उनके एक अन्य पसंदीदा प्रोफेसर थे। उन्होंने वहाँ कई मित्र भी बनाए, जिनमें सुखमय चक्रवर्ती, मृणाल दत्ता चौधरी (जो पहले शांतिनिकेतन में भी थे), जति सेन गुप्ता, वरुण डे, पार्थ गुप्ता एवं विनय चौधरी शामिल हैं। उनके मित्रों में सिर्फ कक्षा सहपाठी ही शामिल नहीं थे, बल्कि अन्य विधाओं, जैसे—इतिहास आदि के विद्यार्थी भी थे, जिससे उनको अपना मानसिक दायरा बढ़ाने में सहायता प्राप्त हुई।

वर्ष 1951 से 1953 तक प्रेसीडेंसी कॉलेज में अध्ययन के दौरान भी 1943 के बंगाल के अकाल की स्मृति उनके मस्तिष्क में ताजा थी। इस अकाल की वर्ग-आश्रित विशेषता से वे अचंभित थे, जैसा कि स्वयं उनके शब्दों में, ''मैं अपने विद्यालय में, मित्रों में अथवा संबंधियों में ऐसे किसी भी परिवार को नहीं जानता था, जिन्होंने इस पूरे अकाल के दौरान जरा सी भी परेशानी का सामना किया हो; यह ऐसा अकाल नहीं था, जिससे निम्न-मध्य वर्ग के लोग भी प्रभावित हुए हों, बल्कि आर्थिक सीढ़ी में इससे निचले पायदान पर खड़े लोग जैसे भूमिहीन ग्रामीण श्रमिक ही इससे प्रभावित हुए थे।''

मैं अपने विद्यालय में, मित्रों में अथवा संबंधियों में ऐसे किसी भी परिवार को नहीं जानता था, जिन्होंने इस पूरे अकाल के दौरान जरा सी भी परेशानी का सामना किया हो; यह ऐसा अकाल नहीं था, जिससे निम्न-मध्य वर्ग के लोग भी प्रभावित हुए हों, बल्कि आर्थिक सीढ़ी में इससे निचले पायदान पर खड़े लोग जैसे भूमिहीन ग्रामीण श्रमिक ही इससे प्रभावित हुए थे।

प्रारंभ में कॉलेज में वे वामपंथी राजनीति की ओर आकर्षित हुए; किंतु मुक्त विचारधारा के पक्षधर होने के कारण तथा वामपंथी विचारधारा के भाषणों में सहिष्णुता के अभाव से स्वयं को असहज पाते हुए उन्होंने इससे अपनी दूरी बना ली।

बहरहाल, उस समय के बौद्धिक भाषणों ने उनमें कुछ ऐसे मुद्दों की गहराई में जाने की उत्सुकता पैदा कर दी थी, जो आगे चलकर उनके मुख्य कार्य क्षेत्र बन गए, जैसे—आर्थिक असमानता एवं निर्धनता, अकाल के रूप में निर्धनता का

सामने आना, अल्पसंख्यकों की स्वतंत्रता एवं अधिकारों की सुरक्षा तथा विवेकपूर्ण सामाजिक चयन।

'नोबेल पुरस्कार' प्राप्त करने के उपरांत वे याद करते हुए कहते हैं, ''नोबेल वक्तव्य में चिह्नित शोध के विभिन्न क्षेत्रों में मेरी संलिप्तता वस्तुतः उन क्षेत्रों में औपचारिक रूप से कार्य करने के पूर्व ही विकसित हो चुकी थी।''

वर्ष 1952 में अमर्त्य सेन, कैनेथ ऐरो के सामाजिक चयन से संबंधित महत्त्वपूर्ण अध्ययन 'सोशल चॉइस एंड इंडिविजुअल वैल्यूज' से परिचित हुए, जो 1951 में न्यूयॉर्क में प्रकाशित हुआ था। ऐरो की असंभाव्यता प्रमेय ने सेन पर गहरा प्रभाव डाला।

बाद के वर्ष

वर्ष 1953 सेन ने कैंब्रिज के ट्रिनिटी कॉलेज में प्रवेश प्राप्त किया। उन्होंने अर्थशास्त्र विषय में बी.ए. उपाधि के लिए अपना नाम पंजीकृत कराया। यहाँ वे कई अद्भुत सहपाठियों से मिले, जिनमें सैमुअल ब्रिटन, महबूब-उल-हक, माइकल निकलसन तथा चार्ल्स फींसटीन शामिल थे।

वर्ष 1953 सेन ने कैंब्रिज के ट्रिनिटी कॉलेज में प्रवेश प्राप्त किया। उन्होंने अर्थशास्त्र विषय में बी.ए. उपाधि के लिए अपना नाम पंजीकृत कराया। यहाँ वे कई अद्भुत सहपाठियों से मिले, जिनमें सैमुअल ब्रिटन, महबूब-उल-हक, माइकल निकलसन तथा चार्ल्स फींसटीन शामिल थे।

उस समय कैंब्रिज में भिन्न मतवाले दो समूह थे। पहला समूह कींशियन अर्थशास्त्र का अनुयायी था, जिनमें रिचर्ड कान, निकोलस काल्डोर, जॉन रॉबिंसन तथा अन्य लोग थे, जबकि दूसरा समूह 'नियो-क्लासिकल' अर्थशास्त्रियों का था, जिन्हें कींशियन अर्थशास्त्र के प्रति कुछ शंकाएँ थीं। 'नियो-क्लासिकल' समूह में डेनिस रॉबर्टसन, पीटर बॉर, माइकेल फैरेल तथा अन्य लोग थे।

सेन ने दोनों ही समूहों से अच्छा तालमेल स्थापित किया। राजनीतिक अर्थशास्त्र पर इन दोनों समूहों के मध्य उग्र बहस होती थी। बाद के वर्षों में दोनों समूहों के कई सदस्य प्रसिद्ध अर्थशास्त्री हुए। इनके अलावा, मॉरिस डॉब एक कुशाग्र बुद्धि मार्क्सवादी अर्थशास्त्री हुए, जिन्होंने कल्याणकारी अर्थशास्त्र पर नियमित पाठ्यक्रम पढ़ाया।

सेन ने ट्रिनिटी कॉलेज में प्रवेश लेने के लिए विशेष रूप से आवेदन किया था, क्योंकि वे इस तथ्य से अवगत थे कि उस कॉलेज में तीन असाधारण अर्थशास्त्री थे और तीनों ही अलग-अलग राजनीतिक विचारधारावाले थे। इनमें मॉरिस डॉब मार्क्सवादी, डेनिम रॉबर्टसन परंपरावादी नवपारंपरिक तथा पियरो स्राफा सभी मान्य विचारधाराओं के प्रति घोर संशयवादी दृष्टि रखते थे। सेन ने इन तीनों के साथ कार्य किया और उनसे बहुत कुछ सीखा।

दो वर्षों में स्नातक परीक्षा उत्तीर्ण करने के पश्चात् सेन ने 'तकनीकों के चयन' विषय पर शोध लिखा। अपने शोध के प्रथम वर्ष के पूर्ण होने के बाद वे कैंब्रिज से दो वर्ष की यात्रा के लिए भारत लौटे। उन्होंने यहाँ भी अपना शोध जारी रखा। उन्हें जादवपुर विश्वविद्यालय में अर्थशास्त्र का नया विभाग स्थापित करने के लिए आमंत्रित किया गया। वे अब तक तेईस वर्ष के भी नहीं हुए थे। उनके लिए यह एक चुनौती थी, क्योंकि इतने वरिष्ठ पद के लिए एक युवा व्यक्ति की नियुक्ति पर लोगों ने विरोध किया। बहरहाल, सेन ने इस चुनौती का आनंद लिया तथा अर्थशास्त्र संकाय में उन्हें कई प्रसिद्ध एवं सफल साथी मिले।

दो वर्षों में स्नातक परीक्षा उत्तीर्ण करने के पश्चात् सेन ने 'तकनीकों के चयन' विषय पर शोध लिखा। अपने शोध के प्रथम वर्ष के पूर्ण होने के बाद वे कैंब्रिज से दो वर्ष की यात्रा के लिए भारत लौटे। उन्होंने यहाँ भी अपना शोध जारी रखा। उन्हें जादवपुर विश्वविद्यालय में अर्थशास्त्र का नया विभाग स्थापित करने के लिए आमंत्रित किया गया।

ट्रिनिटी महाविद्यालय के नियमों के अनुसार कोई भी छात्र/अभ्यर्थी पंजीकरण के तीन वर्षों के बाद ही अपना शोध-पत्र जमा कर सकता था, तथापि तीन वर्ष की अवधि पूर्ण होने के पहले ही सेन ने अपना शोध-पत्र ट्रिनिटी महाविद्यालय में प्रतियोगितात्मक अध्येतावृत्ति पुरस्कार के लिया जमा कर दिया। वे इसमें चयनित हो गए तथा अपनी योजनानुसार निर्धारित समय से थोड़ा पहले ही कैंब्रिज वापस लौट गए।

प्राइज फेलोशिप ने उन्हें उनकी इच्छानुसार चार वर्ष के लिए दर्शनशास्त्र के अध्ययन की स्वतंत्रता दी। दर्शनशास्त्र में उनके द्वारा किया गया अध्ययन बाद के वर्षों में, सामाजिक चयन सिद्धांत, असमानता और वंचन के क्षेत्र में किए गए अध्ययन व कार्यों में काफी काम आया तथा उन्होंने नैतिक दर्शन की सहायता से कई महत्त्वपूर्ण निष्कर्ष निकाले।

वर्ष 1960-61 के दौरान वे संयुक्त राज्य अमेरिका के मैसाचुसेट्स प्रौद्योगिकी संस्थान गए। वहाँ वे पॉल सैम्युअल्सन जैसे अर्थशास्त्रियों से मिले तथा विभिन्न मुद्दों पर उनसे लंबी चर्चा की। अपनी अमेरिका यात्रा के दौरान वे स्टैनफोर्ड भी गए।

वर्ष 1963 में वे कैंब्रिज छोड़कर भारत वापस आ गए तथा दिल्ली विश्वविद्यालय में अर्थशास्त्र विभाग के प्रोफेसर नियुक्त हुए। यहाँ प्रसिद्ध अर्थशास्त्री के.एन. राज के मार्गदर्शन में कार्य करते हुए अगले आठ वर्षों में अर्थशास्त्र विभाग को एक प्रतिष्ठित संस्थान बनाने में उन्होंने महत्त्वपूर्ण भूमिका निभाई। वर्ष 1971 में 'लंदन स्कूल ऑफ इकोनॉमिक्स' में कार्य करने के लिए उन्होंने दिल्ली छोड़ दी।

वर्ष 1963 में वे कैंब्रिज छोड़कर भारत वापस आ गए तथा दिल्ली विश्वविद्यालय में अर्थशास्त्र विभाग के प्रोफेसर नियुक्त हुए। यहाँ प्रसिद्ध अर्थशास्त्री के.एन. राज के मार्गदर्शन में कार्य करते हुए अगले आठ वर्षों में अर्थशास्त्र विभाग को एक प्रतिष्ठित संस्थान बनाने में उन्होंने महत्त्वपूर्ण भूमिका निभाई।

अपने दिल्ली प्रवास के दौरान वे 'सामाजिक चयन सिद्धांत' के शोधकार्य में पूर्ण गंभीरता से लग चुके थे। वर्ष 1964-65 में उनके एक वर्ष के बर्कले भ्रमण ने इस शोध में आगे काफी सहायता की।

वर्ष 1970 में सेन ने अपनी पुस्तक 'कलेक्टिव चॉइस एंड सोशल वेलफेयर' का प्रकाशन किया, जिसमें उन्होंने सामाजिक चयन सिद्धांत को समग्रता से प्रस्तुत किया है, तथापि एक मूल प्रश्न का उत्तर पाने की उनकी जद्दोजहद बनी रही कि 'लोगों की प्राथमिकताओं में अंतर के चलते, क्या उचित सामाजिक चयन संभव है ?'

लंदन जाने के पश्चात् नबनीता देव से उनके वैवाहिक संबंध विच्छेद हो गए। (इनकी दो संतानें हुईं—अंतरा और नंदना)। 'लंदन स्कूल ऑफ इकॉनोमिक्स' में सेन ने 'सामाजिक चयन सिद्धांत' पर अपना कार्य पुनः शुरू कर दिया। 1970 का दशक 'सामाजिक चयन सिद्धांत' के लिए विश्व भर में स्वर्णिम काल रहा तथा सेन ने इस सिद्धांत के विभिन्न पक्षों पर कार्य करनेवाले कई छात्रों तथा अर्थशास्त्रियों की संगति का आनंद लिया।

धीरे-धीरे उनकी रुचि 'सामाजिक चयन सिद्धांत' के विशुद्ध सैद्धांतिक ढाँचे से प्रयोगात्मक पक्ष की ओर बढ़ गई। अपनी नवीन रुचि के मद्देनजर सेन को अपने शोध की पहचान पुनः स्थापित करनी थी तथा इस कार्य में उनकी पत्नी ईवा

कोलोर्नी (1973 के बाद से) ने उनकी काफी सहायता की।

ईवा ने विधि, दर्शन तथा अर्थशास्त्र का अध्ययन किया था तथा वे सिटी ऑफ लंदन पॉलिटेक्निक में व्याख्याता थीं। सेन अब अपने सैद्धांतिक ढाँचे से प्रायोगिक समस्याओं की ओर बढ़ने की प्रक्रिया को विस्तार दे रहे थे; ये समस्याएँ थीं—असमानता एवं निर्धनता का मूल्यांकन एवं आकलन, सापेक्ष वंचन की प्रकृति, बेरोजगारी, लिंग भेद इत्यादि।

उनके शोध के निष्कर्ष 1970 के दशक तथा 1980 के दशक के प्रारंभिक वर्षों में कुछ पत्रिकाओं में प्रकाशित हुए। वर्ष 1982 में उन्होंने इन लेखों के संग्रह को 'चॉइस, वेलफेयर तथा मेजरमेंट' में प्रकाशित करवाया। 1984 में उनके लेखों का दूसरा संग्रह 'रिसोर्सेज वैल्यूज एंड डेवेलपमेंट' में प्रकाशित हुआ। 1980 के दशक में सेन ने लिंग असमानता के विभिन्न पक्षों पर भारत में तथा अंतरराष्ट्रीय स्तर पर उल्लेखनीय कार्य किया।

उनके शोध के निष्कर्ष 1970 के दशक तथा 1980 के दशक के प्रारंभिक वर्षों में कुछ पत्रिकाओं में प्रकाशित हुए। वर्ष 1982 में उन्होंने इन लेखों के संग्रह को 'चॉइस, वेलफेयर तथा मेजरमेंट' में प्रकाशित करवाया। 1984 में उनके लेखों का दूसरा संग्रह 'रिसोर्सेज वैल्यूज एंड डेवेलपमेंट' में प्रकाशित हुआ।

इस बीच उन्होंने 1970 के दशक से अकाल विषय पर किए जानेवाले अपने कार्य को, जो छात्र-जीवन से ही उनके लिए हृदयस्पर्शी रहा था, जारी रखा। 1981 में उनके इस कार्य ने अंतिम रूप से 'पॉवर्टी एंड फैमाइन' नामक पुस्तक का रूप ले लिया। उन्होंने 1980 के दशक तक अपना यह कार्य जारी रखा।

1980 के दशक में सेन ने बेल्जियम के असाधारण योग्यतावाले एक युवा अर्थशास्त्री जीन ड्रेज के साथ आपसी सहयोग से कार्य किया। बाद में उन्होंने यह भी कहा कि ड्रेज ने भूख तथा वंचन की समझ विकसित करने में उनकी काफी मदद की।

वर्ष 1985 में उनकी पत्नी ईवा की कैंसर से मृत्यु हो गई। उनके दो छोटे बच्चे थे इंद्राणी, जो उस समय दस वर्ष की थी तथा कबीर आठ वर्ष का था। सेन ने संयुक्त राज्य जाने का निश्चय कर लिया, जिससे नए वातावरण में रहकर बच्चे इस अपूर्णनीय क्षति से कुछ सीमा तक उबर सकें।

वहाँ सेन ने हार्वर्ड में अध्यापन प्रारंभ कर दिया। वर्ष 1985 में उन्होंने

एक अन्य रोचक पुस्तक प्रकाशित की, जिसका शीर्षक था—'कॉमोडिटीज एंड कैपेबिलिटीज', जिसमें उन्होंने सामाजिक चयन सिद्धांत को व्यावहारिक प्रयोगों से जोड़ा है। हार्वर्ड के प्रारंभिक वर्षों में उन्होंने इसी दिशा में कार्य किया।

1980 के दशक के उत्तरकाल से सेन ने वर्तमान अत्यंत लोकप्रिय, संयुक्त राष्ट्र विकास योजना (UNDP) के अंतर्गत आनेवाली 'मानव विकास रिपोर्ट' को विकसित करने में महत्त्वपूर्ण भूमिका निभाई। उन्होंने कैंब्रिज के अपने पुराने सहपाठी तथा मित्र, महबूब-उल-हक के आमंत्रण पर यह कार्य किया था। हक 1989 में नवनियोजित 'मानव विकास रिपोर्ट' का कार्य सँभालते थे। 1998 में हक की मृत्यु हो गई। सेन के अनुसार उनकी आकस्मिक मृत्यु ने "समकालीन अर्थशास्त्र के क्षेत्र में एक अग्रणी प्रयोगवादी तर्कशास्त्री को इस संसार से छीन लिया।"

भले ही सेन वर्ष 1971 से देश के बाहर रहकर कार्य कर रहे थे, परंतु वे भारतीय विश्वविद्यालयों से भी लगातार संपर्क में रहे। दिल्ली विश्वविद्यालय से उनका विशिष्ट संबंध रहा, जहाँ 1971 से वे मानद प्रोफेसर रहे। वे अकसर दिल्ली विश्वविद्यालय में व्याख्यान दिया करते थे तथा विदेशों में लंबे समय तक रहने के बावजूद भारतीय नागरिक बने रहे।

भारत से संबंध

भले ही सेन वर्ष 1971 से देश के बाहर रहकर कार्य कर रहे थे, परंतु वे भारतीय विश्वविद्यालयों से भी लगातार संपर्क में रहे। दिल्ली विश्वविद्यालय से उनका विशिष्ट संबंध रहा, जहाँ 1971 से वे मानद प्रोफेसर रहे। वे अकसर दिल्ली विश्वविद्यालय में व्याख्यान दिया करते थे तथा विदेशों में लंबे समय तक रहने के बावजूद भारतीय नागरिक बने रहे। वस्तुतः, 'नोबेल पुरस्कार' प्राप्त करने के पश्चात् लिखे एक आत्मकथात्मक विवरण में सेन ने कहा है, "विभिन्न कारणों से व्यक्तिगत तथा शैक्षणिक, इस संबंध में मुझे मेरा यायावर जीवन उपयुक्त लगा। कैंब्रिज में अपने छात्र जीवन के पश्चात् वर्ष 1953-56 के दौरान, जहाँ तक मेरा अनुमान है, मैं एक बार में छह माह से अधिक समय के लिए भारत से अलग नहीं रहा। इस कारण से तथा अनन्य रूप से भारतीय नागरिक बने रहने के कारण, मैं भारतीय जनमानस से जुड़े मामलों पर कुछ कह सकने की पात्रता रखता हूँ और इसी वजह से मैं लगातार यहाँ से जुड़ा हुआ हूँ।"

कैंब्रिज वापसी

वर्ष 1998 में सेन को ट्रिनिटी कॉलेज से प्रस्ताव मिला कि वे वापस आकर मास्टर ऑफ कॉलेज का पद ग्रहण करें। अब तक उनके बच्चे भी बड़े हो गए थे, अतः उन्होंने यह प्रस्ताव स्वीकार कर लिया। यद्यपि वे कैंब्रिज वापस चले गए, लेकिन हार्वर्ड से उन्होंने अपने संबंध बनाए रखे। वे 2004 तक ट्रिनिटी के मास्टर ऑफ कॉलेज बने रहे और उसके बाद पुनः हार्वर्ड चले गए। वर्तमान में वे थॉमस डब्ल्यू. लैमॉण्ट विश्वविद्यालय में प्रोफेसर तथा हार्वर्ड विश्वविद्यालय में अर्थशास्त्र एवं दर्शनशास्त्र के प्रोफेसर हैं। वे हार्वर्ड सोसाइटी ऑफ फेलोज के वरिष्ठ सदस्य भी हैं।

नोबेल पुरस्कार

वर्ष 1998 में अमर्त्य सेन को 'कल्याणकारी अर्थशास्त्र के लिए दिए गए उनके योगदान के लिए' नोबेल पुरस्कार प्रदान किया गया। इस प्रतिष्ठित पुरस्कार के लिए अमर्त्य सेन का नाम घोषित करते हुए रॉयल स्वीडिश अकेडमी ऑफ साइंसेज ने कहा, ''कल्याणकारी अर्थशास्त्र की मूलभूत समस्याओं पर शोध करने में अमर्त्य सेन के अनेक महत्त्वपूर्ण योगदान हैं। उनके योगदानों की श्रृंखला में सामाजिक चयन के स्वतःसिद्ध सिद्धांत से लेकर कल्याण एवं निर्धनता सूचकांक की परिभाषाएँ तथा अकाल का व्यावहारिक अध्ययन सम्मिलित है। उनके ये योगदान वितरण मुद्दों पर आम रुचि तथा समाज के सर्वाधिक दरिद्र लोगों में विशिष्ट रुचि के कारण आपस में गुँथे हुए हैं। सेन ने उन परिस्थितियों को स्पष्ट किया, जो व्यक्तिगत मूल्यों को सामूहिक निर्णयों में जोड़ती हैं तथा उन परिस्थितियों को भी स्पष्ट किया, जो ऐसे सामूहिक निर्णय लेने के नियम निर्धारित करती हैं, जो व्यक्ति विशेष के अधिकार क्षेत्र के अनुकूल होते हैं। विभिन्न प्रकार के लोगों के कल्याण के लिए सामूहिक निर्णय लेते समय उपलब्ध सूचनाओं के विश्लेषण द्वारा उन्होंने समाज के कल्याण के लिए विभिन्न वितरणों की तुलना के लिए सैद्धांतिक आधार विकसित

वर्ष 1998 में अमर्त्य सेन को 'कल्याणकारी अर्थशास्त्र के लिए दिए गए उनके योगदान के लिए' नोबेल पुरस्कार प्रदान किया गया। इस प्रतिष्ठित पुरस्कार के लिए अमर्त्य सेन का नाम घोषित करते हुए रॉयल स्वीडिश अकेडमी ऑफ साइंसेज ने कहा, ''कल्याणकारी अर्थशास्त्र की मूलभूत समस्याओं पर शोध करने में अमर्त्य सेन के अनेक महत्त्वपूर्ण योगदान हैं।

किया तथा एक नया एवं अधिक स्वीकार्य निर्धनता सूचकांक पारिभाषित किया। अकाल के व्यावहारिक अध्ययन में सेन की सैद्धांतिक सोच के समावेश ने इसमें निहित अर्थशास्त्रीय कार्यप्रणाली के प्रति हमारी समझ को बढ़ाया है।'' अकेडमी ने सेन द्वारा 'अकाल के विश्लेषण' पर किए गए कार्य का विशेष उल्लेख किया। अकेडमी के अनुसार, ''वर्ष 1981 से ही इस क्षेत्र में सेन की जानी-मानी कृति उनकी पुस्तक 'पॉवर्टी एंड फैमाइंस : एन ऐस्से ऑन एंटाइटलमेंट एंड डेप्रिवेशन' है।'' इसमें उन्होंने इस आम धारणा को चुनौती दी है कि खाद्यान्न की कमी अकाल की सर्वप्रमुख (कभी-कभी एकमात्र) व्याख्या है। 1940 से भारत, बँगलादेश तथा सहारा देशों में आई इस प्रकार की अनेक तबाहियों पर गहन अध्ययन के आधार पर उन्होंने अन्य व्याख्यात्मक कारक ढूँढे हैं। वे तर्क देते हैं कि कई जाँची-परखी परिस्थितियों को देखते हुए वास्तव में अकेले खाद्यान्न की कमी को ही अकाल का कारण नहीं ठहराया जा सकता, उदाहरण के लिए, अकाल तब भी पड़ा, जबकि खाद्यान्न की पूर्ति पिछले वर्षों (जिनमें अकाल नहीं पड़ा) की तुलना में किसी भी प्रकार से कम नहीं थी अथवा यह कि अकाल पीड़ित वे क्षेत्र कभी-कभी खाद्यान्न का निर्यात भी करते हैं।

सेन ने यह दरशाया कि अकाल के बारे में गहरी समझ के लिए, समाज के विभिन्न तबकों को प्रभावित करनेवाले तथा उनके लिए वास्तविक अवसर निर्धारित करनेवाले तथ्यों का संपूर्ण विश्लेषण आवश्यक है। उदाहरणस्वरूप, 1974 में बँगलादेश में पड़े अकाल के बारे में उनकी व्याख्या का एक अंश यह है कि पूरे देश में आई बाढ़ के कारण खाद्यान्न के मूल्य अत्यधिक बढ़ गए, जबकि कृषि श्रमिकों के कार्य अवसर तेजी से घटे, क्योंकि एक फसल की कटाई नहीं हो सकी थी।

सेन ने यह दरशाया कि अकाल के बारे में गहरी समझ के लिए, समाज के विभिन्न तबकों को प्रभावित करनेवाले तथा उनके लिए वास्तविक अवसर निर्धारित करनेवाले तथ्यों का संपूर्ण विश्लेषण आवश्यक है। उदाहरणस्वरूप, 1974 में बँगलादेश में पड़े अकाल के बारे में उनकी व्याख्या का एक अंश यह है कि पूरे देश में आई बाढ़ के कारण खाद्यान्न के मूल्य अत्यधिक बढ़ गए, जबकि कृषि श्रमिकों के कार्य अवसर तेजी से घटे, क्योंकि एक फसल की कटाई नहीं हो सकी

थी। इन तथ्यों के कारण कृषि श्रमिकों की आय इतनी घट गई थी कि इस वर्ग को असंगत रूप से अकाल का शिकार होना पड़ा।

सेन द्वारा बाद में किए गए के कार्यों (1989 में जीन ड्रेज के साथ लिखी गई एक पुस्तक में सारांशित) में भी कुछ इसी प्रकार की चर्चा है कि अकाल की रोकथाम कैसे की जाए अथवा अकाल आने पर उसके प्रभावों को कैसे सीमित किया जाए। यद्यपि कुछ आलोचकों ने 'निर्धनता एवं अकाल' (Poverty & Famines) में दिए गए कुछ व्यावहारिक परिणामों की वैधता पर प्रश्न उठाए हैं तथापि विकास अर्थशास्त्र विषय पर निस्संदेह यह एक महत्त्वपूर्ण पुस्तक है। वितरण मुद्दों तथा निर्धनता पर विशेष बल देती हुई यह पुस्तक अमर्त्यसेन के शोधकार्यों की सामान्य विषयवस्तु के साथ मेल खाती है।''

'नोबेल पुरस्कार' विजेताओं के लिए प्रतिवर्ष आयोजित किए जानेवाले एक औपचारिक भोज में दिए गए अपने एक सर्वश्रेष्ठ भाषण में रवींद्रनाथ टैगोर का विस्तृत उल्लेख करते हुए अमर्त्य सेन ने कहा—

अपने बाल्यकाल में वर्ष 1913 में साहित्य का नोबेल पुरस्कार जीतनेवाले बंगाली भाषा के मूर्धन्य कवि रवींद्रनाथ टैगोर को जानना मेरे लिए अत्यंत सौभाग्य का विषय है तथा जिनकी कई उपलब्धियों में से एक, दो देशों—भारत एवं बँगलादेश के 'राष्ट्र-गान' के रचयिता होने का गौरव सम्मिलित है। टैगोर ने शांतिनिकेतन में एक विलक्षण विद्यालय की स्थापना की, जहाँ मेरे दादा पढ़ाया करते थे।

> ''अपने बाल्यकाल में वर्ष 1913 में साहित्य का नोबेल पुरस्कार जीतनेवाले बंगाली भाषा के मूर्धन्य कवि रवींद्रनाथ टैगोर को जानना मेरे लिए अत्यंत सौभाग्य का विषय है तथा जिनकी कई उपलब्धियों में से एक, दो देशों—भारत एवं बँगलादेश के 'राष्ट्र-गान' के रचयिता होने का गौरव सम्मिलित है। टैगोर ने शांतिनिकेतन में एक विलक्षण विद्यालय की स्थापना की, जहाँ मेरे दादा पढ़ाया करते थे। मेरा जन्म उसी विद्यालय भूमि पर हुआ। उस विद्यालय का उद्देश्य ऐसी शिक्षा प्रदान करना था, जो स्थानीय होने के साथ-साथ वैश्विक भी हो। जैसा कि टैगोर ने कहा, ''कोई भी मानव संतति, जिसे हम जानते हैं तथा जिससे आनंदित होते हैं, वह तुरंत हमारी अपनी हो जाती है, उसकी उत्पत्ति कहीं की भी हो।'' उनके सार्वभौमिक, सहिष्णु तथा तार्किक आदर्शों

का मेरी सोच पर जबरदस्त प्रभाव था तथा मैं उनको इस विभाजनकारी समय में अकसर याद कर लेता हूँ।

मुझे याद है कि भारतीय मूल के खगोल-भौतिकशास्त्री, चंद्रशेखर ने भौतिकी में 'नोबेल पुरस्कार' प्राप्त करते समय रवींद्रनाथ टैगोर की 'मन की स्वतंत्रता' के बारे में लिखित कविता का उल्लेख किया था, ''जहाँ निस्तेज अभ्यास की रूखी रेत में, तर्क की स्वच्छ धारा ने नहीं खोया है अपना पथ।'' विचारों की स्वतंत्रता की प्रशंसा करते रवींद्रनाथ टैगोर की सराहना करने पर मैं चंद्रशेखर के प्रति अभिभूत हूँ।

अब एक गंभीर हास्यापद विचार। स्वतंत्र मस्तिष्क की तार्किकता पर ध्यान केंद्रित करते हुए अर्थशास्त्री भी बहुत कुछ सीख सकते हैं। किसी-न-किसी प्रकार हठधर्मिता के कारण यह विषय बहुत कुछ खोने की स्थिति में है (उदाहरण के लिए, हमसे प्रायः यह पूछा जाता है, ''आप बाजार के पक्ष में हैं अथवा विपक्ष में, राज्य की काररवाई के पक्ष में या विपक्ष में, सिर्फ प्रश्न का उत्तर दें। कोई योग्यता, कोई 'किंतु', 'परंतु' नहीं)।'' यह विश्लेषण को नारों में बदलने का आमंत्रण है, किसी-न-किसी हठधर्मी सिद्धांत के मार्गदर्शन में चलने का आमंत्रण है। हमें आवश्यकता है तो सिर्फ 'तर्क की स्वच्छ धारा की।' जिसकी माँग कविश्रेष्ठ रवींद्रनाथ टैगोर तथा भौतिकशास्त्री चंद्रशेखर ने की थी, ''समान कारणों से अर्थशास्त्र में भी इसकी आवश्यकता है। यही मेरा आज का अंतिम हास्यास्पद विचार है, जो मैं आप लोगों पर बलात् थोप रहा हूँ।''

पुरस्कार एवं प्रकाशन

अमर्त्य सेन ने इकॉनोमीट्रिक सोसाइटी, अमेरिकन इकॉनोमिक एसोसिएशन, इंडियन इकॉनोमिक एसोसिएशन तथा अंतरराष्ट्रीय इकॉनोमिक एसोसिएशन के अध्यक्ष के रूप में कार्य किया। वे पूर्व में ऑक्सफेम के मानद अध्यक्ष थे तथा वर्तमान में इसके मानद सलाहकार हैं। उनके शोध सामाजिक चयन के सिद्धांत से लेकर आर्थिक सिद्धांत, नीतिशास्त्र एवं राजनीतिक दर्शन, कल्याणकारी अर्थशास्त्र, परिमाण का सिद्धांत, निर्णय सिद्धांत, विकास संबंधी अर्थशास्त्र, लोक स्वास्थ्य तथा लिंग अध्ययन तक विस्तृत हैं। अमर्त्य सेन की पुस्तकें तीस से भी अधिक भाषाओं में अनूदित हुई हैं। इन पुस्तकों में 'च्वॉइस ऑफ टैक्नीक्स' (1960), 'कलेक्टिव च्वॉइस एंड सोशल वेलफेयर' (1970), 'च्वॉइस वेलफेयर एंड मेजरमेंट' (1982),

'कॉमोडिटीज एंड कैपेबिलिटीज' (1987), 'द स्टैंडर्ड ऑफ लिविंग' (1987), 'डेवलपमेंट एज फ्रीडम' (1999), 'आइडेंटिटी एंड वॉयलेंस : द इल्यूजन ऑफ डेस्टिनी' (2006) तथा 'आइडिया ऑफ जस्टिस' (2009) सम्मिलित हैं।

उनके द्वारा अर्जित पुरस्कारों में 'भारत रत्न' (भारत के राष्ट्रपति द्वारा दिया गया सर्वोच्च सम्मान); द एग्नेली इंटरनेशनल प्राइज इन इथिक्स; द एडिनवश मेडल; द ब्राजीलियन ऑर्डिम डो मेरिओ साइंटिफिको; द इजिनहॉवर मेडल; द लीजन ऑफ ऑनरर (फ्रांस); ऑनोरेरी कंपैनियन ऑफ ऑनर (यू.के.); द जॉर्ज सी. मार्शल अवार्ड (यू.एस.); द नेशनल ह्यूमैनिटीज मेडल (यू.एस.) शामिल हैं।

सेन ने विश्व भर के विश्वविद्यालयों से 90 से अधिक मानद उपाधियाँ प्राप्त कीं। इन विश्वविद्यालयों में से कुछ ये हैं—हार्वर्ड विश्वविद्यालय, येल विश्वविद्यालय, कोलंबिया विश्वविद्यालय, जॉन हॉपकिंस विश्वविद्यालय, दिल्ली विश्वविद्यालय, जवाहरलाल नेहरू विश्वविद्यालय, जामिया मिल्लया इस्लामिया विश्वविद्यालय, इलाहाबाद विश्वविद्यालय, विश्वभारती विश्वविद्यालय, जादवपुर विश्वविद्यालय, ऑक्सफोर्ड विश्वविद्यालय, एडिनबरा विश्वविद्यालय, अर्थशास्त्र एवं वाणिज्य विश्वविद्यालय एथेंस, वेलिंशिया विश्वविद्यालय, ज्यूरिख विश्वविद्यालय, टोक्यो विश्वविद्यालय एवं चाइनीज हांगकांग।

सेन के कुछ लोकप्रिय कथन

- ❖ जब मुझे 'नोबेल पुरस्कार' प्राप्त हुआ, तो इसने मुझे कुछ कार्यों को तत्काल पूरा का अवसर भी प्रदान किया; जिनके अंतर्गत साक्षरता, प्राथमिक स्वास्थ्य पर ध्यान तथा लैंगिक समानता के कार्य सम्मिलित थे और जो विशेष रूप से भारत एवं बँगलादेश के लिए थे।
- ❖ चूँकि मुझे अर्थशास्त्र तथा दर्शनशास्त्र दोनों में ही रुचि है, अतः इन दोनों क्षेत्रों में मेरी अभिरुचि इनके आपसी मतभेद को बहुत पीछे छोड़ देती है।
- ❖ भारतीय, एशियाई अथवा मानवजाति के किसी अन्य समूह के सदस्य के रूप में लोगों की पहचान, अचानक मुझे हिंदू, मुसलिम या सिख समुदाय की सांप्रदायिक पहचान के आगे नतमस्तक हुई सी लगती है।

- ❖ यदि गंभीर प्रयास किए जाएँ तो अकाल का निवारण बड़ा आसान है तथा चुनावों, विरोधी दल की आलोचना, स्वतंत्र समाचार-पत्रों से भयभीत होनेवाली एक प्रजातांत्रिक सरकार को ऐसे प्रयास करने ही पड़ते हैं। यह आश्चर्य की बात नहीं है कि स्वतंत्रता पूर्व, ब्रिटिश शासन के दौरान भारत को लगातार अकालों का सामना करना पड़ा...बहुदलीय प्रजातंत्र तथा स्वतंत्र मीडिया के स्थापित होने के कारण अकाल अचानक गायब हो गए हैं...।

अकाल से आशंकित देश के लिए स्वतंत्र मीडिया तथा सक्रिय विपक्षी राजनीतिक दल से बेहतर कोई पूर्व-चेतावनी प्रणाली हो ही नहीं सकती।

- मानवता को अपना खोया हुआ आधार पुनः प्राप्त करने की आवश्यकता है, जिसे तार्किक आधार की माँग की विभिन्न स्वेच्छाचारी क्षुद्रताओं द्वारा छीन लिया गया है।
- सतत परिवर्तन जीवन-चक्र को बदल देता है, अत: वास्तविकता अपने सभी रूपों में प्रकट होती है। शांतिपूर्वक रहिए, क्योंकि परिवर्तन स्वयं जीवित प्राणियों को कष्टों से मुक्त करता है तथा सुख की प्राप्ति कराता है।
- मानव-अधिकार का सोच हमारी साझी मानवता पर आधारित है। ये अधिकार किसी देश की नागरिकता अथवा किसी राष्ट्र की सदस्यता से उत्पन्न नहीं हुए हैं, वरन् प्रत्येक मानव के लिए पूर्व सुनिश्चित अधिकार हैं। इसीलिए मानव अधिकार संवैधानिक रूप से कुछ विशिष्ट लोगों के लिए सुनिश्चित अधिकारों से भिन्न होते हैं।
- शिक्षा प्रदान करने से केवल इसे पानेवाले का ही ज्ञान नहीं बढ़ता है, वरन् शिक्षा देनेवाले शिक्षक, माता-पिता तथा मित्र का भी ज्ञान विस्तृत होता है।
- हमें सबके लिए प्राथमिक शिक्षा की लड़ाई को जारी रखना है, साथ ही शिक्षा-सामग्री के महत्त्व पर भी जोर देना है। हमें इस बात से आश्वस्त होना चाहिए कि सांप्रदायिकता पर आधारित विद्यालय कहीं इसे विश्वस्तरीय बनाने के बजाय एक सीमित कारागृह में परिवर्तित न कर दें।
- अज्ञानता का, अशिक्षा का तथा अवसरों की अनावश्यक असमानता का बहिष्कार ऐसे उद्देश्य हैं, जो अपने आपमें मूल्यवान् हैं। ये मूल्यवान् जीवन को जीने में हमारी स्वतंत्रता को विस्तार देते हैं तथा ये मूलभूत योग्यताएँ अपने आप में अत्यंत महत्त्वपूर्ण हैं।
- मुझे ऐसा बताया गया है कि भारतीय स्त्रियाँ समानता के बारे में उस प्रकार नहीं सोचती हैं, लेकिन मैं यह कहना चाहूँगा कि यदि वे उस प्रकार से नहीं सोचती हैं तो उन्हें इसके लिए एक वास्तविक अवसर अवश्य दिया जाना चाहिए।
- भारतवर्ष ने एक सुदृढ धर्मनिरपेक्ष संविधान बनाने को प्राथमिकता दी

तथा धर्मनिरपेक्ष प्रजातंत्र के कारण ही भारत फला-फूला। समय-समय पर सांप्रदायिक दलों की गतिविधियों से हमारी धर्मनिरपेक्षता को खतरा भी पहुँचा, किंतु देश भर में धर्मनिरपेक्षता को भारी समर्थन होने के कारण यह बारंबार अस्तित्व में बनी रही।

❖ आधुनिक विश्व से भुखमरी मिटाने के लिए मात्र खाद्यान्न एवं जनसंख्या के बीच यंत्रवत् तालमेल बैठाना ही पर्याप्त नहीं है, वरन् विस्तृत रूप से अकाल के कारणों को जानना अत्यधिक महत्त्वपूर्ण है।

❖ समकालीन विश्व पश्चिमी देशों से प्रभावित है तथा यद्यपि पूर्व शासकों की साम्राज्यवादी शक्तियाँ क्षीण हो चुकी हैं, लेकिन फिर भी पश्चिमी देशों का प्रभाव पहले जैसा ही बना हुआ है—कुछ मामलों, विशेषकर सांस्कृतिक में यह पहले से अधिक मजबूत है। कोका-कोला तथा एम.टी.वी. के साम्राज्य में सूर्यास्त नहीं होता।

□

7

सर वी.एस. नायपॉल

सर विद्याधर सूरजप्रसाद नायपॉल का जन्म 14 अगस्त, 1932 को वेस्टइंडीज के त्रिनिदाद प्रांत में चगुआनास नामक एक छोटे से कस्बे में हुआ था। उनके माता-पिता भारतीय मूल के थे। उनके पिता श्री प्रसाद नायपॉल एक पत्रकार थे तथा एक स्थानीय समाचार-पत्र में कार्य करते थे। श्री प्रसाद एक लेखक भी थे तथा उन्होंने स्वलिखित लघु कथाएँ प्रकाशित की थीं।

प्रारंभिक जीवन

नायपॉल जब छह वर्ष के ही थे, उनका परिवार पोर्ट ऑफ स्पेन चला गया। उनकी विद्यालयीन शिक्षा वहीं पूरी हुई। इसके बाद उन्होंने पोर्ट ऑफ स्पेन के क्वींस रॉयल कॉलेज में अध्ययन किया। 1950 में ऑक्सफोर्ड में अध्ययन हेतु उन्होंने छात्रवृत्ति प्राप्त की। वर्ष 1953 में हृदयाघात के कारण उनके पिता की मृत्यु हो गई, अत: वे एक महान् लेखक के रूप में अपने पुत्र की सफलता न देख सके। बहरहाल, वे अपने पुत्र को इच्छानुसार कार्य करने के लिए प्रोत्साहित किया करते थे। एक पत्र में उन्होंने अपने पुत्र को लिखा था, ''एक कलाकार बनने से कभी मत डरना।'' डी.एच. लॉरेंस पूरी तरह से एक कलाकार थे। फिलहाल किसी भी तरह तुम डी.एच. लॉरेंस की तरह सोचो। याद रखो, वे कहा करते थे, ''कला, मेरे अपने लिए।'' जब वे ऑक्सफोर्ड में थे, तब उनकी मुलाकात पैट्रीशिया हेल से हुई। दोनों ने 1955 में विवाह कर लिया। वर्ष 1996 में पैट्रीशिया की कैंसर के कारण मृत्यु हो गई। उनकी मृत्यु के 2 माह बाद उन्होंने पाकिस्तानी पत्रकार नादिरा खानम अल्वी से विवाह कर लिया।

साहित्यिक जीवन

नायपॉल ने 18 वर्ष की उम्र में अपना पहला उपन्यास लिखा, किंतु उन्हें कोई प्रकाशक नहीं मिला। 1950 के दशक के प्रारंभिक वर्षों में ऑक्सफोर्ड से स्नातक करने के पश्चात् उन्होंने कैरेबियन देशों में लेखक के रूप में अपनी मौलिकता का परीक्षण प्रारंभ किया। इस बीच 1954 से 1956 तक उन्होंने इंग्लैंड में ब्रिटिश ब्रॉडकास्टिंग कंपनी में प्रसारणकर्ता के रूप में कार्य किया। सीमित तौर पर ही सही, किंतु नायपॉल ने साहित्यिक मंडली पर अपना प्रभाव जमाना आरंभ कर दिया था। 1957 में उन्होंने 'न्यू स्टेट्समैन' के साहित्यिक भाग में कहानियों की समीक्षा का कार्य प्रारंभ कर दिया तथा 1961 तक यह कार्य किया। 1957 में नायपॉल के प्रथम उपन्यास 'The Mystic Masseur' का प्रकाशन हुआ। उस समय यह उपन्यास कोई खास खबर नहीं बना, यद्यपि कालांतर में विख्यात फिल्म निर्माता इस्माइल मर्चेंट ने इसे बड़े परदे के लिए चुना। यह उपन्यास एक ऐसे युवा व्यक्ति की कहानी है, जो एक प्रसिद्ध लेखक बनना चाहता था।

वर्ष 1959 में उन्होंने अपना दूसरा उपन्यास 'मिगुएल स्ट्रीट' (Migual Street) प्रकाशित किया। इस उपन्यास में उन्होंने पोर्ट ऑफ स्पेन में व्यतीत किए हुए अपने युवा जीवन के व्यक्तिगत अनुभवों का उपयोग करते हुए, वहाँ की पृष्ठभूमि पर रोचक पात्रों का चित्रण किया है। इस उपन्यास ने बड़ी मात्रा में

आलोचकों का ध्यान आकर्षित किया तथा 'द न्यूयॉर्क टाइम्स' सहित कई प्रकाशनों में इसकी समीक्षा हुई।

वर्ष 1961 में उन्होंने 'ए हाउस ऑफ मि. बिस्वास' का प्रकाशन किया, जिसे कई लोगों द्वारा आज तक की उनकी सर्वोत्कृष्ट कृति माना जाता है। इस उपन्यास के मुख्य पात्र एक ब्राह्मण श्रीमान बिस्वास हैं, जो त्रिनिदाद में रहते हैं। उनका एक घर बनाने का सपना है और इसके लिए वे जीवन में कई मुसीबतों का सामना करते हैं। बिस्वास का चित्रण एक ऐसे अभागे व्यक्ति के रूप में किया गया है, जो एक अदद मकान को अपना कहने की चाहत में, जीवन में अनेक कठिनाइयों से होकर गुजरता है।

वर्ष 1961 में उन्होंने 'ए हाउस ऑफ मि. बिस्वास' का प्रकाशन किया, जिसे कई लोगों द्वारा आज तक की उनकी सर्वोत्कृष्ट कृति माना जाता है। इस उपन्यास के मुख्य पात्र एक ब्राह्मण श्रीमान बिस्वास हैं, जो त्रिनिदाद में रहते हैं। उनका एक घर बनाने का सपना है और इसके लिए वे जीवन में कई मुसीबतों का सामना करते हैं।

सन् 1961 में नायपॉल को त्रिनिदाद सरकार से एक अनुदान राशि प्राप्त हुई और वे वापस कैरेबियन चले गए। इस भ्रमण के परिणामस्वरूप 1962 में उन्होंने सत्य घटनाओं पर आधारित एक पुस्तक 'द मिडिल पैसेज' लिखी। इसमें उन्होंने वेस्टइंडीज के पुनर्भ्रमण के अपने अनुभवों को साझा किया है। यह पुस्तक सार्वजनिक चर्चा एवं विवाद का विषय बनी, क्योंकि नायपॉल ने इसमें वेस्टइंडीज के तत्कालीन अति संवेदनशील विषय, 'नस्लीय तनाव' पर गंभीर विचार प्रकट किए हैं। कई वेस्टइंडीज निवासियों ने इन पर नस्लीय होने के आरोप लगाए। नायपॉल के लिए यह पूर्व-संकेत था कि सही बात कहने में वे कभी नहीं कतराएँगे और वही लिखेंगे, जो उन्हें महसूस होता है, भले ही इससे कितने भी विवाद खड़े हों। तब से उनकी पुस्तकें विवादों, टिप्पणियों एवं आलोचनात्मक लेखों से आवृत रहीं। बीसवीं शताब्दी में, कुछ लेखकों ने नायपॉल के कई विवादित कथनों का उल्लेख किया, तथापि उन्हें 'नोबेल पुरस्कार' मिला, जो एक लेखक के रूप में उनकी असाधारण क्षमता का प्रमाण है।

'60 एवं '70 के दशक में नायपॉल ने भारत, ईरान, पाकिस्तान, यू.एस.ए., मलेशिया, दक्षिण अमेरिका तथा अफ्रीका सहित कई देशों एवं महाद्वीपों की विस्तृत यात्रा की। इन यात्राओं के आधार पर उन्होंने कई स्मरणीय रचनाएँ प्रस्तुत कीं, जिनमें

'इंडिया : अ वूंडेड सिविलाइजेशन'—1977 तथा 'अ बेंड इन द रिवर'—1979 सम्मिलित हैं। 'अ बेंड इन द रिवर' अफ्रीका के बारे में एक निराशावादी उपन्यास है, जिसमें वहाँ व्याप्त भ्रष्टाचार के मुद्दे पर गंभीर विचार प्रस्तुत किए हैं। वेस्टइंडीज के प्रख्यात कवि एवं 1992 में साहित्य के क्षेत्र में नोबेल पुरस्कार विजेता, डेरेक वॉलकॉट ने नायपॉल की टिप्पणी, 'अफ्रीका की कोई संस्कृति नहीं है' से उपजे विवाद के लिए उनकी कड़ी आलोचना की है।

वर्ष 1981 में उनके द्वारा लिखी गई एक अन्य पुस्तक 'अमंग द बिलीवर्स : एन इसलामिक जर्नी' का परिणाम यह हुआ कि उनके कई मुसलिम पाठकों ने उन पर इसलाम के प्रति संकीर्ण विचारधारा रखने का आरोप लगाया। वर्ष 1998 में नायपॉल ने अपनी विचारोत्तेजक एवं प्रशंसनीय कृति 'बियॉन्ड बिलीफ : इसलामिक एक्सकर्शंस एमंग द कन्वर्टेड पीपुल्स' में बढ़ते हुए कट्टरवाद को खोजने का प्रयास किया है।

इस बीच, 1987 में नायपॉल का अर्द्ध-आत्मकथात्मक उपन्यास, 'द एनिग्मा ऑफ अराइवल' प्रकाशित हुआ।

उनकी अधिकतर कृतियों का मुख्य विषय उपनिवेशवाद तथा तीसरी दुनिया

के देशों पर उसका प्रभाव रहा है। उनकी कृतियों में पाठक को बहुधा मानव स्वभाव का नकारात्मक चित्रण देखने को मिलता है। वर्ष 1994 में उनका बहुप्रतीक्षित आत्मकथात्मक उपन्यास, 'अ वे इन द वर्ल्ड' प्रकाशित हुआ। कई आलोचकों ने इसे उपनिवेशवाद के काल्पनिक इतिहास का नाम दिया है। वर्ष 2001 में उनका एक और उपन्यास आया, जिसका शीर्षक था, 'इन हाफ अ लाइफ'। वर्ष 2004 में उन्होंने घोषणा की कि उसी वर्ष प्रकाशित होनेवाला 'मैजिक सीड्स' नामक उनका उपन्यास संभवत: उनका अंतिम उपन्यास हो सकता है। उनका यह उपन्यास, पूर्व उपन्यास, 'हाफ अ लाइफ' से क्रमबद्ध था। बहरहाल, इसके पश्चात् भी उन्होंने सत्य घटनाओं पर आधारित अपनी रचनाओं को जारी रखा। वर्ष 2010 में उन्होंने 'द मास्क ऑफ अफ्रीका' का प्रकाशन किया। सत्य घटनाओं पर यह उनकी सोलहवीं पुस्तक थी।

नोबेल पुरस्कार

वर्ष 2001 में नायपॉल को साहित्य के क्षेत्र में 'बोधगम्य कथा एवं विशुद्ध सूक्ष्म परीक्षण के संयोग', जिसने दबे हुए इतिहास की उपस्थिति के अवलोकन को विवश किया, हेतु 'नोबेल पुरस्कार' प्रदान किया गया। पुरस्कार वितरण समारोह में स्वीडिश अकादमी के स्थायी सचिव होरेस ऐंगडॉल ने नायपॉल एवं उनके कार्यों का समुचित वर्णन प्रस्तुत करते हुए कहा—

''भारत से प्रथम मुलाकात उनका एक ऐसा अनुभव है, जो उनकी साहित्यिक विधा के लिए महत्त्वपूर्ण प्रतीत होता है। उन्होंने (नॉयपाल ने) इतिहास के उन चिह्नों को तलाशा, जिसे स्वतंत्रता के योद्धाओं ने अंग्रेजी साम्राज्य के पूर्व की दुर्गतियों को विवशतापूर्वक नकारते हुए छिपा लिया था—छह सौ वर्ष के मुगल शासन ने अमेरिकन इंडियंस की तरह ही भारत की प्राचीन सभ्यता की स्मृतियों को

भारत से प्रथम मुलाकात उनका एक ऐसा अनुभव है, जो उनकी साहित्यिक विधा के लिए महत्त्वपूर्ण प्रतीत होता है। उन्होंने (नॉयपाल ने) इतिहास के उन चिह्नों को तलाशा, जिसे स्वतंत्रता के योद्धाओं ने अंग्रेजी साम्राज्य के पूर्व की दुर्गतियों को विवशतापूर्वक नकारते हुए छिपा लिया था—छह सौ वर्ष के मुगल शासन ने अमेरिकन इंडियंस की तरह ही भारत की प्राचीन सभ्यता की स्मृतियों को एक उद्देश्यपूर्ण तरीके से नष्ट किया तथा हिंदुओं को असहाय बनाकर रख दिया।

एक उद्‌देश्यपूर्ण तरीके से नष्ट किया तथा हिंदुओं को असहाय बनाकर रख दिया। उन्होंने भारतीय पृष्ठभूमि पर लिखे आर.के. नारायण के उपन्यास पढ़े तथा महसूस किया कि उनकी दुनिया उस खालीपन के चारों ओर निर्मित है, जिससे निपटने में लेखक असमर्थ है—वह विस्मृत हार, जिसने विशालकाय भग्नावशेषों के बीच लोगों को बौना बना दिया है। नायपॉल का तर्क है कि एक सुरक्षित संस्कृति ही ऐसा आधारभूत ज्ञान उपलब्ध कराती है, जिससे उपन्यास एक तार्किक आकार लेता है। उन्होंने पाया कि लेखन की अपनी सामग्री को साहित्यिक रूप देने के लिए उन्हें विस्तृत वर्णन और विचारों की प्रामाणिकता से जुड़ना होगा तथा काल्पनिकता से तटस्थ रहना होगा। वे प्रामाणिक साक्ष्यों के संग्रहकर्ता बन गए।''

यद्यपि त्रिनिदाद में मैं एक बुद्धिमान बालक था, किंतु चारों ओर अंधकार से घिरा हुआ था। स्कूली शिक्षा ने मेरे जीवन में कुछ भी स्पष्ट नहीं किया। तथ्य और सूत्र मेरे अंदर ठूँस-ठूँसकर भर दिए गए थे। सबकुछ मन लगाकर याद करना पड़ता था; मेरे लिए सबकुछ काल्पनिक था।

अपने नोबेल व्याख्यान में नायपॉल ने अपनी रचनाओं के पीछे उनके आधार तथा प्रेरणा के बारे में बताया—

''यद्यपि त्रिनिदाद में मैं एक बुद्धिमान बालक था, किंतु चारों ओर अंधकार से घिरा हुआ था। स्कूली शिक्षा ने मेरे जीवन में कुछ भी स्पष्ट नहीं किया। तथ्य और सूत्र मेरे अंदर ठूँस-ठूँसकर भर दिए गए थे। सबकुछ मन लगाकर याद करना पड़ता था; मेरे लिए सबकुछ काल्पनिक था। पुनश्च: मुझे नहीं लगता कि हमारा वह पाठ्‌यक्रम किसी योजना अथवा षड्‌यंत्र के तहत उस तरह का बनाया गया था। हमें विद्यालय से जो शिक्षा मिल रही थी, वह मानक शिक्षा थी। किसी अन्य पृष्ठभूमि में कदाचित् यह और सुस्पष्ट होती और कोई-न-कोई असफलता मेरे भीतर घर कर जाती। अपनी सीमित सामाजिक पृष्ठभूमि के कारण मेरे लिए तो यह कल्पना करना भी कठिन था कि मैं किसी अन्य समाज या अपने से बहुत दूर के किसी समाज में सम्मिलित हो पाऊँगा। मुझे पुस्तकों का विचार अच्छा लगा, किंतु उन्हें पढ़ पाना मेरे लिए कठिन था। मैंने एंडरसन तथा एसोप जैसी, हर समय, हर स्थान पर उपलब्ध चीजों को पढ़ना जारी रखा। जब मैं कॉलेज के सर्वोच्च छठे चरण पर पहुँच गया, तब मुझे अपने पाठ्‌यक्रम की कुछ साहित्यिक कृतियाँ पसंद आने लगीं, शायद इसलिए, क्योंकि उनमें परीकथा जैसी बात थी।

"जब मैं लेखक बना, तो बाल्यकाल में मेरे चारों ओर फैले अंधकार के क्षेत्र ही मेरे लेखन का विषय बन गए। वहाँ की धरती, आदिवासी, नई दुनिया, उपनिवेश, इतिहास, भारत, मुसलिम जगत्, जिससे मैं भी खुद को जुड़ा हुआ महसूस करता हूँ; अफ्रीका और फिर इंग्लैंड, जहाँ मैं अपना लेखन कार्य कर रहा था। जब मैंने यह कहा था तब मेरी बात का आशय यही था कि मेरी पुस्तकें एक के बाद एक शृंखलाबद्ध हैं और मैं अपनी पुस्तकों का योग हूँ।"

उन्होंने आगे कहा—

"जब मैंने अपनी लेखन यात्रा आरंभ की, तब मुझे आगे के मार्ग की कोई जानकारी नहीं थी। बस मैं एक पुस्तक लिखना चाहता था। मैं इंग्लैंड में रहकर लिखने का प्रयास कर रहा था, उस समय मैं अपनी विश्वविद्यालय की पढ़ाई पूरी करने के पश्चात् कुछ समय के लिए वहाँ ठहरा था। उस समय मुझे लगा कि मेरे पास अनुभव की बेहद कमी थी, वास्तव में पुस्तक लिखने योग्य मेरे पास पर्याप्त सामग्री ही नहीं थी। किसी भी पुस्तक में मुझे कोई ऐसी बात दृष्टिगोचर नहीं हुई, जो मेरी पृष्ठभूमि के नजदीक हो। कोई फ्रांसीसी अथवा अंग्रेज युवा यदि कुछ लिखने की इच्छा रखता है तो उसे स्वयं को अपने ढंग से स्थापित करने के लिए कई आदर्श मिल जाते थे। मेरा कोई नहीं था। मेरे पिता द्वारा सुनाई गई भारतीय समुदाय की कहानियाँ बीते समय की थीं। मेरी वर्तमान दुनिया उससे बिल्कुल भिन्न थी। मैं अपेक्षाकृत अधिक शहरी और मिश्रित था। हमारे विस्तृत परिवार के अव्यवस्थित जीवन की साधारण भौतिक चीजों—शयन कक्ष अथवा शयन-स्थान, भोजनकाल, लोगों की संख्या—से निपटना असंभव प्रतीत होता था। हमारे घरेलू जीवन तथा बाहरी दुनिया के बारे में कहने के लिए बहुत कुछ था। इसके अलावा अपने बारे में बताने के लिए भी बहुत कुछ था जैसे हमारे पूर्वज तथा हमारा इतिहास, जो कि मैं कुछ नहीं जानता था।

जब मैं लेखक बना, तो बाल्यकाल में मेरे चारों ओर फैले अंधकार के क्षेत्र ही मेरे लेखन का विषय बन गए। वहाँ की धरती, आदिवासी, नई दुनिया, उपनिवेश, इतिहास, भारत, मुसलिम जगत्, जिससे मैं भी खुद को जुड़ा हुआ महसूस करता हूँ; अफ्रीका और फिर इंग्लैंड, जहाँ मैं अपना लेखन कार्य कर रहा था।

"अंत में मुझे पोर्ट ऑफ स्पेन गली से प्रारंभ करने का विचार आया, जहाँ चगुआनास से आकर हम लोग बस गए थे। वहाँ जंग लगा हुआ ऐसा कोई बड़ा द्वार नहीं था, जो हमें बाहरी दुनिया से अलग रखता। उस गली का जीवन मेरे लिए एकदम खुला था। अपने बरामदे से उसे देखना मेरे लिए अत्यंत सुखदायी था। मैंने इसी गली के जीवन के बारे में लिखना आरंभ किया। मैं तेजी से लिखना चाहता था, ताकि मैं अपने से अधिक प्रश्न न कर सकूँ, अतः मैंने सरल लेखन किया। मैंने बाल कथा-वाचक की पृष्ठभूमि को दबा दिया। मैंने उस गली की नस्लीय तथा सामाजिक जटिलताओं की उपेक्षा कर दी। मैंने किसी बात की व्याख्या नहीं की। यदि कहा जाए, तो मैं सिर्फ धरातल पर रहा। मैंने लोगों को केवल उसी रूप में प्रस्तुत किया जैसे वे गली में दिखाई देते थे। मैं एक दिन में एक कहानी लिख लिया करता था। पहली कुछ कहानियाँ अत्यंत लघु थीं। मुझे चिंता थी कि मेरी सामग्री ज्यादा लंबी चल पाएगी अथवा नहीं। तभी लेखन ने अपना जादू दिखाया। विभिन्न स्रोतों से सामग्री स्वतः ही सामने आने लगी। कहानियाँ लंबी होती गईं; अब वे एक दिन में पूरी नहीं हो पाती थीं और तभी, किसी समय बड़ी सहज सी लगनेवाली तथा साथ-साथ चलनेवाली प्रेरणा समाप्त हो गई, किंतु तब तक पुस्तक लिखी जा चुकी थी और मैं अपने मन-ही-मन में लेखक बन चुका था।"

अंत में मुझे पोर्ट ऑफ स्पेन गली से प्रारंभ करने का विचार आया, जहाँ चगुआनास से आकर हम लोग बस गए थे। वहाँ जंग लगा हुआ ऐसा कोई बड़ा द्वार नहीं था, जो हमें बाहरी दुनिया से अलग रखता। उस गली का जीवन मेरे लिए एकदम खुला था। अपने बरामदे से उसे देखना मेरे लिए अत्यंत सुखदायी था।

समापन अंशों में उन्होंने अपनी साहित्यिक यात्रा का यह कहते हुए विवरण दिया, "अब मैं अपने कार्य की समाप्ति की ओर हूँ। मैं जो भी कर पाया, उसे करके प्रसन्न हूँ, प्रसन्न हूँ कि सृजनात्मक रूप से मैंने स्वयं को यथासंभव आगे बढ़ाया, अपने अंतर्ज्ञान-मूलक लेखन के प्रकार तथा चकरा देनेवाली लेखन सामग्री के कारण मेरी प्रत्येक पुस्तक वरदान साबित हुई। हर पुस्तक ने मुझे अचंभित किया; जबकि उसे लिखते समय मुझे ऐसा नहीं लगता था, लेकिन आरंभ करना ही मेरे लिए सबसे बड़ा चमत्कार था। मुझे महसूस होता है और

मेरी चिंता अब भी मेरे समक्ष सजीव है कि मैं प्रारंभ करने के पहले ही आसानी से असफल हो सकता हूँ।''

अन्य पुरस्कार

'नोबेल पुरस्कार' के अतिरिक्त नायपॉल ने कई अन्य साहित्यिक पुरस्कार भी प्राप्त किए। वर्ष 1971 में 'इन अफ्री स्टेट' के लिए उन्होंने 'बुकर पुरस्कार' जीता। 1993 में 'जीवित ब्रिटिश लेखक को जीवनपर्यंत उपलब्धि' हेतु उन्हें पहला 'डेविड कोहेन ब्रिटिश साहित्य पुरस्कार' प्राप्त हुआ। वर्ष 1989 में उन्हें ब्रिटिश सरकार द्वारा 'नाइटहुड' की उपाधि से सम्मानित किया गया। उनके प्रति विशिष्ट सम्मान का प्रदर्शन करते हुए, यू.एस.ए. की टुलसा यूनिवर्सिटी ने उनकी पांडुलिपियों सहित सभी ऐतिहासिक लेखों को सहेजने का उत्तरदायित्व लिया।

विवाद

साहित्य के क्षेत्र में, संभवत: किसी भी अन्य 'नोबेल पुरस्कार' विजेता की तुलना में, अपने उत्तेजक बयानों के कारण नायपॉल ने कहीं अधिक विवादों को जन्म दिया है। पैट्रिक फ्रेंच ने 'द वर्ल्ड इज व्हॉट इट इज' शीर्षक से उनकी अधिकृत जीवनी लिखी है, जिसने कई पुराने विवादों को हवा दी तथा कुछ नए विवाद पैदा कर दिए। बी.बी.सी. को दिए गए एक साक्षात्कार में फ्रेंच ने कहा, ''लोगों को उनके विचारों को सुनने की अपेक्षा उनकी पुस्तकों को पढ़ना चाहिए। वी.एस. नायपॉल

लोगों को इन दो कारणों से उत्तेजित करना पसंद करते थे—कुछ तो अपने कार्य के प्रति उनका दृढविश्वास और कुछ दूसरों की प्रतिक्रिया से अपना मनोरंजन करना।''

साक्षात्कारकर्ता ने उनसे प्रश्न किया, ''विश्व के सबसे अधिक विवादित लेखकों में से एक की जीवनी लिखना कितना मुश्किल रहा, जिनसे निपटना साक्षात्कारकर्ताओं के लिए भी बड़ा कठिन होता था?''

फ्रेंच ने उत्तर दिया, ''जीवनीकार हिलेरी सुपरलिंग ने मुझसे कहा था कि इस प्रकार की पुस्तक लिखने के लिए 'वज्र सा कठोर' बनने की आवश्यकता है, जो संभवत: सही है। यह कार्य कभी भी सरल नहीं था। इतना कहने पर वी.एस. नायपॉल ने मेरे कार्य और शोध को करने में सदैव सहयोग किया। उन्होंने मेरे कार्य की गंभीरता एवं विस्तार को देखा और समझा।''

नवंबर 2012 में मुंबई में नायपॉल को सम्मानित करने के लिए आयोजित एक साहित्यिक समारोह में भारत के जाने-माने नाटककार गिरीश कर्नाड ने नायपॉल की आलोचना की। उन्होंने नायपॉल पर भारतीय इतिहास की भ्रांत व्याख्या का आरोप लगाया। उनकी साहित्यिक कुशलता की प्रशंसा करते हुए उन्होंने कुछ अन्य कारणों के लिए उन पर अत्यंत कठोर प्रहार किए।

नवंबर 2012 में मुंबई में नायपॉल को सम्मानित करने के लिए आयोजित एक साहित्यिक समारोह में भारत के जाने-माने नाटककार गिरीश कर्नाड ने नायपॉल की आलोचना की। उन्होंने नायपॉल पर भारतीय इतिहास की भ्रांत व्याख्या का आरोप लगाया। उनकी साहित्यिक कुशलता की प्रशंसा करते हुए उन्होंने कुछ अन्य कारणों के लिए उन पर अत्यंत कठोर प्रहार किए। श्री कर्नाड ने कहा, ''उनके उपन्यासों को छोड़कर, जिनमें से केवल दो भारत में लिखे गए और दोनों ही बेहद अतार्किक हैं, नायपॉल ने भारत पर तीन बेहतरीन पुस्तकें लिखीं। वे निश्चित रूप से हमारी पीढ़ी के अंग्रेजी भाषा के महान् लेखकों में से एक हैं। इन पुस्तकों की एक बात, जो पाठक को एकदम खटकती है, वह यह कि इनमें उन्होंने भारतीय संगीत के विषय में एक भी शब्द नहीं लिखा और मेरा अपना मानना है कि यदि आप भारतीय संगीत पर कोई प्रतिक्रिया नहीं कर सकते तो इसका अर्थ है कि आप भारत को जान ही नहीं सकते। संगीत भारतीय पहचान की व्याख्या करनेवाली कला है। जब नायपॉल समग्र आधुनिक भारत की संस्कृति की खोज में लगे हुए थे, तब इस विषय पर उनका मौन यह प्रमाणित करता है कि

वे तान-बधिर है, जिसकी वजह से वे हिंदू-मुसलिम सृजनता के अत्यंत महीन ताने-बाने के प्रति असंवेदनशील हो गए, जो भक्ति और सूफी आंदोलनों से बुना गया था, जिसने हमें एक असाधारण विरासत दी और जो आज भी प्रत्येक भारतीय परिवार के हृदय में जीवित है।''

इस कमी के बावजूद नायपॉल ने विलियम जोंस जैसे अठारहवीं एवं उन्नीसवीं शताब्दी के ब्रिटिश संगीतज्ञों से बड़ी मात्रा में भारतीय संस्कृति के अपने सिद्धांतों को लिया। ये विद्वान् मिस्र, ग्रीक तथा रोमन जैसी अन्य प्राचीन सभ्यताओं से परिचित थे। यह जानने के बाद भारतीय संस्कृति में उनकी उत्सुकता बढ़ी कि बाकी सभ्यताएँ और इनकी संगीत परंपरा पूर्णरूपेण समाप्त हो गई, किंतु भारतीय संगीत की परंपरा जीवित रही और विकसित होती रही। उन्होंने निष्कर्ष निकाला कि किसी समय शुद्ध एवं मौलिक रहा यह संगीत अपने लंबे इतिहास के दौरान किसी समय भ्रष्ट एवं आक्रमित हुआ और इस कार्य के लिए उन्होंने मुसलिम आक्रांताओं को जिम्मेदार ठहराया। अत: उनके अनुसार भारतीय संगीत की परंपरा, जो एक समय मौलिक हुआ करती थी, को मुसलिमों ने दूषित कर दिया।

भारतीय संस्कृति के अपने विश्लेषण में नायपॉल तर्क के रूप में मात्र इस पंक्ति का बार-बार प्रयोग करते हैं, जैसा कि उनका दृष्टिकोण है और ऐसा पहली बार नहीं है।

वी.एस. नायपॉल तथा एक अन्य प्रसिद्ध अमेरिकी लेखक पॉल थेरॉ के बीच की साहित्यिक रंजिश तब सार्वजनिक हुई, जब थेरॉ ने 1998 में 'सर विदियाज शैडो : अ फ्रेंडशिप एक्रॉस फाइव कॉन्टिनेंट्स' नामक पुस्तक का प्रकाशन किया। इसमें उन्होंने अपने पूर्व परामर्शदाता नायपॉल के साथ अपनी मित्रता के उपजने एवं टूटने का सजीव चित्रण किया है।

वी.एस. नायपॉल तथा एक अन्य प्रसिद्ध अमेरिकी लेखक पॉल थेरॉ के बीच की साहित्यिक रंजिश तब सार्वजनिक हुई, जब थेरॉ ने 1998 में 'सर विदियाज शैडो : अ फ्रेंडशिप एक्रॉस फाइव कॉन्टिनेंट्स' नामक पुस्तक का प्रकाशन किया। इसमें उन्होंने अपने पूर्व परामर्शदाता नायपॉल के साथ अपनी मित्रता के उपजने एवं टूटने का सजीव चित्रण किया है। थेरॉ ने नायपॉल को निराशावादी तथा नारी-द्वेषी के रूप में चित्रित किया है, जबकि नायपॉल ने उन्हें 'उबाऊ' बताते हुए कहा कि उन्हें उनकी योग्यता से अधिक हासिल हुआ है। लगभग पंद्रह सालों तक चली इस लड़ाई को समाप्त करने के लिए वर्ष 2011 में दोनों महारथियों ने एक-दूसरे की

ओर मित्रता का हाथ बढ़ाया, किंतु इन पँद्रह वर्षों के दौरान थेरॉ नायपॉल के लेखन के प्रति काफी आलोचनात्मक रहे तथा किसी समय थेरॉ के आश्रित माने जानेवाले नायपॉल ने स्वयं को उनसे अलग कर लिया था।

नायपॉल के कुछ प्रचलित कथन

- ❖ लोग अत्यंत सादा जीवन व्यतीत कर सकते हैं, हैं न? निर्जन, एकांत स्थान में रहते हुए, बिना किसी विचारशीलता के। मेरे विचार से यह दुनिया वैसी ही है जैसी आप इसे देखते हैं, जब आप शिक्षित हो जाते हैं, जब आप प्रश्न करने लगते हैं; क्योंकि आप इस विशाल दुनिया में भी रह सकते हैं और हाशिए पर भी।
- ❖ जीवन का न तो आरंभ व्यवस्थित है, न अंत स्पष्ट; जीवन सदैव गतिमान है। अतः मध्य से ही प्रारंभ करें और मध्य में ही समाप्त करें, वहीं सबकुछ है।
- ❖ एक घंटे की अवधि तक हर व्यक्ति रोचक होता है, लेकिन दो घंटे से अधिक की अवधि के लिए कुछ ही व्यक्ति।
- ❖ दुनिया के लिए आदर्शवादी विचार लेकर चलना गलत है। शरारतें यहीं से आरंभ होती हैं। यहीं हर बात की गुत्थी सुलझनी शुरू होती है।
- ❖ सही अर्थों में हम उन्हीं झूठों के लिए दंडित होते है, जो हम स्वयं से बोलते हैं।
- ❖ इस तरह के लोग, जिनके पास अपनी भावनाओं तथा मनोभावों को व्यक्त करने के लिए पर्याप्त शब्द नहीं हैं, कैसे जीते होंगे। उनके लिए शायद कठिनाइयों को मौन होकर सहना ही सबसे सरल है। उनकी पीड़ा तथा अपमान उनके ही चरित्र में जीवंत होता है—जिस प्रकार बुरी आत्मा के अधीन होने पर भी शरीर अपने द्वारा की गई चेष्टाओं से अनभिज्ञ रहता है।
- ❖ मैं चाहता हूँ कि मेरा गद्य पारदर्शी हो, मैं नहीं चाहता कि पाठक मुझे समझने में गलती कर बैठें। मैं चाहता हूँ कि वे मेरे कथन एवं विवरण को पूरी तरह समझें। मैं नहीं चाहता कि पढ़ने के बाद वे खिन्नता से कहें—वाह क्या लिखा है। यह मेरी असफलता होगी।
- ❖ मनुष्य को इतिहास की आवश्यकता होती है; इससे उसे अपने अस्तित्व की जानकारी प्राप्त करने में सहायता मिलती है, लेकिन इतिहास पवित्र

भाव की तरह हृदय में रह सकता है; इतना ही पर्याप्त है कि कुछ तो है।

- कोई भी अपने लिए नहीं जनमता। हर व्यक्ति ढेर सारी अपेक्षाओं तथा अन्य लोगों के आदर्शों के साथ पैदा होता है और आपको इन सबके बीच रहकर ही कार्य करना होता है।
- मित्रो, क्या तुम्हें कभी ऐसा लगा है कि यह दुनिया लेशमात्र भी सत्य नहीं है कि दुनिया में मात्र आपका मस्तिष्क ही क्रियाशील है और सब बातें सोच रहा है। मेरी तरह दुनिया का एकमात्र मस्तिष्क, जो आप लोगों की उपस्थिति, युद्ध, घरों, बंदरगाहों में खड़े जहाजों सबके बारे में सोच रहा है। क्या ऐसे विचार आपके मस्तिष्क में भी आते हैं?
- आप अपने ज्ञान से विमुख नहीं हो सकते, आप अपनी यात्राओं से विमुख नहीं हो सकते, आप अपनी प्रकृति से विमुख नहीं हो सकते।
- अंततः, हम अपनी संभावनाओं के विचारों के अनुरूप ही स्वयं का निर्माण करते हैं।
- दुनिया तो ऐसी ही है; नाकारा लोगों तथा नाकारा बने रहनेवाले लोगों का यहाँ कोई स्थान नहीं है।
- आज यदि आप मुझसे पूछें कि मैं लेखक कैसे बना, तो मैं इसका कोई एक उत्तर नहीं दे सकता। आज यदि आप मुझसे पूछें कि मैंने पुस्तक कैसे लिखी, इसका भी मैं कोई जवाब नहीं दे सकता। यदि लंबे समय तक मुझे यह आभास न होता कि मैं एक पुस्तक लिख चुका हूँ तो कदाचित् मैं लेखन कार्य छोड़ चुका होता।
- एक लेखक अपने बचपन की सामग्री को यथास्थिति में देखने का अत्यंत कठिन प्रयास करता है। उस बाल्यकाल की प्रकृति को समझ पाना अत्यंत दुष्कर है, उसकी एक शुरुआत होती है, एक दूरस्थ पृष्ठभूमि होती है, अंधकार, और फिर एक अंत, तब तक लेखक वयस्क हो चुका होता है। बचपन की इस प्रारंभिक सामग्री के इतने महत्त्वपूर्ण होने का कारण यह है कि इसे पूर्ण करने के लिए लेखक इसे समझना चाहता है।
- अंततः साहित्य में यही सत्य है कि जो सदैव विद्यमान रहा, वही वास्तव में अच्छा है तथा यद्यपि पुराने खेलों से नए का सृजन होता है, वास्तव में आकार-प्रकार अथवा सामग्री में जो नया है, वही सदैव अच्छा होता है। यह 'अच्छा' अपने आदर्शों को भूल जाता है तथा अनपेक्षित होता है; हमें यही समझना है।

- कथा से परे साहित्य तथ्यों को विकृत कर सकता है, तथ्यों को पुनः सँजोया जा सकता है, लेकिन कथा साहित्य कभी झूठ नहीं बोलता।
- जीवन कष्टों से भरा हुआ है। आप आती हुई मुसीबतों को देख सकते हैं, परंतु उन्हें आने से रोकने के लिए कुछ कर नहीं सकते। आप केवल बैठकर प्रतीक्षा ही कर सकते हैं।
- आश्चर्य का तत्त्व वही है, जिसे मैं लिखते समय देखता हूँ। अपने कार्य को परखने का यह मेरा अपना तरीका है और ऐसा करना बिल्कुल भी सरल नहीं है।
- जीवन के सभी विवरण, आकस्मिक घटनाएँ तथा तमाम मित्रताएँ हमारे समक्ष उजागर हो सकती हैं, किंतु लेखन में रहस्य यथास्थित रहेगा। लेखन में चाहे जितने प्रयास कर लिये जाएँ, रहस्य से परदा नहीं उठ सकता।
- मेरे विचार से घर एक बचकाना विचार है। रात में घर और घर में लालटेन। सुरक्षित महसूस करने का एक स्थान।

नायपॉल की चयनित कृतियाँ

- द मिस्टिक मैशर—लंदन : ड्यूश, 1957
- मिगुएल स्ट्रीट—लंदन : ड्यूश, 1959
- अ हाउस फॉर मि. बिस्वास—लंदन : ड्यूश, 1961
- द मिडिल पैसेज : इम्प्रेशन ऑफ फाइव सोसाइटीज—ब्रिटिश, फ्रेंच एंड डच इन द वेस्टइंडीज एंड साउथ अमेरिका—लंदन : ड्यूश, 1962
- मिस्टर स्टोन एंड द नाइट्स कंपैनियन—लंदन : ड्यूश, 1963
- अ फ्लेग ऑन द आइलैंड—लंदन : ड्यूश, 1967
- द मिमिक मैन—लंदन : ड्यूश, 1967
- द लॉस ऑफ एल डोराडो : अ हिस्टरी—लंदन : ड्यूश, 1969
- इन अफ्री स्टेट—लंदन : ड्यूश, 1971
- द ओवर क्राउडेड बैरकून एंड अदर आर्टिकल्स—लंदन : ड्यूश, 1972
- गुरिल्लाज—लंदन : ड्यूश, 1975
- इंडिया : अ वूंडेड सिविलाइजेशन—लंदन : ड्यूश, 1977
- अ बेंड इन द रिवर—लंदन : ड्यूश, 1979
- अ कॉन्गो डायरी—लॉस एंजिल्स, सी ए : सिल्वेस्टर ऐंड आरफैनॉज, 1980

- अमंग द बिलीवर्स : एन इसलामिक जर्नी—लंदन : ड्यूश, 1981
- द एनिग्मा ऑफ अराइवल—लंदन : वाइकिंग, 1987
- इंडिया : अ मिलियन म्यूटिनीज नाओ—लंदन : हीनमैन, 1990
- अ वे इन द वर्ल्ड : लंदन : हीनमैन, 1994
- बियॉड बिलीफ : इसलामिक एक्सकर्शंस अमंग द कन्वर्टेड पीपुल्स—लंदन : लिटिल, ब्राउन, 1998
- रीडिंग एंड राइटिंग : अ पर्सनल एकाउंट न्यूयॉर्क : न्यूयॉर्क रिव्यू ऑफ बुक्स, 2000
- हाफ अ लाइफ लंदन : पिक्राडोर, 2002; न्यूयॉर्क : नॉम्फ, 2002
- लिटरेरी ऑकेजंस : एस्सेज, पंकज मिश्रा द्वारा प्रस्तुत एवं संपादित—लंदन : पिकाडोर, 2003, न्यूयॉर्क : नॉम्फ, 2003
- मैजिक सीड्स (उपन्यास)—लंदन : पिकाडोर, 2003 न्यूयॉर्क: अल्फ्रेड ए. नॉम्फ, 2004
- विंटेज नायपॉल न्यूयॉर्क : विंटेज बुक्स, 2004
- अ राइटर्स पीपुल : वेज ऑफ लुकिंग एंड फीलिंग लंदन : पिकाडोर, 2007
- द मास्क ऑफ अफ्रीका : ग्लिम्प्सेज ऑफ अफ्रीकन बिलीफ—न्यूयॉर्क : अल्फ्रेड ए. नॉम्फ, 2010

आलोचनात्मक अध्ययन

- थेरॉ, पॉल, बी.एस. नायपॉल : एन इंट्रोडक्शन टु हिज वर्क—लंदन : ड्यूश, 1972
- हैम्नर, रॉबर्ट, वी.एस. नायपॉल—न्यूयॉर्क : टवाइन, 1973
- क्रिटिकल पर्सपेक्टिव ऑन वी.एस. नायपॉल, रॉबर्ट डी. हैम्नर—लंदन : हीनमैन, 1979
- नाइटिंगेल, पैगी, जर्नी थ्रू डार्कनेस : द राइटिंग ऑफ वी.एस. नायपॉल—सेंट ल्यूसिया : यूनिवर्सिटी ऑफ क्वींसलैंड प्रेस, 1987
- ह्यूज, पीटर, वी.एस. नायपॉल—लंदन : रूटलेड्ज, 1988
- जार्विस, केल्विन, वी.एस. नायपॉल : अ सेलेक्टिव बिबलियोग्राफी विद एनोटेशंस, 1957-1987—मैट्युचेन, एन.जे.; स्केयरक्रो, 1989
- कैली, रिचर्ड, वी.एस. नायपॉल—न्यूयॉर्क : कॉन्टियूम, 1989

- वीस, टिमोथी एफ. ऑन द मार्जिंस : द आर्ट ऑफ एक्जाइल इन वी.एस. नायपॉल—एम्हर्स्ट : यूनिवर्सिटी ऑफ मैसाचुसेट्स प्रेस, 1992
- दिसा नायके, विमल, सेल्फ एंड कॉलोनियल डिजायर : ट्रैवल राइटिंग्स ऑफ वी.एस. नायपॉल—न्यूयॉर्क : पी. लैंड, 1993
- किंग ब्रूस, वी.एस. नायपॉल—बेसिंग्स्टोक : मैक मिलन, 1993
- लेवी, ज्यूडिथ, वी.एस. नायपॉल : डिस्प्लेसमेंट एंड ऑटोबायोग्राफी—न्यूयॉर्क : गारलैंड, 1995
- कन्वर्सेशन विद वी.एस. नायपॉल, फिरोजा जस्सावाला—जैक्सन : यूनिवर्सिटी प्रेस ऑफ मिसीसिपी, 1997
- खान, अख्तर जमाल, वी.एस. नायपॉल : अ क्रिटिकल स्टडी—न्यू डेल्ही : क्रिएटिव बुक्स, 1998
- थेरॉ, पॉल, सर विद्याज शैडो : अ फ्रैंडशिप एक्रॉस फाइव कॉन्टिनेंट्स—बोस्टन : हफटन मिफलिन, 1998
- नायपॉल, वी.एस., Pour en finir avec ros mensonges: Sir vidia en conversations. Tradnit de hanglais par Isaballe di Nalale et Beatrice Dunner.—मोनाको : रोशर, 2001
- हेवर्ड, हेलेन, द एनिग्मा ऑफ वी.एस. नायपॉल : सोर्सेज एंड कॉटेक्स्ट्स—न्यूयॉर्क : पाल्ग्रेव मैक मिलन, 2002
- किंग, ब्रूस, वी.एस. नायपॉल 2. एड. बेसिंग्स्टोक; पाल्ग्रेव मैक मिलन, 2003
- बार्नूव, डैग्मर, नायपॉल स्ट्रेंजर्स ब्लूमिंगटन : इंडियाना यूनिवर्सिटी प्रेस, 2003
- डूले, गिलियन, वी.एस. नायपॉल, मैन एंड राइटर—कोलंबिया : यूनिवर्सिटी ऑफ साउथ कैरोलिना प्रेस, 2006
- फ्रेंच, पैट्रिक, द वर्ल्ड इज व्हॉट इट इज : द ऑथराइज्ड बायोग्राफी ऑफ वी.एस. नायपॉल—लंदन पिकाडोर, 2008

□

8

डॉ. वेंकटरमन रामकृष्णन

वेंकटरमन रामकृष्णन को वर्ष 2009 का 'नोबेल पुरस्कार' थॉमस ए. स्टीट्न तथा एडा ई. योनाथ के साथ संयुक्त रूप से रसायनशास्त्र में उनके शोध 'राइबोसोम का निर्माण तथा कार्य' के लिए प्रदान किया गया था। जिस समय उन्हें पुरस्कार दिया गया, वे कैंब्रिज, यूनाइटेड किंगडम में मॉलिक्यूलर बायोलॉजी की एम.आर.सी. प्रयोगशाला में कार्यरत थे।

बाल्यकाल

वेंकटरमन का जन्म वर्ष 1952 में तमिलनाडु के चिदंबरम नाम के एक प्राचीन मंदिरवाले कस्बे में हुआ था। अपने मित्रों के मध्य वे 'वेंकी' के नाम से प्रसिद्ध थे। इनके जन्म के समय इनके पिता सी.वी. रामकृष्णन पोस्ट-डॉक्टोरल अध्येतावृत्ति के लिए विसकॉन्सिन गए हुए थे। उस दौरान उनकी माँ आर. राजलक्ष्मी चिदंबरम में अन्नामलाई विश्वविद्यालय में अध्यापन कार्य कर रही थीं। जब वेंकटरमन डेढ़ वर्ष के थे, तब उनके पिता पुनः राष्ट्रीय शोध परिषद् अध्येतावृत्ति के लिए ओटावा चले गए। इस बार उनकी माँ भी उनके साथ गईं। वे एक वर्ष पश्चात् वापस लौटे। तब तक उनकी देखभाल उनकी दादी एवं बुआ ने की। तब से वे अपनी बुआ गोमती के काफी निकट रहे।

जब वे तीन वर्ष के हुए, उनके माता-पिता बड़ौदा (गुजरात) चले गए, क्योंकि उनके पिता की महाराजा सायाजीराव विश्वविद्यालय में जैवविज्ञान में विभागाध्यक्ष के रूप में नियुक्ति हो गई थी। रोचक तथ्य यह है कि पिता द्वारा शैक्षणिक उत्कृष्टता के लिए प्रोत्साहित किए जाने पर उनकी माँ मनोविज्ञान विषय में अपनी पी-एच.

डी. पूर्ण करने के लिए विदेश चली गईं। लौटने पर उन्होंने अपने विश्लेषणात्मक कौशल का उपयोग अपने पति की सहायता करने में किया और यहाँ से उन दोनों के बीच आपसी सहयोग का सिलसिला प्रारंभ हुआ। इस बीच सी.वी. रामकृष्णन ने सफलतापूर्वक अपने विभाग की विश्वसनीयता को न केवल भारत में, अपितु विदेशों में भी स्थापित कर लिया।

वेंकटरमन के बाल्यकाल एवं किशोरावस्था पर उनके चारों ओर के वातावरण का अत्यधिक प्रभाव था, क्योंकि उस दौरान कई भारतीय एवं अंतरराष्ट्रीय वैज्ञानिक उनके घर आया करते और ठहरा करते थे। छोटी उम्र से ही उनमें विज्ञान के प्रति लगाव विकसित होने लगा था।

बड़ौदा पहुँचने पर वेंकटरमन ने जीसस एंड मैरी कॉन्वेंट स्कूल में दाखिला लिया। वर्ष 1959 में इनकी छोटी बहन ललिता का जन्म हुआ। वर्ष 1960-61 के दौरान इनका परिवार ऑस्ट्रेलिया के एडीलेड शहर चला गया और वहीं से उन्होंने अपनी कक्षा चार एवं पाँच की पढ़ाई पूरी की। ऑस्ट्रेलिया के इस प्रवास का उन्होंने भरपूर आनंद उठाया तथा बड़ौदा लौटने पर पुनः उसी विद्यालय में प्रवेश लिया। अपनी विद्यालयीन शिक्षा उन्होंने वहीं से पूर्ण की।

बड़ौदा पहुँचने पर वेंकटरमन ने जीसस एंड मैरी कॉन्वेंट स्कूल में दाखिला लिया। वर्ष 1959 में इनकी छोटी बहन ललिता का जन्म हुआ। वर्ष 1960-61 के दौरान इनका परिवार ऑस्ट्रेलिया के एडीलेड शहर चला गया और वहीं से उन्होंने अपनी कक्षा चार एवं पाँच की पढ़ाई पूरी की। ऑस्ट्रेलिया के इस प्रवास का उन्होंने भरपूर आनंद उठाया तथा बड़ौदा लौटने पर पुनः उसी विद्यालय में प्रवेश लिया। अपनी विद्यालयीन शिक्षा उन्होंने वहीं से पूर्ण की।

विद्यालयीन शिक्षा के अंतिम वर्षों के दौरान वेंकटरमन को विज्ञान एवं गणित पढ़ानेवाले एक अत्यंत समर्पित शिक्षक टी.सी. पटेल ने अध्ययन, विशेष रूप से इन दोनों विषयों में, के प्रति उनकी रुचि जाग्रत् की। कक्षा सात से कक्षा नौ तक शैक्षणिक गतिविधियों में उनका प्रदर्शन कुछ अच्छा नहीं था, क्योंकि इस ओर उनकी रुचि समाप्त सी हो चुकी थी। उन्हें अपना अधिकांश समय खेल के मैदान पर या उपन्यास पढ़ने में बिताना अच्छा लगता। परिणाम यह हुआ कि कक्षा में उनकी स्थिति सर्वोच्च से प्रायः निम्नतम स्थान पर

आ गई, किंतु पटेल के कुशल शिक्षण ने उन्हें पुनः अध्ययन की ओर प्रेरित किया, जिससे उन्हें कक्षा में दूसरा स्थान मिला। इसके बावजूद हिंदी में उनका प्रदर्शन काफी खराब रहा और बाद के भी कई वर्षों तक वे इससे बचते रहे।

यात्रा का आरंभ

विज्ञान के प्रति उनका प्रेम वास्तव में तब प्रारंभ हुआ, जब स्कूली शिक्षा के पश्चात् उन्होंने एम.एस. विश्वविद्यालय बड़ौदा में विज्ञान के पूर्व-पाठ्यक्रम के लिए अपना नामांकन कराया। यह एक वर्ष का प्राथमिक पाठ्यक्रम उन छात्रों के लिए था, जो इंजीनियरिंग, मेडिसिन अथवा आधारभूत विज्ञान के पाठ्यक्रम को अपनाना चाहते थे।

विज्ञान के पूर्व-पाठ्यक्रम के दौरान वनस्पति विज्ञान तथा जंतु विज्ञान की ओर उनकी कोई विशेष रुचि जाग्रत् नहीं हुई। बहरहाल, उन्होंने भौतिक विज्ञान एवं गणित के पाठ्यक्रम का आनंद उठाया। अब तक वे इस बात से दृढ आश्वस्त हो चुके थे कि उन्हें अपना भविष्य विज्ञान के क्षेत्र में बनाना है, मानविकी में नहीं, तथापि उन्होंने जैवविज्ञान के क्षेत्र में न जाकर किसी अन्य विकल्प को चुनना पसंद किया।

> ***विज्ञान के पूर्व-पाठ्यक्रम के दौरान वनस्पति विज्ञान तथा जंतु विज्ञान की ओर उनकी कोई विशेष रुचि जाग्रत् नहीं हुई। बहरहाल, उन्होंने भौतिक विज्ञान एवं गणित के पाठ्यक्रम का आनंद उठाया। अब तक वे इस बात से दृढ आश्वस्त हो चुके थे कि उन्हें अपना भविष्य विज्ञान के क्षेत्र में बनाना है, मानविकी में नहीं, तथापि उन्होंने जैवविज्ञान के क्षेत्र में न जाकर किसी अन्य विकल्प को चुनना पसंद किया।***

इस समय तक वेंकटरमन की माँ को राष्ट्रीय विज्ञान प्रतिभा खोज छात्रवृत्ति (NSTSS) के बारे में पता चला, जो उच्च स्तर पर आधारभूत विज्ञान के अध्ययन हेतु छात्रों को प्रोत्साहित करने के लिए भारत सरकार द्वारा दी जाती है। उन्होंने वेंकी को इस परीक्षा के लिए प्रोत्साहित किया। इस परीक्षा के लिए वेंकी ने अपनी माँ के एक सहयोगी के साथ जैव-रसायन विभाग में एक शोध परियोजना पर कार्य किया। यह शोध-परियोजना फलीदार पौधों में नाइट्रोजन के स्थिरीकरण को परिमाणित करने से संबंधित थी। इसके साथ-साथ उन्होंने 'भारतीय प्रौद्योगिकी संस्थान' (IIT) तथा वेल्लोर के 'क्रिश्चियन मेडिकल कॉलेज' की प्रवेश परीक्षा दी, किंतु किसी में भी प्रवेश प्राप्त नहीं कर सके।

बड़ौदा विश्वविद्यालय में वेंकटरमन को मेडिसिन में अध्ययन का प्रस्ताव मिला। इसी बीच उन्होंने राष्ट्रीय विज्ञान प्रतिभा खोज छात्रवृत्ति परीक्षा उत्तीर्ण कर ली तथा वहाँ से बुलावा आ गया। चूँकि इन्हें आधारभूत विज्ञान के अध्ययन में अपेक्षाकृत अधिक रुचि थी, अत: पहले-पहल उन्होंने मद्रास (वर्तमान में चेन्नई) जाने का विचार बनाया, किंतु तभी उन्हें पता चला कि बड़ौदा विश्वविद्यालय का भौतिकी विभाग अधो-स्नातक विज्ञान पाठ्यक्रम के लिए एक बिल्कुल नया पाठ्यक्रम लाने की योजना बना रहा है। इस बात से उन्होंने वहीं रहकर बड़ौदा के भौतिकी विभाग में बी.एससी. के पाठ्यक्रम के लिए प्रवेश लेने का निर्णय लिया और इस समय उनकी आयु मात्र सोलह वर्ष थी।

बड़ौदा विश्वविद्यालय में वेंकटरमन को मेडिसिन में अध्ययन का प्रस्ताव मिला। इसी बीच उन्होंने राष्ट्रीय विज्ञान प्रतिभा खोज छात्रवृत्ति परीक्षा उत्तीर्ण कर ली तथा वहाँ से बुलावा आ गया। चूँकि इन्हें आधारभूत विज्ञान के अध्ययन में अपेक्षाकृत अधिक रुचि थी, अत: पहले-पहल उन्होंने मद्रास (वर्तमान में चेन्नई) जाने का विचार बनाया"

भौतिकी में अध्ययन करने के दौरान उनकी भेंट भौतिकशास्त्र के कुशाग्र अध्यापकों, एस.के. शाह एवं एच.एस. देसाई, से हुई। वे एस.डी. मानेरीकर जैसे प्रोफेसरों के विद्वत्तापूर्ण व्याख्यानों तथा समर्पित अध्यापन से भी प्रभावित हुए। गणित पढ़ाने के लिए एस.डी. मानेरीकर ने ठेठ भारतीय पाठ्य-पुस्तकों को परे रखकर आधुनिक तरीका अपनाया तथा इसके लिए उन्होंने हार्डी की 'अ कोर्स ऑफ प्योर मैथमेटिक्स' तथा कूरैंट की कैलक्युलस की पाठ्य-पुस्तकों का प्रयोग किया। वेंकटरमन जैसे विद्यार्थियों के लिए यह अत्यंत सार्थक कदम था। सबसे अधिक महत्त्वपूर्ण बात यह हुई कि वेंकटरमन की मुलाकात वहाँ सुधीर त्रिवेदी से हुई, जो आजीवन उनके पारिवारिक मित्र रहे।

जब कोई व्याख्यान उबाऊ होता तो वेंकटरमन और सुधीर उसे बीच में ही छोड़ देते थे तथा पास के ही एक रेस्तराँ में जाकर चाय-नाश्ता किया करते थे। कालांतर में यू.एस. जाकर त्रिवेदी ने प्रायोगिक भौतिकी में अपना सफल कॅरियर बनाया।

स्नातक अध्ययन की समाप्ति के चरण में जिस समय वेंकटरमन अपने स्नातकोत्तर पाठ्यक्रम के आगामी संस्थान के बारे में सोच रहे थे, उस समय उनके माता-पिता अर्बाना की इलिनॉइस यूनिवर्सिटी में लघु अध्ययन अवकाश पर थे। अपने माता-पिता के साथ अमेरिका में ग्रीष्मकाल व्यतीत करने की संभावनाओं से

अधीर होकर वेंकटरमन ने इलिनॉइस विश्वविद्यालय में आवेदन डाल दिया। पहले तो स्नातक-पाठ्यक्रम के लिए उनके आवेदन को स्वीकार कर लिया गया, किंतु जैसे ही विश्वविद्यालय के अधिकारियों को यह ज्ञात हुआ कि उनकी आयु मात्र उन्नीस वर्ष है, उन्होंने अपना निर्णय बदलकर उन्हें अधो-स्नातक के पाठ्यक्रम के लिए प्रस्ताव भेज दिया। वेंकटरमन ने उनका प्रस्ताव स्वीकार नहीं किया तथा इसके बदले ओहियो विश्वविद्यालय के भौतिकी विभाग में एक अन्य स्नातक पाठ्यक्रम के लिए आवेदन किया। उन्हें अध्येतावृत्ति सहित इसकी स्वीकृति मिल गई।

अपने 19वें जन्मदिन के एक माह पश्चात् वे अमेरका पहुँचे तथा वहाँ अपने माता-पिता के साथ ग्रीष्मकाल व्यतीत किया। अपने अवकाश के दौरान भी गणित एवं भौतिकी में अपनी गंभीर दुर्बलताओं पर वे कठिन परिश्रम किया करते थे।

जब वेंकटरमन ने ओहियो के स्नातक विद्यालय में प्रवेश किया तो वे यह देखकर हैरान थे कि उनकी कक्षा में आधे से अधिक संख्या विदेशी छात्रों की थी। उनमें से कई भारतीय भी थे। भौतिकी में स्नातक-पाठ्यक्रम का दो वर्षीय अध्ययन पूर्ण करने के पश्चात् उन्होंने मुख्य परीक्षा उत्तीर्ण कर ली और फिर ठोस अवस्था के सिद्धांत पर कार्य करने का विकल्प चुना।

अमेरिका में छात्र जीवन

जब वेंकटरमन ने ओहियो के स्नातक विद्यालय में प्रवेश किया तो वे यह देखकर हैरान थे कि उनकी कक्षा में आधे से अधिक संख्या विदेशी छात्रों की थी। उनमें से कई भारतीय भी थे। भौतिकी में स्नातक-पाठ्यक्रम का दो वर्षीय अध्ययन पूर्ण करने के पश्चात् उन्होंने मुख्य परीक्षा उत्तीर्ण कर ली और फिर ठोस अवस्था के सिद्धांत पर कार्य करने का विकल्प चुना। इसमें उनके परामर्शदाता तोमायासु तनाका थे, किंतु शीघ्र ही इसमें उनकी रुचि समाप्त हो गई। शीघ्र ही वे यह भी जान गए कि जिस विषय का उन्होंने चुनाव किया था, उसमें जीव विज्ञान की अच्छी जानकारी होना आवश्यक है, जो फिलहाल उनके पास नहीं थी। वेंकटरमन को अपने चुने हुए विकल्प पर संदेह होने लगा तथा अपने शैक्षणिक जीवन में पहली बार वे स्वयं से प्रश्न करने लगे कि उन्होंने सही क्षेत्र चुना है अथवा नहीं?

मजे की बात यह है कि भारत में वे जीवविज्ञान पढ़ने से बचते रहे; किंतु जब यहाँ उन्होंने प्रतिष्ठित पत्रिका 'साइंटिफिक अमेरिकन' में लेख पढ़ने प्रारंभ किए

तो जीव विज्ञान के प्रति उनकी नवीन रुचि जाग्रत् हुई।

धीरे-धीरे शोध प्रबंध के कार्य से उन्होंने स्वयं को पीछे हटा लिया तथा कुछ समय के लिए अपने उद्देश्य से भटक गए। वे अपना अधिक समय पाठ्य सहगामी क्रियाओं में व्यतीत करने लगे। शंकाओं से घिरे हुए उस दौर में, जब भौतिकी उन्हें उबाऊ लगने लगी तथा जीव विज्ञान पसंद आने लगा, उन्होंने लंबी पैदल यात्राएँ कीं, ट्रेनों से विभिन्न स्थानों का भ्रमण किया तथा अपने एक मित्र से पश्चिमी शास्त्रीय संगीत सीखा। इस दौरान उनके परामर्शदाता उनकी सहायता करते रहे। कुछ महीनों बाद वे वेंकटरमन से उनके शोध-प्रबंध की उन्नति के बारे में पूछा करते और वेंकट को हर बार शर्मसार होना पड़ता।

इसी समय कुछ आपसी मित्रों के द्वारा वेंकट का वेरा रोजेनबेरी से मिलना हुआ। वह चित्रकला में उपाधि प्राप्त करना चाहती थीं। रोचक तथ्य यह है कि जिस कारण से उन दोनों का परिचय करवाया गया था, वह था दोनों का शाकाहारी होना, जो सत्तर के दशक के प्रारंभिक काल में विश्व के उस हिस्से में होना आम बात नहीं थी। लगभग ग्यारह माह तक उनका प्रेम प्रसंग चला, तत्पश्चात् उन दोनों ने विवाह कर लिया। तब से उन्होंने वेंकट को न केवल अद्भुत साहचर्य दिया, वरन् घर में भी एक स्थायी वातावरण पैदा किया, जिससे वेंकट को अपने बौद्धिक कार्यों

को करने में बड़ी सहायता मिली। कुछ वर्षों बाद वे न केवल पूर्ण कलाकार बन गईं, अपितु बाल पुस्तकों की लेखिका एवं चित्रकार भी बन गईं। अब तक उन्होंने तीस से अधिक पुस्तकों का प्रकाशन किया है।

वेंकटरमन ने जब 23 वर्ष की आयु में रोजेनबेरी से विवाह किया, तब उन्हें अहसास हुआ कि उन पर रोजेनबेरी के साथ-साथ एक पाँच वर्षीय सौतेली बेटी तान्या कापका का भी उत्तरदायित्व है। इस अहसास ने उनको और एकाग्रचित्त किया तथा 1976 में उन्होंने भौतिकी में पी-एच.डी. की उपाधि प्राप्त की। उसके एक माह पश्चात् ही उनके पुत्र रमन का जन्म हुआ। इस समय तक उन्होंने विषय बदलकर जीव विज्ञान पढ़ना निश्चित कर लिया था।

वेंकटरमन ने जब 23 वर्ष की आयु में रोजेनबेरी से विवाह किया, तब उन्हें अहसास हुआ कि उन पर रोजेनबेरी के साथ-साथ एक पाँच वर्षीय सौतेली बेटी तान्या कापका का भी उत्तरदायित्व है। इस अहसास ने उनको और एकाग्रचित्त किया तथा 1976 में उन्होंने भौतिकी में पी-एच.डी. की उपाधि प्राप्त की।

जीव विज्ञान के नवीन क्षेत्र में प्रवेश

चूँकि उन्होंने विषय बदलकर जीव विज्ञान पढ़ने का निश्चय कर लिया था तथा जिसका उनके पास कोई औपचारिक प्रशिक्षण नहीं था, अत: संबंधित कौशल प्राप्त करने के लिए उन्होंने स्नातकीय शिक्षा प्राप्त करने का निश्चय किया। पी-एच.डी. करने के उपरांत किसी नए विषय में स्नातक की शिक्षा लेना अत्यंत साहस की बात थी, किंतु अब तक वेंकटरमन के लिए यह स्पष्ट हो चुका था कि आगे उन्हें क्या करना है, अत: बिना थाह लिये उन्होंने नए क्षेत्र में छलाँग लगा दी।

भौतिकी में डॉक्टरेट उपाधि प्राप्त व्यक्ति के लिए जीव विज्ञान के किसी अच्छे स्नातक-पाठ्यक्रम में प्रवेश पाना आसान नहीं था, लेकिन अंतत:, तीन विद्यालयों ने उनके आवेदन को स्वीकार किया। उन्होंने सैंटियागो के कैलिफोर्निया विश्वविद्यालय में जाने का निश्चय किया।

अपने स्नातक-पाठ्यक्रम के प्रथम वर्ष में उन्होंने यथासंभव अधिक-से-अधिक विषयों का अध्ययन किया, जिनमें आनुवंशिकी का अध्ययन भी सम्मिलित था। एक बार प्रयोगशाला में प्रयोग करते समय उन्होंने एक गंभीर बुनियादी गलती कर दी, जिससे तकनीशियन उन पर चीख पड़ा। यह प्रकरण उनकी स्मृति में रच-बस गया। कालांतर में इस घटना को याद करते हुए वे कहते हैं, इस घटना

ने मुझे काफी धैर्यवान बना दिया, मेरे छात्र पूर्ण संवाद के अभाव में अज्ञानतावश कुछ गलत कर बैठते हैं।

कैलिफोर्निया विश्वविद्यालय का प्रथम वर्ष उनके लिए काफी उत्साहजनक था। अंतरराष्ट्रीय शोधकार्यों में एक अग्रणी विश्वविद्यालय का सदस्य होने पर वे अत्यधिक रोमांचित थे। यहाँ उनके कुछ बहुत अच्छे मित्र भी बने, जिनमें से एक थे, रॉबर्ट एन्हॉल्ट, जो बाद में नॉर्थ कैरोलिना में प्रोफेसर बने तथा दूसरे थे, मार्क ट्रॉल, जो एक मेधावी भौतिक रसायनशास्त्री थे तथा जिन्होंने बाद में वेंकटरमन की बहन से विवाह कर लिया था।

दूसरे वर्ष, उन्होंने मॉरिशियो मोंटाल की प्रयोगशाला में शोधकार्य शुरू किया। वे जिस समय एकल अणु जैव-भौतिकी के क्षेत्र में कार्य कर रहे थे, उस समय कोई इसे जानता भी नहीं था। लगभग इसी समय 'साइंटिफिक अमेरिकन' नामक पत्रिका में प्रकाशित डॉन एंगलमैन तथा पीटर मूर के लेखों को पढ़ने के पश्चात् वेंकटरमन को, उनके द्वारा राइबोसोम पर किए गए शोधकार्यों में रुचि जाग्रत् हुई। इसी समय उन्हें महसूस होने लगा कि जीव विज्ञान के क्षेत्र में आगे बढ़ने के लिए जिस पृष्ठभूमि तथा कौशल की आवश्यकता थी, वह उन्होंने प्राप्त कर लिया है तथा स्नातक-पाठ्यक्रम समाप्त करने के पश्चात् जीव विज्ञान में दूसरी पी-एच.डी. करने का कोई औचित्य नहीं है। उन्होंने येल में एंगलमैन को एक पत्र लिखा तथा 1978 में एंगलमैन की ओर से मूर उनसे मिलने आए तथा 'राइबोसोम परियोजना' में उन्हें पोस्ट डॉक्टोरल अनुसंधान हेतु प्रस्ताव दिया। वेंकटरमन को मेम्ब्रेन प्रोटींस का कार्य दिया गया। यह वही विषय था, जिस पर वे मॉरिशियो की प्रयोगशाला में कार्य कर रहे थे। येल में इस नए पद से उनका राइबोसोम के साथ जीवनपर्यंत संबंध आरंभ हुआ तथा जिससे अंततः उन्हें 'नोबेल पुरस्कार' प्राप्त हुआ।

उन्होंने मॉरिशियो मोंटाल की प्रयोगशाला में शोधकार्य शुरू किया। वे जिस समय एकल अणु जैव-भौतिकी के क्षेत्र में कार्य कर रहे थे, उस समय कोई इसे जानता भी नहीं था। लगभग इसी समय 'साइंटिफिक अमेरिकन' नामक पत्रिका में प्रकाशित डॉन एंगलमैन तथा पीटर मूर के लेखों को पढ़ने के पश्चात् वेंकटरमन को, उनके द्वारा राइबोसोम पर किए गए शोधकार्यों में रुचि जाग्रत् हुई।

राइबोसोम की विस्तृत परिभाषा कोशिका के भीतर पाई जाने वाली नन्ही

वृत्ताकार रचना के रूप में की जा सकती है। उनका कार्य प्रोटीनों का निर्माण करना है, जो विकास एवं जीवन से संबंधित विभिन्न प्रक्रियाओं के लिए आवश्यक होते हैं।

येल की प्रयोगशाला

पीटर मूर की एक छोटी प्रयोगशाला थी, जिसमें वेंकटरमन ने राइबोसोम के शुद्धीकरण, उनके पुनर्निर्माण तथा ऐस्से बनाने की विधि सीखी। मूर के साथ वेंकटरमन का अच्छा तालमेल था तथा मूर आजीवन उनके परामर्शदाता रहे। अपने पोस्ट डॉक्टोरल कार्य के रूप में वेंकटरमन अधिकांश समय प्रोटीनों का मानचित्र बनाने में संलग्न रहे। वेंकटरमन के लिए यह काफी खुशनुमा समय था। उन्होंने अपनी पत्नी के साथ-साथ दो छोटे बच्चों के पालन-पोषण का सुख उठाया और यह भी महसूस किया कि उनके शोधकार्य में भी अच्छी उन्नति हो रही है। उन्हें लगने लगा कि अंततः उनका कॅरियर आकार लेने लगा है। पोस्ट डॉक्टोरल कार्य के अंतिम वर्ष के दौरान उन्होंने विभिन्न विश्वविद्यालयों में आवेदन कर दिया, किंतु उनके भौतिकशास्त्री से जीवविज्ञानी बनने के अजीबोगरीब कॅरियर को देखते हुए कुछ ही जगहों से उन्हें साक्षात्कार के लिए बुलावा आया। अंत में ओक रिड्ज नेशनल लेबोरेटरी से उनकी काफी अच्छी शुरुआत हुई। यहाँ नियुक्ति के पश्चात् उन्हें ज्यादा अच्छा नहीं लगा और एक माह के भीतर ही उन्होंने नई नौकरी की तलाश शुरू कर दी। अंततः इनकी तलाश प्रसिद्ध 'ब्रुक हेवन नेशनल लैबोरेट्री' के रूप में पूरी हुई,

जहाँ प्रसिद्ध वैज्ञानिक बेना श्नोबॉर्न ने उन्हें नौकरी पर रख लिया। व्यक्तिगत रूप से वेंकटरमन और उनके परिवार के लिए वहाँ से जाना आसान नहीं था, क्योंकि उनको ओक रिड्ज का एकांत क्षेत्र अच्छा लगने लगा था; किंतु व्यावसायिक दृष्टि से ब्रुक हेवन का कार्य अधिक संतोषजनक था। यहाँ राइबोसोम पर कार्य आरंभ करने के लिए उनके पास पर्याप्त स्वतंत्रता, प्रचुर संसाधन तथा प्रोत्साहन था। शीघ्र ही उन्होंने साइंस पत्रिका में अपना पहला स्वतंत्र शोधपत्र लिखा, जिसे लोगों ने हाथो-हाथ लिया। ब्रुकहेवन में कुछ वर्ष व्यतीत करने के पश्चात् वेंकटरमन की रुचि एक अन्य जटिल तकनीक 'क्रिस्टलोग्राफी' में जाग्रत् हुई, और शीघ्र ही वे इसमें सिद्धहस्त हो गए। इससे उन्हें राइबोसोम से संबंधित अपने शोधकार्य में काफी सहायता मिली। वर्ष 1988 में उन्होंने क्रिस्टलोग्राफी का पहला पाठ्यक्रम पूरा किया तथा 1991 में अपने कौशल को और अधिक निखारने के लिए वे एकवर्षीय अध्ययन अवकाश पर कैंब्रिज, इंग्लैंड की प्रतिष्ठित एम.आर.सी. की आणविक जीव-विज्ञान प्रयोगशाला में चले गए।

यहाँ राइबोसोम पर कार्य आरंभ करने के लिए उनके पास पर्याप्त स्वतंत्रता, प्रचुर संसाधन तथा प्रोत्साहन था। शीघ्र ही उन्होंने साइंस पत्रिका में अपना पहला स्वतंत्र शोधपत्र लिखा, जिसे लोगों ने हाथो-हाथ लिया। ब्रुकहेवन में कुछ वर्ष व्यतीत करने के पश्चात् वेंकटरमन की रुचि एक अन्य जटिल तकनीक 'क्रिस्टलोग्राफी' में जाग्रत् हुई, और शीघ्र ही वे इसमें सिद्धहस्त हो गए।

अपने एक आत्मकथात्मक लेख में वेंकटरमन कहते हैं, "आणविक जीव विज्ञान प्रयोगशाला [Laboratory of Molecular Biology (LMB)] में मैंने दो बातें सीखीं। मैंने पाया कि नियमित समस्याओं पर काम करनेवाला वहाँ ऐसा कोई भी नहीं था, मात्र इसलिए, क्योंकि उनके परिणाम प्रकाशनीय होते! इसके बजाय वे अपने क्षेत्र के सर्वाधिक रुचिकर प्रश्न पूछने का प्रयत्न कर रहे थे तथा उनके उत्तर देने के तरीके विकसित कर रहे थे। दूसरी बात यह सीखी कि वहाँ का प्रसिद्ध वैज्ञानिक भी सेमिनार में ऐसे प्रश्न करता, जो उस क्षेत्र के लोगों के लिए बहुधा तुच्छ सा होता। इस बात ने मेरे अंदर इस भावना को भर दिया कि ज्ञान का अभाव कोई लज्जाजनक बात नहीं है तथा उत्तर जानने के लिए कोई भी प्रश्न मूर्खतापूर्ण नहीं होता।"

कैंब्रिज से लौटने पर, वेंकटरमन ब्रुकहेवन में ज्यादा संतुष्ट नहीं हुए और

उन्होंने आणविक जीव विज्ञान प्रयोगशाला में रचनात्मक अध्ययन विभाग के प्रमुख रिचर्ड हैंडरसन को पुनः पत्र लिखकर अपने लिए नौकरी के बारे में पूछा। उन्होंने यह उत्तर दिया कि वेंकटरमन को उनके अध्ययन अवकाश के दौरान सभी ने काफी पसंद किया, किंतु अभी कोई रिक्ति नहीं है। फिर भी उन्होंने संपर्क बनाए रखने को कहा। कुछ माह पश्चात् वे उटाह विश्वविद्यालय के जैवरसायन विभाग में नियुक्त हो गए। राइबोसोम की गुत्थी सुलझाने के लिए अपने शोध को उन्होंने नए जोश के साथ जारी रखा, किंतु अपने शोध के लिए राशि एकत्र करना उनके लिए अत्यंत निराशाजनक कार्य था। परिणामस्वरूप उन्होंने पुनः हैंडरसन को, आणविक जीव विज्ञान प्रयोगशाला में नौकरी के लिए पत्र लिखा। इस समय तक हैंडरसन प्रयोगशाला के निदेशक बन चुके थे। कुछ माह पश्चात् उनके लिए आणविक जीव विज्ञान प्रयोगशाला से नियुक्ति तथा राइबोसोम पर कार्य करने का बुलावा आ गया। वेंकटरमन के लिए यह एक अत्यंत कठिन समय था। उन्हें वर्तमान वेतन में एक बड़ी कटौती झेलने, आरामदायक नौकरी छोड़ने के साथ-साथ एक भिन्न देश के लिए प्रस्थान करना था।

मैंने निश्चित किया कि मेरे क्षेत्र में राइबोसोम की रचना सर्वाधिक महत्त्वपूर्ण लक्ष्य थी। लक्ष्य प्राप्त करने का समय आ चुका था तथा अन्य परियोजनाओं की वजह से लक्ष्य से ध्यान भटकाना बहुत बड़ी भूल होगी। इससे पहले कि अन्य समूह इस क्षेत्र में प्रवेश करते, मेरे लिए अवसर का एक नन्हा सा झरोखा खुला हुआ था।

लेकिन जैसा कि उन्होंने कहा, "मैंने निश्चित किया कि मेरे क्षेत्र में राइबोसोम की रचना सर्वाधिक महत्त्वपूर्ण लक्ष्य थी। लक्ष्य प्राप्त करने का समय आ चुका था तथा अन्य परियोजनाओं की वजह से लक्ष्य से ध्यान भटकाना बहुत बड़ी भूल होगी। इससे पहले कि अन्य समूह इस क्षेत्र में प्रवेश करते, मेरे लिए अवसर का एक नन्हा सा झरोखा खुला हुआ था।"

आणविक जीव विज्ञान की एम.आर.सी. प्रयोगशाला में कार्य

वेंकटरमन अप्रैल 1999 में कैंब्रिज चले गए। उच्च प्रशिक्षण प्राप्त तकनीकी दल के सहयोग से अब वे राइबोसोम की पहेली सुलझाने के लिए एकाग्रचित्त होकर जुट गए। वे कुछ महत्त्वपूर्ण खोज करने में सफल रहे तथा अगस्त 1999 में प्रतिष्ठित विज्ञान पत्रिका 'नेचर' में उनका कार्य अत्यधिक जोर-शोर से प्रकाशित हुआ।

इस बीच वे और उनकी पत्नी 'वेरा' व्यक्तिगत तौर पर कैंब्रिज में बसने के लिए संघर्षरत रहे। बड़ी कठिनाई से कैंब्रिज से लगे हुए एक ऐतिहासिक ग्रामीण क्षेत्र, ग्रांटचेस्टर में उन्हें एक मकान मिल गया तथा यहाँ से प्रयोगशाला की दूरी साइकिल से आराम से तय की जा सकती थी। एक-आध वर्ष में ही वेंकटरमन और उनके दल ने 30 एस नामक उप-इकाई की आणविक रचना करने और उसे क्रिस्टलीकृत करने में सफलता प्राप्त कर ली। इससे एंटीबायोटिक इत्यादि के बारे में और अधिक जानकारी प्राप्त करने के लिए कई अध्ययन किए जाने लगे।

परिवार

वेंकटरमन तथा वेरा की पुत्री तान्या लोक-स्वास्थ्य में परास्नातक उपाधि के साथ फिजीशियन है; जबकि उनके पुत्र रमण ने भौतिकी में स्नातक के पश्चात् जूलियर्ड विद्यालय से संगीत में परास्नातक की उपाधि प्राप्त की तथा संप्रति एक चेलो वादक हैं। वेंकटरमन की बहन ललिता सिएटल की वाशिंगटन यूनिवर्सिटी में पदस्थ हैं तथा उन्होंने टी.बी. पर प्रशंसनीय कार्य किया है।

भारत से संबंध

वे वर्ष 2002 में भारत आए तथा चेन्नई के 'जी.एन. रामचंद्रन मेमोरियल' में व्याख्यान दिया। इस यात्रा के दौरान उन्होंने बेंगलुरु स्थित भारतीय विज्ञान संस्थान का भी भ्रमण किया तथा भारतीय वैज्ञानिक समुदाय के साथ परस्पर बातचीत की। उन्हें 'भारतीय विज्ञान संस्थान, बेंगलुरु' द्वारा जी.एन. रामचंद्रन की स्मृति में आगंतुक व्याख्याता की उपाधि प्रदान की गई, फलस्वरूप वे अकसर भारत के दौरे पर आने लगे। 2008 में 'भारतीय राष्ट्रीय विज्ञान अकादमी' ने विदेशी सदस्य के रूप में उनका चयन कर लिया।

अन्य उपलब्धियाँ

राइबोसोम पर उनके शोधकार्य के कारण उनके पास कई सेमिनार तथा

अंतरराष्ट्रीय सम्मेलनों से आमंत्रण आने लगे। परिणामस्वरूप उनका चयन 'रॉयल सोसाइटी' तथा 'संयुक्त राज्य राष्ट्रीय विज्ञान अकादमी' के लिए हो गया। उन्हें औषधि के क्षेत्र में वर्ष 2007 के लिए यूरोप का प्रतिष्ठित लुइस जीनटैट पुरस्कार प्रदान किया गया।

नोबेल पुरस्कार

जब से उन्होंने 30 एस नामक उप-इकाई की समस्या का समाधान किया था, तब से 'नोबेल पुरस्कार' हेतु उनके नामांकन की संभावना थी।

7 अक्तूबर, 2009 की सुबह वे अपने कार्यस्थल का आधा रास्ता ही तय कर पाए थे कि उनकी साइकिल के पहिए की हवा निकल गई। वे काफी देर से अपनी प्रयोगशाला पहुँचे। उसी दिन उन्हें 'रॉयल अकादमी ऑफ स्वीडिश साइंसेज' से संदेश आया कि उन्हें रसायन विज्ञान के क्षेत्र में 'नोबेल पुरस्कार' प्रदान किया गया है।

□

9

डॉ. आर.के. पचौरी

डॉ. राजेंद्र कुमार पचौरी 'पर्यावरण परिवर्तन पर अंतरशासकीय पैनल (आई.पी.सी.सी.) के प्रमुख थे, जब अमेरिका के तत्कालीन उपराष्ट्रपति अल गोर के साथ उन्हें संयुक्त रूप से वर्ष 2007 का 'नोबेल पुरस्कार' प्रदान किया गया। आई.पी.सी.सी. की स्थापना संयुक्त राष्ट्र महासभा द्वारा वर्ष 1988 में की गई थी।

आई.पी.सी.सी. के प्रमुख आर.के. पचौरी को 'नोबेल पुरस्कार' उनके द्वारा मानव-निर्मित जलवायु परिवर्तन की जानकारियाँ एकत्रित करने एवं उन्हें प्रसारित करने का भरसक प्रयत्न करने तथा इन परिवर्तनों को निष्प्रभावी बनाने के लिए किए जानेवाले उपायों की आधारशिला रखने हेतु प्रदान किया गया था। उन्हें वर्ष 2002 में आई.पी.सी.सी. का अध्यक्ष नियुक्त किया गया। वर्ष 1982 से वे 'ऊर्जा एवं स्रोत संस्थान' (टेरी) में मुख्य कार्यकारी अधिकारी के रूप में कार्य कर रहे हैं, पहले निदेशक के रूप में, फिर अप्रैल 2001 से महानिदेशक के रूप में।

टेरी ऊर्जा, वानिकी, जैव प्रौद्योगिकी, वातावरण तथा प्राकृतिक संसाधनों के संरक्षण के क्षेत्र में शोधकार्य करता है। यह दुनिया भर के संस्थानों, सरकारी तथा कॉरपोरेट संगठनों को जानकारी एवं विशेषज्ञता उपलब्ध कराता है।

वर्ष 1998 में वे टेरी यूनिवर्सिटी के कुलपति बने। वे आई.पी.सी.सी. के अध्यक्ष निर्वाचित हुए। आई.पी.सी.सी. की स्थापना वर्ष 1988 में 'विश्व मौसम विज्ञान संगठन' तथा 'संयुक्त राष्ट्र पर्यावरण कार्यक्रम' द्वारा की गई थी। डॉ. पचौरी इस पैनल के लिए 2008 में पुनः निर्वाचित हुए। वे जुलाई 2009 से जून 2012 तक येल क्लाइमेट एंड एनर्जी इंस्टीट्यूट (YCEI) के संस्थापक निदेशक भी रहे।

भारत सरकार ने उन्हें वर्ष 2008 में दूसरे सर्वोच्च नागरिक पुरस्कार 'पद्मविभूषण' से सम्मानित किया। 2006 में फ्रांस सरकार ने उन्हें 'Officier Dela Legion D'Honneur' से सम्मानित किया।

बेल्जियंस के राजा ने वर्ष 2009 में उन्हें 'कमांडर ऑफ द ऑर्डर ऑफ लियोपॉल्ड-II' से पुरस्कृत किया। वर्ष 2010 में फिनलैंड के प्रधानमंत्री ने उन्हें 'कमांडर ऑफ द ऑर्डर ऑफ द व्हाइट रोज ऑफ फिनलैंड' से नवाजा। इसी वर्ष जापान के सम्राट् ने 'द ऑर्डर ऑफ राइजिंग सन, गोल्ड सिल्वर स्टार' के सम्मान से सम्मानित किया। वर्ष 2012 में मेक्सिको के राष्ट्रपति ने उन्हें 'मेक्सिकन ऑर्डर ऑफ द आजटैक ईगल' से सम्मानित किया।

पचौरी का जन्म 20 अगस्त, 1940 को नैनीताल में हुआ था। उनकी शिक्षा लखनऊ के ला मार्टिन कॉलेज, तत्पश्चात् 'भारतीय रेलवे यांत्रिकी एवं वैद्युत् अभियांत्रिकी संस्थान, जमशेदपुर', बिहार में हुई।

उन्होंने अपनी आजीविका, वाराणसी स्थित भारतीय रेलवे के डीजल लोकोमोटिव कारखाने से आरंभ की। वहाँ उन्होंने कई महत्त्वपूर्ण प्रबंधकीय पदों पर कार्य किया। इसके बाद वे रेले, अमेरिका में स्थित नॉर्थ कैरोलिना विश्वविद्यालय चले गए। वर्ष 1972 में इस विश्वविद्यालय से उन्होंने औद्योगिक अभियांत्रिकी में एम.एस. की उपाधि प्राप्त की तथा इसके बाद उन्होंने औद्योगिक अभियांत्रिकी तथा अर्थशास्त्र में पी-एच.डी. पूर्ण की। अगस्त 1974 से मई 1975 तक उन्होंने इसी विश्वविद्यालय में सहायक प्रोफेसर के रूप में कार्य किया। वे इसी विश्वविद्यालय के वाणिज्य एवं अर्थशास्त्र संकाय में वर्ष 1976 एवं 77 में अतिथि संकाय सदस्य भी रहे।

उन्होंने अपनी आजीविका, वाराणसी स्थित भारतीय रेलवे के डीजल लोकोमोटिव कारखाने से आरंभ की। वहाँ उन्होंने कई महत्त्वपूर्ण प्रबंधकीय पदों पर कार्य किया। इसके बाद वे रेले, अमेरिका में स्थित नॉर्थ कैरोलिना विश्वविद्यालय चले गए।

भारत लौटने पर डॉ. पचौरी ने हैदराबाद में प्रतिष्ठित 'एडमिनिस्ट्रेटिव स्टाफ कॉलेज' में एक वरिष्ठ संकाय सदस्य के रूप में कार्यभार ग्रहण किया। वहाँ उन्होंने जून 1975 से जून 1979 तक वरिष्ठ अध्यापक के रूप में कार्य किया तथा उसके बाद जुलाई 1979 से मार्च 1981 तक 'परामर्शी एवं प्रायोगिक शोध विभाग' में निदेशक के पद पर रहे। वर्ष 1982 में उनकी नियुक्ति टेरी (TERI) में हो गई।

डॉ. पचौरी ने विश्व के अनेक विश्वविद्यालयों में अतिथि विद्वान् के रूप में

अपनी सेवाएँ दीं। इस सूची में अन्य विश्वविद्यालयों के साथ-साथ अमेरिका की वेस्ट वर्जीनिया यूनिवर्सिटी भी सम्मिलित है, जहाँ अगस्त 1981 से अगस्त 1982 तक वे संसाधन अर्थशास्त्र के अतिथि प्रोफेसर रहे। वे रिसोर्स सिस्टम इंस्टीट्यूट, ईस्ट-वेस्ट सेंटर, अमेरिका में वरिष्ठ अतिथि अध्येता तथा विश्व बैंक, वाशिंगटन में अतिथि शोध सदस्य भी रहे।

डॉ. पचौरी कई आंतरिक संगठनों, पैनलों तथा समितियों के सदस्य रहे। इनमें प्रमुख रूप से क्लिंटन क्लाइमेट इनिशिएटिव, यू.एस.ए. की सलाहकार परिषद्, संस्कृतियों के मध्य शांति एवं वार्त्ता हेतु उच्च पैनल, यूनेस्को, फ्रांस, अंतरराष्ट्रीय सौर ऊर्जा सोसाइटी, विश्व संसाधन संस्थान परिषद्, सभापति एवं अध्यक्ष, अंतरराष्ट्रीय ऊर्जा अर्थशास्त्र एसोसिएशन, वाशिंगटन, डी.सी. (क्रमशः 1988, 1989-90); अध्यक्ष एशियाई ऊर्जा संस्थान (1992 से आगे) शामिल हैं।

संयुक्त राष्ट्र विकास योजना (UNDP) ने उन्हें वर्ष 1994 से 99 तक ऊर्जा एवं संसाधनों के दीर्घकालिक प्रबंधन के क्षेत्र में प्रशासकों के अंशकालिक सलाहकार के रूप में नियुक्त किया।

डॉ. पचौरी कई आंतरिक संगठनों, पैनलों तथा समितियों के सदस्य रहे। इनमें प्रमुख रूप से क्लिंटन क्लाइमेट इनिशिएटिव, यू.एस.ए. की सलाहकार परिषद्, संस्कृतियों के मध्य शांति एवं वार्त्ता हेतु उच्च पैनल, यूनेस्को, फ्रांस, अंतरराष्ट्रीय सौर ऊर्जा सोसाइटी, विश्व संसाधन संस्थान परिषद्, सभापति एवं अध्यक्ष, अंतरराष्ट्रीय ऊर्जा अर्थशास्त्र एसोसिएशन, वाशिंगटन, डी. सी. (क्रमशः 1988, 1989-90); अध्यक्ष एशियाई ऊर्जा संस्थान (1992 से आगे) शामिल हैं।

डॉ. पचौरी वर्ष 2007-10 तक 'वैश्विक मानवतावादी मंच' (पूर्व संयुक्त राष्ट्र सचिव, जनरल कोफी अन्नान द्वारा स्थापित) के मंडलीय सदस्य भी थे।

वे राष्ट्रीय स्तर पर भी समान रूप से सक्रिय रहे हैं। वे जून 2007 से पर्यावरण परिवर्तन के लिए गठित प्रधानमंत्री की सलाहकार समिति (जून 2008 में इसका पुनर्गठन हुआ); भारत के प्रधानमंत्री की अर्थशास्त्र सलाहकार समिति (जुलाई 2001 से मई 2004 तक); प्रधानमंत्री को सीधे प्रतिवेदन देनेवाली, ऊर्जा सलाहकार परिषद् (1983-88); प्रधानमंत्री की अध्यक्षता में, राष्ट्रीय पर्यावरण समिति (नवंबर 1993 से अप्रैल 1999) तथा तेल उद्योग पुनर्संरचना समूह, आर. समूह, पेट्रोलियम एवं

प्राकृतिक गैस मंत्रालय (1994) के सदस्य रहे।

डॉ. पचौरी ने दो दर्जन से अधिक पुस्तकें तथा कई शोधपत्र लिखे हैं।

जलवायु परिवर्तन पर अंतर्शासकीय सलाहकार-मंडल

आई.पी.सी.सी. के लिए 'नोबेल पुरस्कार' की घोषणा करते हुए, नॉर्वे के नोबेल संस्थान ने आई.पी.सी.सी. द्वारा किए गए कार्यों का संक्षिप्त उल्लेख किया। इसमें कहा गया, ''आई.पी.सी.सी. की स्थापना वर्ष 1988 में संयुक्त राष्ट्र महासभा द्वारा की गई थी। 'पर्यावरण सलाहकार मंडल' द्वारा वर्ष 1990 तथा 2007 के बीच सौंपे गए प्रथम चार मुख्य प्रतिवेदन, सौ से अधिक देशों के कई हजार विशेषज्ञों द्वारा एक समन्वित शोध कार्यक्रम पर आधारित थे। प्रतिवेदनों में कहा गया है कि जलवायु परिवर्तन तेजी से बढ़ रहा है तथा यह काफी हद तक मानव-निर्मित है और यह कि यदि हमें निकट भविष्य में विश्व जलवायु खतरे तथा मानव जीवन के अस्तित्व के प्रति बढ़ते हुए खतरों को रोकना है, तो हमें शीघ्र ही अनिवार्य रूप से इसके निवारण हेतु तरीके अपनाने होंगे।''

आई.पी.सी.सी. के अनुसार, एक वास्तविक संकट यह भी है कि होनेवाला जलवायु परिवर्तन युद्ध एवं संघर्ष के खतरे को बढ़ा सकता है, क्योंकि यह पहले से ही कम-कम मात्रा में बचे प्राकृतिक संसाधनों—जैसे पेयजल—पर चरम दबाव बना सकता है तथा बड़ी मात्रा में जनसमूहों को अकाल, बाढ़ एवं मौसम संबंधी अन्य चरम परिस्थितियों के कारण एक स्थान से दूसरे स्थान पर पलायन करने को विवश कर सकता है।

आई.पी.सी.सी. की ओर से दिए गए अपने नोबेल व्याख्यान में डॉ. पचौरी ने जलवायु परिवर्तन के विषय में आई.पी.सी.सी. द्वारा निभाई गई भूमिका एवं कार्यों का वर्णन किया।

''आई.पी.सी.सी. महत्त्वपूर्ण वैज्ञानिक सामग्री उपलब्ध कराता है, जो नीति-

निर्माण हेतु अत्यंत प्रासंगिक होती है तथा संशयवादी सरकारों से लेकर आत्मविश्वासी सरकारों तक, आमतौर पर सभी इससे अक्षरश: सहमत होती हैं। यह कठिन प्रक्रिया, आई.पी.सी.सी. प्रतिवेदनों में सम्मिलित वैज्ञानिक एवं तकनीकी सामग्री के असाधारण सामर्थ्य से संभव हो सकी है।''

इस सलाहकार मंडल की स्थापना वर्ष 1988 में संयुक्त राष्ट्र महासभा द्वारा लिये गए संकल्प से हुई है। इसके एक उपवाक्य में एक महत्त्वपूर्ण बात कही गई है, ''ध्यान से देखने पर उभरते हुए प्रमाण चिंताजनक रूप से इस बात की ओर इशारा करते हैं कि पर्यावरण में ग्रीन हाउस गैसों की लगातार हो रही वृद्धि वैश्विक तापमान को इस सीमा तक बढ़ा सकती है कि अंतत: समुद्र का स्तर बढ़ सकता है, जो समयानुसार हर स्तर पर आवश्यक उपाय न किए जाने पर मानवता के लिए विनाशकारी सिद्ध हो सकता है।'' इसका अर्थ यह है कि आज से दो दशक पहले ही संयुक्त राष्ट्र संघ समुद्र स्तर में वृद्धि जैसे जलवायु परिवर्तन के विनाशकारी परिणामों की संभावना के प्रति अत्यधिक सजग था। आज हमारी जानकारी में वृद्धि हुई है, जो इस विषय पर हमें और अधिक सामग्री उपलब्ध कराती है।''

ध्यान से देखने पर उभरते हुए प्रमाण चिंताजनक रूप से इस बात की ओर इशारा करते हैं कि पर्यावरण में ग्रीन हाउस गैसों की लगातार हो रही वृद्धि वैश्विक तापमान को इस सीमा तक बढ़ा सकती है कि अंतत: समुद्र का स्तर बढ़ सकता है, जो समयानुसार हर स्तर पर आवश्यक उपाय न किए जाने पर मानवता के लिए विनाशकारी सिद्ध हो सकता है।

उन्होंने आगे कहा, ''वर्ष 2007 में आई.पी.सी.सी. का 'नोबेल शांति पुरस्कार' से सम्मानित होना विशेष रूप से इस बात का सजग आह्वान है कि जलवायु परिवर्तन के व्यापक दुष्प्रभावों से जूझती हुई इस पृथ्वी को सुरक्षित किया जाए। हमारी राय में, इस सम्मान के लिए आई.पी.सी.सी. का चयन तीन महत्त्वपूर्ण सच्चाइयों को स्वीकार किया जाना है, जो संक्षेप में इस प्रकार हैं—

''जैसा कि आई.पी.सी.सी. ने दरशाया है कि सामूहिक वैज्ञानिक प्रयास का सामर्थ्य एवं संभावना मानव समाज के हित को परिभाषित करनेवाले साधनों की खोज में राष्ट्रों की सीमाओं तथा राजनीतिक मतभेदों से परे जा सकती है।

''पर्यावरण के अनुकूल मानव समाज का विकास करने के लिए लोकनीति बनाने तथा वैश्विक मामलों के मार्गदर्शन में ज्ञान की भूमिका का महत्त्व।

''मानवजाति की सुरक्षा एवं स्थिरता के प्रति जलवायु परिवर्तन के परिणामों में अंतर्निहित संकट को स्वीकार करना तथा भविष्य में इस प्रकार के संकटों से बचने के लिए समय रहते पर्याप्त कारवाई के लिए एक प्रभावशाली सिद्धांत के विकास की आवश्यकता।

''ये तीनों वास्तविकताएँ एक महत्त्वपूर्ण सत्य को आवृत करती हैं, जिसे भविष्य में संपूर्ण मानवजाति को सम्मिलित करते हुए भूमंडलीय गतिविधियों का मार्गदर्शन करना चाहिए। जैसा कि आप जानते हैं, मैं भारत से आया हूँ, वह भूमि, जिसने प्राचीनकाल में सभ्यता को जन्म दिया और जहाँ की प्राचीन परंपराएँ तथा ज्ञान आधुनिक युग में भी हमारे मार्गदर्शक हैं। 'वसुधैव कुटुम्बकम्' के हमारे दर्शन को ध्यान में रखते हुए वैश्विक हितों की सुरक्षा के लिए प्रयास किए जाने चाहिए। यह सिद्धांत आज के परिप्रेक्ष्य में शांति एवं अनुशासन बनाए रखने के लिए अत्यंत महत्त्वपूर्ण है, क्योंकि भविष्य में इनमें बढ़ोतरी हो सकती है।''

डॉ. पचौरी ने अपने व्याख्यान में हमें सजग करते हुए उन्हीं बातों पर पुनः बल दिया है, जिन्हें वे पिछले कई वर्षों से कहते तथा प्रचारित करते आए हैं—

प्राकृतिक संसाधनों की हमारी विरासत की सुरक्षा में अनदेखी, पृथ्वी पर निवास करनेवाली मानवजाति तथा अन्य सभी प्रजातियों के लिए अत्यधिक हानिकारक प्रमाणित हो सकती है। वस्तुतः मानव इतिहास में कई ऐसे सबक हैं, जो हमें पर्याप्त रूप से इस बात के लिए सजग करते हैं कि प्राकृतिक संसाधनों के क्षरण एवं ह्रास के प्रति हमारी दूरदृष्टि की कमी तथा उदासीनता, घोर अव्यवस्था तथा विनाश को जन्म दे सकती है। इस बारे में बहुत कुछ लिखा जा चुका है, उदाहरण के लिए—माया सभ्यता, जो 250 से 950 ईसवी तक फली-फूली; किंतु एक अत्यंत गंभीर एवं दीर्घकालीन सूखे के

प्राकृतिक संसाधनों की हमारी विरासत की सुरक्षा में अनदेखी, पृथ्वी पर निवास करनेवाली मानवजाति तथा अन्य सभी प्रजातियों के लिए अत्यधिक हानिकारक प्रमाणित हो सकती है। वस्तुतः मानव इतिहास में कई ऐसे सबक हैं, जो हमें पर्याप्त रूप से इस बात के लिए सजग करते हैं कि प्राकृतिक संसाधनों के क्षरण एवं ह्रास के प्रति हमारी दूरदृष्टि की कमी तथा उदासीनता, घोर अव्यवस्था तथा विनाश को जन्म दे सकती है।

परिणामस्वरूप प्रायः समाप्त हो गई। इससे भी पूर्व लगभग 4000 वर्ष पूर्ण, ताम्रयुग की कई सुप्रसिद्ध सभ्यताएँ, जो भूमध्य सागर से लेकर सिंधु घाटी तक फैली हुई थीं, जिनमें मेसोपोटैमिया में विकसित होनेवाली सभ्यताएँ भी सम्मिलित थीं, विलुप्त हो गईं। प्राकृतिक संसाधनों की कमी अथवा क्षरण के कारण अव्यवस्था से जूझनेवाले अथवा ढह जानेवाले सभ्य समाजों में दक्षिण-पूर्व एशिया का खमेर साम्राज्य, पूर्वी द्वीप तथा कई अन्य अद्यतन उदाहरण हैं। जलवायु परिवर्तन ने ऐतिहासिक रूप से शांति एवं संघर्ष की कालावधि को निश्चित किया है। डेविड झांग की एक हालिया कृति ने वस्तुतः पिछली सहस्राब्दी के दौरान तापमान अस्थिरता, कमतर कृषि उत्पादन तथा पूर्वी चीन में युद्ध स्थिति की बारंबारता के आपसी संबंध को विशेष रूप से उजागर किया है। इसके अलावा, हाल ही के वर्षों में कई समूहों ने जलवायु तथा सुरक्षा के बीच के संबंधों का अध्ययन किया है। इनमें अकस्मात् जनसंख्या पलायन, संघर्ष की स्थिति, जल एवं अन्य संसाधनों पर युद्ध के साथ विभिन्न राष्ट्रों में शक्ति निर्धारण के संकट को उठाया गया है। कुछ ने अमीर तथा गरीब राष्ट्रों के बीच तनाव बढ़ने की संभावना, विशेषकर जल की कमी से उत्पन्न होनेवाली स्वास्थ्य संबंधी समस्याओं तथा फसलों की असफलता के साथ-ही-साथ परमाणु प्रसार की चिंता पर पाठकों का ध्यान आकर्षित किया है।

जलवायु परिवर्तन ने ऐतिहासिक रूप से शांति एवं संघर्ष की कालावधि को निश्चित किया है। डेविड झांग की एक हालिया कृति ने वस्तुतः पिछली सहस्राब्दी के दौरान तापमान अस्थिरता, कमतर कृषि उत्पादन तथा पूर्वी चीन में युद्ध स्थिति की बारंबारता के आपसी संबंध को विशेष रूप से उजागर किया है।

करोड़ों लोगों के जीवन में प्रकाश की पहल

भारत के बिजलीरहित ग्रामीण क्षेत्रों में बिजली पहुँचाने के लिए, टेरी (TERI) ने पचौरी के मार्गदर्शन में अत्यधिक चर्चित इस पहल का शुभारंभ किया। पचौरी ने इस योजना को आकार देने तथा लागू करने में मुख्य भूमिका का निर्वहन किया है। इस प्रकार नवीकरणीय ऊर्जा तकनीक के अनुभव तथा ग्रामीण आवश्यकताओं की गहरी समझ के आधार पर 'टेरी' ने वर्ष 2007 में 'लाखों जीवन में प्रकाश' नामक सोद्देश्य अभियान के द्वारा ग्रामीणों तक ऊर्जा पहुँचने के संकट को मिटाने का संकल्प लिया। कालांतर में भारत तथा विश्व के कई हिस्सों में लोगों के जीवन को

प्रकाशित करने के उद्देश्य से इस अभियान को विस्तृत रूप दिया गया—'करोड़ों जीवन में प्रकाश'। इसके तहत मिट्टी के तेल तथा पैराफीन से जलनेवाली लालटेनों की जगह सौर ऊर्जा से चलनेवाले उपकरण बनाए गए तथा व्यक्तिगत एवं ग्रामीण, दोनों स्तर पर लोगों को जीवनयापन के अवसर उपलब्ध कराए गए।

टेरी के अनुसार, 'करोड़ों जीवन में प्रकाश' अभियान मुक्त सेवा का एक ऐसा आदर्श है, जिसके अंतर्गत ग्रामीण उद्यमियों की देख-रेख में ग्रामों में सौर ऊर्जा केंद्र स्थापित किए गए हैं तथा घरेलू एवं व्यावसायिक उपयोग के लिए सौर ऊर्जा से चलनेवाली लालटेन किराए पर उपलब्ध कराई जा रही हैं। इस लाभकारी योजना ने लोगों के घरों तक, प्रदूषण एवं उत्सर्जनरहित, स्वच्छ एवं पर्याप्त प्रकाश की पहुँच को संभव बनाया है, जिसका व्यय भी आसानी से वहन किया जा सकता है।

यह कार्यक्रम अत्यंत सफल रहा तथा इसने सामाजिक बदलाव की एक नई राह खोल दी। यह अभियान वर्ष 2008 में पश्चिम बंगाल के दक्षिणवर्ती काकद्वीप नामक एक छोटे से कस्बे में 200 परिवारों में उजाला लाने के साथ आरंभ हुआ।

यूनाइटेड किंगडम के समाचार-पत्र 'द गार्जियन' ने 2013 में इस पहल के बारे में विस्तार से समाचार प्रकाशित किया तथा एक विशेष रिपोर्ट में इसकी प्रशंसा की। अखबार ने लिखा, "इस एकमात्र एन.जी.ओ. (टेरी) को इस कार्य के लिए धन्यवाद, जिसने पाँच वर्षों में एक भी लैंप नहीं बेचा, किंतु पचास लाख से अधिक घरों को अत्याधुनिक बैटरी एवं पैनलों से लैस शक्तिशाली सौर एल.ई.डी. लालटेन

के जरिए, सस्ती एवं विकेंद्रित विद्युत् उपलब्ध कराई।

भारत के अग्रणी ऊर्जा शोध संस्थान, टेरी ने करोड़ों जीवन में प्रकाश की अपनी पहल वर्ष 2007 में की थी। प्रथम वर्ष में मात्र चार ग्रामीण क्षेत्रों से की गई धीमी शुरुआत के बाद इस योजना ने तीव्र गति पकड़ी। वर्तमान में 2000 से अधिक गाँवों में 'चार्जिंग केंद्र' हैं तथा प्रत्येक गाँवों में पचास के आस-पास उच्च गुणवत्तावाली अधिक देर तक चलनेवाली लालटेन उपलब्ध हैं जिनका उपयोग मोबाइल फोन चार्जर की तरह भी किया जा सकता है।

'टेरी' लैंपों का निर्माण, वितरण अथवा विक्रय नहीं करती। इसके बजाय यह संयुक्त रूप से सामाजिक, उन्नतिशील एवं तकनीकी उद्यम के रूप में कार्य करती है। इसके वैज्ञानिक एवं अभिकल्पनाकार 20 से भी अधिक निर्माताओं के साथ मिलकर, लैंपों की गुणवत्ता एवं विश्वसनीयता को बढ़ाने तथा लागत को कम करने के लिए कार्य कर रहे हैं तथा अन्य दल गाँवों, एन.जी.ओ. तथा बैंकों के साथ मिलकर ऐसे लोगों की पहचान करने का कार्य कर रहे हैं, जो चार्जिंग केंद्र चला सकें। 'टेरी' लोगों को मरम्मत की दुकान स्थापित करने, प्रशिक्षित करने तथा तकनीकी सहयोग में भी मदद करती है।''

रिपोर्ट में आगे यह भी कहा गया, ''उत्तरोत्तर टेरी 'सूक्ष्मग्रिड' लगा रही है, जहाँ 10 घरों अथवा दुकानों को एक ही सौर संग्रह से जोड़ा जा सकेगा। तब प्रत्येक घर में दो पावर प्वॉइंट होंगे, जो उतने ही सक्षम होंगे जैसे ग्रिड से जुड़े हों। इस पूरे प्रकरण में उद्यमी उपकरण के व्यय के लिए जिम्मेदार होगा, जबकि गृहस्वामी को कनेक्शन का व्यय वहन करना होगा।''

रिपोर्ट में आगे यह भी कहा गया, ''उत्तरोत्तर टेरी 'सूक्ष्मग्रिड' लगा रही है, जहाँ 10 घरों अथवा दुकानों को एक ही सौर संग्रह से जोड़ा जा सकेगा। तब प्रत्येक घर में दो पावर प्वॉइंट होंगे, जो उतने ही सक्षम होंगे जैसे ग्रिड से जुड़े हों। इस पूरे प्रकरण में उद्यमी उपकरण के व्यय के लिए जिम्मेदार होगा, जबकि गृहस्वामी को कनेक्शन का व्यय वहन करना होगा।''

भारत इस विद्युतीकरण में अनवरत रूप से लगा हुआ है, किंतु व्यापार एवं शहरों को प्राथमिकता दी जा रही है तथा दूरदराज के क्षेत्रों में भी ग्रिड पहुँचने की आशा की जा रही है, किंतु ऐसा होने में वर्षों लग सकते हैं।

अब 'टेरी' अपनी इस योजना को अफगानिस्तान, बर्मा, पाकिस्तान तथा केन्या, इथियोपिया एवं सियेरा लियोन समेत कई अफ्रीकन देशों में विस्तार दे रही है।

डॉ. आर.के. पचौरी के कुछ प्रचलित कथन

- ❖ विश्व भर के सभी उद्यमों के प्रबंधन को जलवायु परिवर्तन के प्रभावों के अनुसार स्वयं को बदलना होगा, क्योंकि कार्यप्रणाली में निष्क्रियता के कारण जलवायु परिवर्तन एवं इसके प्रभाव सालोसाल चलेंगे, भले ही हम 'ग्रीन हाउस प्रभाव' पैदा करनेवाली हानिकारक गैसों के उत्सर्जन को कम करने के लिए कितने ही कठोर प्रयास क्यों न करें!
- ❖ अनुकूलन और प्रतिरोध की सीमा का तब सामना होगा, जब सामाजिक अथवा प्राकृतिक तंत्र से जुड़ी सीमाओं को लाँघा जाएगा। अत: समस्या के एक हल के रूप में दुनिया को हानिकारक गैसों के उत्सर्जन को मिटाना ही होगा।
- ❖ जलवायु परिवर्तन के प्रभावों से हम सिर्फ अनुकूलन और हानिकारक गैसों के उत्सर्जन की समाप्ति के द्वारा बचा नहीं सकते। बहरहाल, ये एक-दूसरे के पूरक के रूप में जलवायु परिवर्तन के खतरों को महत्त्वपूर्ण रूप से कम कर सकते हैं।
- ❖ हमारे लिए यह आवश्यक है कि पहले तो हम पर्यावरण अनुकूल स्थायी विकास तथा उसकी व्याख्या को समझने हेतु सूचनाप्रद चर्चा एवं वाद-विवाद करें, तत्पश्चात् एक ऐसी व्यवस्था बनाने के लिए रणनीति तैयार करें, जो वास्तव में पर्यावरण अनुकूल एवं स्थायी कही जा सके।

- सत्य तो यह है कि आर्थिक विकास के समक्ष जब चुनौतियाँ आती हैं, तभी सही समय होता है कि हम अपने समक्ष मौजूद विभिन्न विकल्पों की ओर देखें। इनमें से एक विकल्प अर्थात् हरित विकास की ओर पर्याप्त ध्यान नहीं दिया गया है।
- वर्ष 2007 में आई.पी.सी.सी. तथा अलगोर को 'नोबेल शांति पुरस्कार' प्रदान करते हुए नार्वे की नोबेल समिति ने अमिट जलवायु परिवर्तन तथा उसके परिणामस्वरूप शांति एवं सुरक्षा के संकट को विशेष रूप से ध्यान में रखा। चूँकि जलवायु परिवर्तन के प्रभाव पूरे विश्व में असमान हैं, जैसे विभिन्न समाजों की दुर्बलता की सीमा, अतः काफी संभव है कि जो निर्धन एवं दुर्बल हैं, वे न केवल अपना भविष्य सँवारने में असफल हो जाएँ अपितु जलवायु परिवर्तन के परिणामस्वरूप उनकी आर्थिक एवं सामाजिक स्थिति में भारी गिरावट आ जाए। इससे विश्व भर में असमानता की खाई और बढ़ सकती है।
- जलवायु परिवर्तन के प्रभावों के प्रति अनुकूलन ऐतिहासिक रूप से चला आ रहा है तथा विश्व भर के कई समुदायों एवं समाजों ने इनसे निपटने की ऐसी रणनीति विकसित की है, जिनकी सहायता से वे पर्यावरण एवं मौसम के उतार-चढ़ाव को झेल सके हैं। अब भविष्य में इस बात की संभावना है कि यदि प्रदूषण समाप्त करने के ठोस उपाय नहीं किए गए तो जलवायु परिवर्तन का स्तर कई समुदायों की अनुकूलन क्षमता के परे हो जाएगा।
- पृथ्वी की जलवायु प्रणाली को स्थिरता प्रदान करने के लिए आवश्यक है कि हम हानिकारक गैसों के उत्सर्जन में भारी कटौती की अपनी उत्कट इच्छा को एक ठोस उपाय में बदल दें। माना कि तकनीक विश्व के जलवायु परिवर्तन की समस्या के हल का एक महत्त्वपूर्ण हिस्सा है, इन विकसित तकनीकों का उपयोग समझौते का एक महत्त्वपूर्ण हिस्सा होना चाहिए।
- हमें अपने जल संसाधनों के कहीं ज्यादा कुशलता से प्रबंधन करने की आवश्यकता है। कम-से-कम आर्थिक गतिविधियों में ही इस बात को सुनिश्चित कर लें कि जल की हर बूँद का उपयोग सही ढंग से हो।
- उत्सर्जन समस्या में भारत का बहुत छोटा सा हिस्सा है। यद्यपि अब

हमारा भी हिस्सा बढ़ता जा रहा है, फिर भी अभी यह कम, बहुत ही कम है। मेरे विचार से विकसित देशों की ओर से इसकी पहल होनी चाहिए। यह अत्यंत आवश्यक है।

❖ जलवायु परिवर्तन आगे चलकर खाद्य सुरक्षा एवं निम्न अक्षांशों पर कुपोषण की स्थिति पर विपरीत प्रभाव डाल सकता है, विशेषकर मौसमी तौर पर शुष्क तथा उष्णकटिबंधीय प्रदेशों में, जहाँ स्थानीय तापमान के थोड़ा सा भी बढ़ने (1-2^{0}c) पर फसलों की उत्पादकता में कमी आ जाती है। वर्ष 2020 तक कुछ अफ्रीकन देशों में वर्षा सिंचित कृषि उत्पादन में पचास प्रतिशत तक की कमी आ सकती है। ऐसी आशंका है कि अफ्रीका के कई देशों में खाद्यान्न के उपयोग सहित कृषि उत्पादन पर भीषण संकट आ सकता है।

❖ शांति को सुरक्षा तथा जीवन के लिए आवश्यक संसाधनों के सुरक्षित उपयोग के द्वारा परिभाषित किया जा सकता है। इस व्यवस्था में विघ्न का सीधा अर्थ है, शांति में विघ्न। इस संबंध में जलवायु परिवर्तन के भविष्य में कई दुष्प्रभाव होंगे, जैसे—जनसंख्या का एक भाग इन विपरीत परिस्थितियों की चपेट में आ सकता है—स्वच्छ पेयजल का उपयोग, पर्याप्त भोजन, स्वास्थ्य से संबंधित स्थिर व्यवस्थाओं, पारिस्थितिक तंत्र से जुड़े संसाधनों (पेड़-पौधे, पशु-पक्षी इत्यादि), बसाहट की सुरक्षा आदि।

❖ जलवायु परिवर्तन जैव-विविधता पर कुछ अपरिवर्तनीय प्रभाव डाल सकता है। औसत अनुमान है कि यदि वर्ष 1980-99 की तुलना में धरती का तापमान 1.5-2.5^{0}c बढ़ता है तो लगभग 20 से 30 प्रतिशत प्रजातियों के विलुप्त होने की संभावना है। यदि धरती का औसत तापमान लगभग 3.5^{0}c बढ़ता है, तो संकेत है कि भविष्य में 40 से 70 प्रतिशत तक प्रजातियों का एक बड़ा हिस्सा विलुप्त होने के कगार पर होगा। यदि ये परिवर्तन होते हैं तो विभिन्न पारिस्थितिकी तंत्रों के अस्तित्व एवं उनके द्वारा मनुष्य को उपलब्ध होनेवाली विभिन्न सेवाओं पर घातक प्रभाव पड़ेगा।

❖ मानव समूहों का प्रवास एवं स्थान परिवर्तन विशेष रूप से संघर्ष का एक जटिल कारण है। आमतौर पर आबादी का यह पलायन बाढ़ एवं

अकाल के परिणामस्वरूप बहुधा अस्थायी रूप से गाँवों से शहर की ओर होता है। जिस प्रकार जलवायु परिवर्तन के पीछे विभिन्न प्रकार के कारणों एवं परिस्थितियों का दबाव होता है; उसी प्रकार प्रवास के मामले में भी लोगों के लिए विभिन्न प्रेरणाएँ हो सकती हैं तथा मानव आबादी द्वारा स्थान बदलने के एक से अधिक कारण हो सकते हैं।

□

10

अभिजीत विनायक बनर्जी

अभिजीत विनायक बनर्जी एक प्रख्यात भारतीय-अमेरिकी अर्थशास्त्री हैं, उनकी पत्नी एस्तेर डूफलो और अमेरिका के अर्थशास्त्री माइकल क्रेमर को संयुक्त रूप से 2019 के लिए अर्थशास्त्र का नोबेल पुरस्कार दिया गया। अभिजीत विनायक बनर्जी 'मैसाचुसेट्स इंस्टीट्यूट ऑफ टेक्नोलॉजी' में अर्थशास्त्र के फोर्ड फाउंडेशन इंटरनेशनल प्रोफेसर हैं। उन्होंने ऐसे शोध किए, जो वैश्विक गरीबी से लड़ने की हमारी क्षमता में काफी सुधार करते हैं।

अभिजीत बनर्जी का जन्म 21 फरवरी, 1961 को कलकत्ता में हुआ। उनके माता-पिता निर्मला और दीपक बनर्जी, देश के जाने-माने अर्थशास्त्री रहे हैं। उनकी माँ निर्मला मुंबई की थीं, जबकि पिता कोलकाता के। खास बात यह भी है कि अभिजीत बनर्जी का पूरा नाम अभिजीत विनायक बनर्जी है। इसमें बीचवाला 'विनायक' मुंबई के सिद्धि विनायक मंदिर से लिया गया है। उनका जन्म एक अर्थशास्त्री परिवार में हुआ। अभिजीत बनर्जी की माँ निर्मला बनर्जी 'सेंटर फॉर स्टडीज इन सोशल साइंसेज' में अर्थशास्त्र की प्रोफेसर रह चुकी हैं, जबकि पिता दीपक कोलकाता के प्रेसिडेंट कॉलेज में अर्थशास्त्र विभाग के अध्यक्ष रहे हैं।

कोलकाता के साउथ पॉइंट स्कूल से अपनी आरंभिक पढ़ाई पूरी करने के बाद अभिजीत बनर्जी ने वर्ष 1981 में कलकत्ता विश्वविद्यालय के प्रेसिडेंसी कॉलेज से अर्थशास्त्र में स्नातक के बाद 1983 में दिल्ली के जवाहरलाल नेहरू विश्वविद्यालय (जे.एन.यू.) से अर्थशास्त्र में एम.ए. और वर्ष 1988 में हार्वर्ड विश्वविद्यालय से अर्थशास्त्र में पी-एच.डी. की डिग्री प्राप्त की।

कई मौकों पर अभिजीत को इस सवाल का सामना करना पड़ा है कि आखिर उन्होंने एम.ए. के लिए जे.एन.यू. को क्यों चुना? जबकि उनके पास 'दिल्ली स्कूल ऑफ इकोनॉमिक्स' जैसा बेहतरीन ऑप्शन था। इस बारे में उन्होंने लिखा है कि मैं 'दिल्ली स्कूल ऑफ इकोनॉमिक्स' में गया था और सच मायने में कहूँ तो मेरे पिता भी यही चाहते थे कि मैं 'दिल्ली स्कूल ऑफ इकोनॉमिक्स' में दाखिला लूँ। लेकिन जब मैंने दोनों संस्थानों को करीब से देखा तो जे.एन.यू. में दाखिला लेने का फैसला किया। जे.एन.यू. ने बारे में अभिजीत लिखते हैं कि इसकी खूबसूरती एकदम अलग तरह की थी। जबकि दिल्ली स्कूल ऑफ इकॉनामिक्स किसी भी दूसरे भारतीय संस्थानों की ही तरह है। जे.एन.यू. में छात्र खादी के कुरते पहने हुए पत्थरों पर या फिर किसी कोने में बैठकर चल रहे मुद्दों पर बहस किया करते थे।

अभिजीत बनर्जी जब जे.एन.यू. में अर्थशास्त्र से एम.ए. कर रहे थे, उस वक्त छात्र प्रदर्शन में हिस्सा लेने की वजह से उन्हें तिहाड़ की जेल में दस दिन तक रहना पड़ा था। दरअसल, बनर्जी ने छात्रों के साथ मिलकर छात्र संघ के अध्यक्ष को विश्वविद्यालय से निकाले जाने के फैसले का विरोध किया था और तत्कालीन कुलपति का घेराव किया था। इस घटना का वर्णन करते हुए एक आलेख में उन्होंने लिखा—

"हमें जे.एन.यू. जैसे सोचने-विचारनेवाली जगह की जरूरत है और सरकार को निश्चित तौर पर वहाँ से दूर रहना चाहिए। इसी लेख में उन्होंने यह भी बताया था कि उन्हें किस तरह से 1983 में अपने दोस्तों के साथ तिहाड़ जेल में रहना पड़ा था, तब जे.एन.यू. के वाइस चांसलर को इन छात्रों से अपनी जान को खतरा हुआ था। अपने आलेख में उन्होंने लिखा—यह 1983 की गरमियों की बात है। हम जे.एन.यू. के छात्रों ने वाइस चांसलर का घेराव किया। वे उस वक्त हमारे स्टूडेंट यूनियन के अध्यक्ष को कैंपस से निष्कासित करना चाहते थे। घेराव प्रदर्शन के दौरान देश में कांग्रेस की सरकार थी, पुलिस आकर सैकड़ों छात्रों को उठाकर ले गई। हमें दस दिन तक तिहाड़ जेल में रहना पड़ा था, पिटाई भी हुई थी। लेकिन तब राजद्रोह जैसा मुकदमा नहीं होता था। हत्या की कोशिश के आरोप लगे थे। दस दिन जेल में रहना पड़ा था।"

अभिजीत बनर्जी ने अध्यापन को अपना कॅरियर बनाया और वर्ष 1988 में प्रिंस्टन विश्वविद्यालय में अध्यापन शुरू किया। वर्ष 1992 में हार्वर्ड विश्वविद्यालय में अध्यापन, इसके बाद 1993 में एम.आई.टी. (मैसाचुसेट्स इंस्टीट्यूट ऑफ टेक्नोलॉजी) में अध्यापन और शोध कार्य शुरू किया, जहाँ वे वर्तमान में अध्यापन और रिसर्च का काम कर रहे हैं।

हमें जे.एन.यू. जैसे सोचने-विचारनेवाली जगह की जरूरत है और सरकार को निश्चित तौर पर वहाँ से दूर रहना चाहिए। इसी लेख में उन्होंने यह भी बताया था कि उन्हें किस तरह से 1983 में अपने दोस्तों के साथ तिहाड़ जेल में रहना पड़ा था, तब जे.एन.यू. के वाइस चांसलर को इन छात्रों से अपनी जान को खतरा हुआ था। अपने आलेख में उन्होंने लिखा—यह 1983 की गरमियों की बात है।

अभिजीत बनर्जी की अर्थशास्त्र के कई क्षेत्रों में रुचि है, जिसमें से चार अहम हैं—आर्थिक विकास, सूचना सिद्धांत, आय वितरण का सिद्धांत और मैक्रो इकोनॉमिक्स। अभिजीत विनायक बनर्जी ब्यूरो ऑफ रिसर्च इन द इकोनॉमिक एनालिसिस ऑफ डेवलपमेंट, एन.बी.ई.आर. के एक रिसर्च एसोसिएट, एक सी.ई.पी.आर. के रिसर्च फेलो, कील इंस्टीट्यूट के इंटरनेशनल रिसर्च फेलो, अमेरिकन एकेडमी ऑफ आर्ट्स एंड साइंसेज एंड इकोनॉमेट्रिक सोसाइटी के और एक गुगेनहेम के फेलो रहे हैं। वे एक अल्फ्रेड पी स्लोन फेलो और इन्फोसिस प्राइज के विनर रहे हैं।

अर्थशास्त्र में नोबेल पानेवाले अभिजीत का पसंदीदा विषय पहले गणित हुआ करता था। यह विषय उनके दिल और दिमाग पर छाया हुआ था। यह भी कहा जा सकता है कि वो इसको लेकर काफी हद तक जुनूनी थे। यही वजह थी कि देश के प्रतिष्ठित आई.एस.आई. (भारतीय सांख्यिकी संस्थान) में दाखिला लिया। लेकिन कुछ दिन बाद ही उनका रुझान अर्थशास्त्र की तरफ हो गया और उन्होंने इस इंस्टीट्यूट को 'बाय-बाय' कह दिया। उनकी माँ भी अभिजीत को 'एक्सीडेंटल इकोनॉमिस्ट' बताती हैं। जब बनर्जी को नोबेल पुरस्कार देने की घोषणा हुई थी, तब उनकी माँ ने भी बताया था कि वे गणित में आगे जाना चाहते थे, लेकिन फिर अचानक उन्होंने अपनी फील्ड बदल ली।

अभिजीत बनर्जी ने एम.आई.टी. की लेक्चरर डॉक्टर अरुंधति तुली बनर्जी के साथ शादी की। लेकिन जीवन सुचारु ढंग से न चलने की वजह से दोनों ने आपसी सहमति बनाकर तलाक ले लिया था। अरुंधती तुली और अभिजीत दोनों कोलकाता में एक साथ पढ़ा करते थे और साथ ही एम.आई.टी. पहुँचे थे। इस दंपती के एक बेटा हुआ, लेकिन उसका असामयिक निधन हो गया। अरुंधती के साथ अलग होने के बाद अभिजीत एम.आई.टी. की प्रोफेसर एस्तेर डूफलो के साथ रिलेशन में आए और 'लिव-इन' में रहने लगे। इस दौरान एस्तेर डूफलो ने बेटे को जन्म दिया। बेटे के जन्म के तीन साल बाद अभिजीत और एस्तेर डूफलो ने शादी कर ली। अभिजीत बनर्जी के साथ उनकी पत्नी एस्तेर डूफलो को भी नोबेल पुरस्कार से नवाजा गया।

वर्ष 2003 के दौरान एम.आई.टी. में वैश्विक गरीबी कम करने की नीतियों

पर शोध हेतु 'पोवर्टी एक्शन लैब' की शुरुआत की गई। अभिजीत बनर्जी को इसका डायरेक्टर बनाया गया। विषयगत शोध हेतु यह लैब एक नेटवर्क के रूप में दुनिया के विश्वविद्यालयों के लगभग दो सौ प्रोफेसर को जोड़े हुए है।

उल्लेखनीय है कि अभिजीत विनायक बनर्जी के ही एक अध्ययन पर भारत में दिव्यांग बच्चों की स्कूली शिक्षा की व्यवस्था को बेहतर बनाया गया, जिससे करीब 50 लाख बच्चों को फायदा पहुँचा। बनर्जी और उनके सहकर्मी लोगों के जीवन को बेहतर बनाने के लिए होनेवाले कार्यक्रम की प्रभाव-क्षमता परखते हैं। जैसे कि भारत में पोलियो टीकाकरण स्वतंत्र रूप से उपलब्ध है, लेकिन कई माताएँ अपने बच्चों को टीकाकरण अभियान के लिए नहीं ला रही थीं। 'मैसाचुसेट्स प्रौद्योगिकी संस्थान' के बनर्जी और प्रोफेसर एस्थर डूफलो ने राजस्थान में एक प्रयोग किया, जहाँ उन्होंने माताओं को अपने बच्चों को टीका लगानेवाले बच्चों को दाल का एक बैग भेंट किया। जल्द ही, इस क्षेत्र में प्रतिरक्षण दर बढ़ गई। एक अन्य प्रयोग में, उन्होंने पाया कि स्कूलों में सीखने के परिणामों में सुधार हुआ है।

अभिजीत बनर्जी ने ही भारतीय कांग्रेस पार्टी के मुख्य चुनावी अभियान 'न्याय योजना' का खाका तैयार किया था। बनर्जी ने गत लोकसभा चुनाव से पहले कांग्रेस पार्टी की ओर से प्रस्तावित 'न्यूनतम आय योजना' (न्याय) की संकल्पना में मदद की थी। आपको स्मरण होगा कि कांग्रेस ने लोकसभा चुनाव के दौरान जारी किए गए अपने घोषणा-पत्र में 'न्याय' योजना के तहत आबादी के 20 प्रतिशत गरीब लोगों को हर महीने 6000 रुपए देने का वादा किया था। मगर कांग्रेस चुनाव हार गई और यह स्कीम ठंडे बस्ते में चली गई। इस स्कीम को देशवासियों ने भी नकार दिया था और कांग्रेस भी इसे सही ढंग से आम लोगों के बीच नहीं पहुँचा पाई थी।

अभिजीत बनर्जी ने ही भारतीय कांग्रेस पार्टी के मुख्य चुनावी अभियान 'न्याय योजना' का खाका तैयार किया था। बनर्जी ने गत लोकसभा चुनाव से पहले कांग्रेस पार्टी की ओर से प्रस्तावित 'न्यूनतम आय योजना' (न्याय) की संकल्पना में मदद की थी। आपको स्मरण होगा कि कांग्रेस ने लोकसभा चुनाव के दौरान जारी किए गए अपने घोषणा-पत्र में 'न्याय' योजना के तहत आबादी के 20 प्रतिशत गरीब लोगों को हर महीने 6000 रुपए देने का वादा किया था।

समय-समय पर वे मोदी सरकार की नीतियों की खूब आलोचना भी करते रहे हैं। मोदी सरकार के सबसे बड़े आर्थिक फैसले नोटबंदी के पचास दिन बाद बनर्जी ने एक साक्षात्कार में कहा था, "मैं इस फैसले के पीछे के लॉजिक को नहीं समझ पाया हूँ। जैसे कि 2000 रुपए के नोट क्यों जारी किए गए हैं। मेरे खयाल से इस फैसले के चलते जितना संकट बताया जा रहा है, उससे यह संकट कहीं ज्यादा बड़ा है।"

अभिजीत बनर्जी ने यह भी कहा कि सरकार द्वारा तेजी से समस्या की पहचान करने के बावजूद भारतीय अर्थव्यवस्था बहुत बुरा प्रदर्शन कर रही है। उन्होंने कहा कि यह बयान भविष्य में क्या होगा, उस बारे में नहीं है, बल्कि जो हो रहा है, उसके बारे में है। मैं इसके बारे में एक राय रखने का हकदार हूँ। इतना ही नहीं, वे उन 108 अर्थशास्त्रियों के पैनल में शामिल रहे, जिन्होंने मोदी सरकार पर देश के जी.डी.पी. के वास्तविक आँकड़ों में हेरफेर करने का आरोप लगाया था।

पुरस्कार एवं सम्मान

- ❖ वर्ष 2004 में 'अमेरिकन एकेडमी ऑफ आर्ट्स एंड साइंसेज' के पार्टनर बने।
- ❖ अर्थशास्त्र के सामाजिक विज्ञान श्रेणी में 'इन्फोसिस पुरस्कार 2009' में।
- ❖ वर्ष 2012 में अपनी पुस्तक 'पुअर इकोनॉमिक्स' के लिए सह-लेखक एस्थर डूफलो के साथ 'जेराल्ड लोब अवार्ड' (ऑनरेबल मेंशन फॉर बिजनेस बुक) साझा किया।

- 2003 में ही बनर्जी को अर्थशास्त्र का 'फोर्ड फाउंडेशन इंटरनेशनल प्रोफेसर' बनाया गया।
- अभिजीत बनर्जी ने कई लेखों के अलावा पाँच पुस्तकें लिखी हैं और छठी पुस्तक आनेवाली है, जिसका नाम 'व्हाट द इकोनॉमिक्स नीड नाउ' है।
- उनकी एक पुस्तक 'गोल्डमैन सैक्स बिजनेस बुक ऑफ द ईयर' का खिताब जीत चुकी है।
- दो डॉक्यूमेंट्री फिल्मों का निर्देशन।
- यू.एन. सेक्रेटरी के पद–2015 डेवलपमेंट एजेंडे पर 'इमीनेंट पर्सन' के हाईलेवल पैनल में शामिल रहे।
- 2019 का अर्थशास्त्र का नोबेल पुरस्कार।
- गरीबी उन्मूलन के क्षेत्र में उल्लेखनीय योगदान।

□

11

कैलाश सत्यार्थी

कैलाश सत्यार्थी भारत में पैदा होनेवाले पहले नोबेल शांति पुरस्कार विजेता हैं। इलेक्ट्रिकल इंजीनियरिंग में स्नातक की पढ़ाई पूरी करने के बाद उन्होंने विश्वविद्यालय में अध्यापन कार्य भी किया। लेकिन बचपन के प्रति गहरी करुणा के कारण उन्होंने इंजीनियरिंग की सुविधाजनक नौकरी छोड़कर सन् 1981 से बचपन बचाने की मुहिम शुरू कर दी। देश और दुनिया में बाल दासता जब कोई मुद्दा नहीं था, तब श्री सत्यार्थी ने 'बचपन बचाओ आंदोलन' सहित विश्व के लगभग 150 देशों में सक्रिय 'ग्लोबल मार्च अगेंस्ट चाइल्ड लेबर' और 'ग्लोबल कैंपेन फॉर एजूकेशन' जैसे संगठनों की स्थापना की। वे विश्व में उत्पादों के बालश्रम रहित होने के प्रमाणीकरण व लेबल लगाने की विधि 'गुडवीव' के जनक हैं। उन्हें देश के लगभग 85 हजार बच्चों को आधुनिक दासता से मुक्त कराने का ही नहीं, बल्कि बाल दासता तथा शिक्षा को अंतरराष्ट्रीय मुद्दा बनाने का भी श्रेय जाता है। इसके लिए उन पर और उनके परिवार पर अनेक बार प्राणघातक हमले भी हुए हैं। श्री सत्यार्थी पहले ऐसे भारतीय हैं, जिन्हें नोबेल शांति पुरस्कार के अलावा डिफेंडर फॉर डेमोक्रेसी, इटैलियन सीनेट मेडल, रॉबर्ट एफ. कैनेडी अंतरराष्ट्रीय मानव अधिकार सम्मान, फेड्रिक एबर्ट मानव अधिकार पुरस्कार और हार्वर्ड ह्यूमेनेटेरियन सम्मान जैसे कई विश्व प्रसिद्ध पुरस्कार मिल चुके हैं। संयुक्त राष्ट्र महासभा को संबोधित करनेवाले श्री सत्यार्थी को आधुनिक समय में मानव दासता के खिलाफ लड़ाई लड़नेवाले दुनिया के सबसे बड़े योद्धाओं में गिना जाता है।

कैलाश सत्यार्थी गत लगभग छह दशकों से दुनिया भर में बचपन को बचाने

के लिए दिन-रात एक किए हुए हैं और यह उनकी अनथक मेहनत का ही परिणाम है कि वे अब तक 85 हजार से अधिक बच्चों का जीवन बचा चुके हैं। कैलाश सत्यार्थी को समाज सेवा के साथ-साथ भोपाल गैस त्रासदी में राहत अभियान चलाने के लिए भी जाना जाता है। उनके इस जीवट को सलाम करते हुए उन्हें मलाला यूसुफजई के साथ वर्ष 2014 के 'नोबेल शांति पुरस्कार' से सम्मानित कर उनके महती कार्यों की पुष्टि की गई। उन्हें पहले भी कई बार नोबेल शांति पुरस्कार के लिए नामित किया गया था।

महानगरों की फैक्टरियों में बच्चों के उत्पीड़न से लेकर देश के दूरवर्ती इलाकों में उनके संगठन 'बचपन बचाओ आंदोलन' ने बँधुआ मजदूर के रूप में नियोजित बच्चों को बचाया। उन्होंने बाल तस्करी एवं मजदूरी के खिलाफ कड़े कानून बनाने की वकालत की। सत्यार्थी कहते हैं कि वे बाल मजदूरी को लेकर चिंतित रहे और इससे उन्हें संगठित आंदोलन खड़ा करने में मदद मिली। बाल मजदूरी करानेवाली फैक्टरियों में छापेमारी के उनके प्रारंभिक प्रयास का फैक्टरी मालिकों ने कड़ा विरोध किया और कई बार पुलिस ने भी उनका साथ नहीं दिया, लेकिन धीरे-धीरे उनके काम की महत्ता को पहचान मिली। उन्होंने बच्चों के लिए आवश्यक शिक्षा को लेकर शिक्षा के अधिकार का आंदोलन चलाने में भी महत्त्वपूर्ण भूमिका निभाई।

महानगरों की फैक्टरियों में बच्चों के उत्पीड़न से लेकर देश के दूरवर्ती इलाकों में उनके संगठन 'बचपन बचाओ आंदोलन' ने बँधुआ मजदूर के रूप में नियोजित बच्चों को बचाया। उन्होंने बाल तस्करी एवं मजदूरी के खिलाफ कड़े कानून बनाने की वकालत की। सत्यार्थी कहते हैं कि वे बाल मजदूरी को लेकर चिंतित रहे और इससे उन्हें संगठित आंदोलन खड़ा करने में मदद मिली।

जीवन परिचय

कैलाश सत्यार्थी का जन्म 11 जनवरी, 1954 को मध्य प्रदेश के विदिशा शहर में हुआ। वे बचपन से ही दूसरों के मददगार रहे और हमेशा दूसरों की सहायता को बढ़कर आगे आए। जब वे 11 वर्ष के थे, तब उन्होंने महसूस किया कि बहुत से बच्चे पुस्तकें न होने के कारण पढ़ाई से वंचित रह जाते हैं, इसलिए उन्होंने घर-घर जाकर पास होनेवाले बच्चों की पुस्तकें एकत्र कीं और उन्हें जरूरतमंदों तक पहुँचाईं।

जे.पी. आंदोलन का दौर

'70 के दशक में जे.पी. आंदोलन के दौरान उनके कई साथी चुनाव लड़कर राजनीति में उतर गए, लेकिन कैलाश की राजनीति में जरा भी रुचि नहीं थी। उनका शुरू से ही मानना था कि समाज में बदलाव के लिए राजनीति नहीं, समाजसेवा की आवश्यकता है।

समाजसेवी कार्य

कैलाश ने समाजसेवा की भावना को धार देते हुए अपनी आवाज जन-जन तक पहुँचाने का निश्चय किया। इसके लिए उन्होंने 'संघर्ष जारी रहेगा' नामक पत्रिका की शुरुआत की। इस पत्रिका के माध्यम से उन्होंने दबे-कुचले लोगों और बंधुआ मजदूरों की पीड़ा को आवाज दी और समाज का ध्यान इस ओर आकृष्ट कराया। बाल अधिकारों के लिए संघर्ष हेतु सत्यार्थी ने 26 साल की उम्र में अपना इलेक्ट्रिकल इंजीनियर का पेशा छोड़कर बच्चों के अधिकारों के लिए काम करना शुरू कर दिया।

संघर्ष

दिल्ली की एक कपड़ा फैक्टरी पर छापे के दौरान उन पर हमला किया गया। इससे पहले एक सर्कस से बाल कलाकारों को छुड़ाने के दौरान उन पर हमला हुआ। एक दिन उन्हें पता चला कि पंजाब के एक ईंट भट्ठे पर बच्चों से बँधुआ

मजदूरी कराई जा रही है और उन्हें बेचने की तैयारी चल रही है। यह सुनते ही वे अपने कुछ साथियों और एक फोटोग्राफर को साथ लेकर घटना-स्थल पर पहुँच गए और वहाँ बेगार में लगे बंधुआ मजदूरों को ट्रक में बैठा लिया, लेकिन तभी भट्ठा मालिक अपने आदमियों के साथ आ धमका। उसने हाथापाई करके सबको वहाँ से भगा दिया।

कैमरामैन का कैमरा भी टूट गया, लेकिन किसी तरह फिल्म सुरक्षित बच गई। कैलाश ने फोटो मीडिया में दे दीं और स्वयं उच्च न्यायालय चले गए। अदालत ने 48 घंटे के भीतर उन बंधुआ मजदूरों को आजाद करने का हुक्म दिया।

इन सब घटनाओं के दौरान कैलाश सत्यार्थी ने सन् 1983 में 'बचपन बचाओ आंदोलन' की शुरुआत की। 'बचपन बचाओ आंदोलन' बच्चों के शोषण के खिलाफ भारत का पहला 'सिविल सोसाइटी अभियान' है। इस संस्था के लगभग 20 हजार सदस्य हैं, जो कालीन, काँच, ईंट भट्ठों, पत्थर खदानों, घरेलू बाल मजदूरी तथा साड़ी उद्योग जैसे खतरनाक उद्योगों में काम करनेवाले बच्चों को मुक्त कराते हैं।

बचपन बचाओ आंदोलन

इन सब घटनाओं के दौरान कैलाश सत्यार्थी ने सन् 1983 में 'बचपन बचाओ आंदोलन' की शुरुआत की। 'बचपन बचाओ आंदोलन' बच्चों के शोषण के खिलाफ भारत का पहला 'सिविल सोसाइटी अभियान' है। इस संस्था के लगभग 20 हजार सदस्य हैं, जो कालीन, काँच, ईंट भट्ठों, पत्थर खदानों, घरेलू बाल मजदूरी तथा साड़ी उद्योग जैसे खतरनाक उद्योगों में काम करनेवाले बच्चों को मुक्त कराते हैं। देश भर के 12 प्रांतों में बचपन बचाओ आंदोलन की राज्य इकाइयाँ हैं। कैलाश सत्यार्थी ने 'बचपन बचाओ आंदोलन' को सफल बनाने के लिए 'बाल मित्र ग्राम' की परिकल्पना की। इसके तहत किसी ऐसे गाँव का चयन किया जाता है, जो बाल मजदूरी से ग्रस्त हो। बाद में उस गाँव से धीरे-धीरे बाल मजदूरी समाप्त की जाती है तथा बच्चों का नामांकन स्कूल में कराया जाता है। इसके बाद इन बच्चों की 'बाल पंचायत' का गठन किया जाता है। शहरों में यह योजना 'बाल मित्र वार्ड' के नाम से संचालित हो रही है।

कैलाश सत्यार्थी को इस अभियान के शुरू करने के कुछ सालों के बाद यह आभास हुआ कि बाल मजदूरी और शोषण के लगभग 70 फीसदी मामले गाँवों में

होते हैं, तब उन्होंने बच्चों को बचाए जाने के बाद प्रशासन द्वारा उन्हें उचित शिक्षा मुहैया हो सके, इसकी व्यवस्था पर जोर देना शुरू किया।

'बाल मित्र ग्राम' वह मॉडल गाँव है, जो बाल शोषण से पूरी तरह मुक्त है और यहाँ बाल अधिकार को तरजीह दी जाती है। वर्ष 2001 में इस मॉडल को अपनाने के बाद से देश के 11 राज्यों के 356 गाँवों को अब तक 'चाइल्ड फ्रेंडली विलेज' घोषित किया जा चुका है। हालाँकि कैलाश सत्यार्थी का अधिकांश कार्य राजस्थान और झारखंड के गाँवों में होता है। इन गाँवों के बच्चे स्कूल जाते हैं, बाल पंचायत, युवा मंडल और महिला मंडल में शामिल होते हैं और समय-समय पर ग्राम पंचायत से बाल समस्याओं के संबंध में बातें करते हैं। 'बचपन बचाओ आंदोलन' के तहत 'बाल मित्र ग्राम' में 14 साल के सभी बच्चों को मुफ्त, व्यापक और स्तरीय शिक्षा के साथ ही, लड़कियाँ स्कूल न छोड़ें, इसलिए स्कूलों में आधारभूत सुविधाएँ मौजूद हों, यह सुनिश्चित होता है।

वैश्विक अभियान

उन्होंने बाल श्रम के खिलाफ अपने आंदोलन को 'सबके लिए शिक्षा' से भी जोड़ा और इसके लिए यूनेस्को द्वारा चलाए गए कार्यक्रम से भी जुड़े। 'ग्लोबल पार्टनरशिप फॉर एजूकेशन' के बोर्ड में भी शामिल रहे। उन्हें बाल श्रम के खिलाफ और बच्चों की शिक्षा के लिए देश और विदेश में बनाए गए कानूनों, संधियों और संविधान संशोधन कराने में अहम भूमिका निभाने का श्रेय दिया जाता है।

वह बच्चों के लिए काम करनेवाली संस्था 'इंटरनेशनल सेंटर ऑन चाइल्ड लेबर एंड एजूकेशन' के 'ग्लोबल मार्च अगेंस्ट चाइल्ड लेबर' और उसकी 'वैश्विक सलाहकार परिषद्' से भी जुड़े रहे हैं। इस संस्था में दुनिया भर के एन.जी.ओ., शिक्षक और ट्रेड यूनियनें काम करती हैं, जो शिक्षा के लिए ग्लोबल कैंपेन भी चलाती हैं।

बाल मजदूरी के खिलाफ चलनेवाले अपने अभियान को कैलाश सत्यार्थी ने देश के साथ-साथ विदेशों में भी फैलाया है। उन्होंने 108 देशों के 14 हजार संगठनों के साथ मिलकर 'बाल मजदूरी विरोधी विश्व यात्रा' का आयोजन किया, जिसमें लाखों लोगों ने शामिल होकर बाल मजदूरी समाप्त करने का प्रण लिया। उनके इस प्रयास से प्रभावित होकर सार्क के सदस्य देशों ने बाल मजदूरी पर एक कार्यदल बनाने की घोषणा की।

पुरस्कार एवं सम्मान

भारत में बाल अधिकारों के लिए संघर्ष करनेवाले कैलाश सत्यार्थी को अनेक पुरस्कार व सम्मान मिले हैं। साल 2014 के लिए उन्हें संयुक्त रूप से 'नोबेल शांति पुरस्कार' प्रदान किया गया। नॉर्वे की नोबेल कमेटी ने कहा, 'साल 2014 का शांति के लिए नोबेल पुरस्कार संयुक्त रूप से कैलाश सत्यार्थी और मलाला यूसुफजई

को बच्चों एवं युवाओं के दमन के खिलाफ और बच्चों की शिक्षा की दिशा में काम करने के लिए दिया गया है।' उन्हें प्राप्त कुछ प्रमुख पुरस्कार निम्नलिखित हैं—

- 1984 में द आचेनेर इंटरनेशनल पीस अवार्ड (जर्मनी)।
- 1985 में द ट्रमपेटर अवार्ड (अमेरिका)।
- 1993 में अशोक फेलो (अमेरिका)।
- 1995 में रॉबर्ट एफ. केनेडी मानव अधिकार पुरस्कार (अमेरिका)।
- 1995 में ट्रमपेटर पुरस्कार (अमेरिका)।
- 1998 में गोल्डन फ्लैग पुरस्कार (नीदरलैंड्स)।
- 1999 में फ्राइड्रीच इबर्ट स्टीफटंग अवार्ड (जर्मनी)।
- 2002 में वैलेनबर्ग मेडल, यूनिवर्सिटी ऑफ मिशिगन।
- 2006 में फ्रीडम पुरस्कार।
- 2007 में अमेरिका के स्टेट विभाग द्वारा 'आधुनिक दासता को समाप्त करने के लिए कार्यरत नायक' का सम्मान।
- 2007 में इटली के 'सीनेट का स्वर्ण पदक'।
- 2008 में अल्फांसो कोमिन अंतरराष्ट्रीय पुरस्कार (स्पेन)।
- 2009 में डिफेंडर्स ऑफ डेमोक्रेसी पुरस्कार (अमेरिका)।
- 2014 में नोबेल शांति पुरस्कार।

कैलाश सत्यार्थी के अनमोल विचार

- अगर अभी नहीं, तो कब? अगर तुम नहीं, तो कौन? अगर हम इन मौलिक सवालों का उत्तर दे सकें, तो शायद हम ह्यूमन स्लेवरी का दाग मिटा सकें।
- अगर आप इन परिस्थितियों में गुलाम बच्चों द्वारा बनाई गई चीजें खरीदते रहेंगे तो आप गुलामी के स्थायीकरण के लिए बराबर के जिम्मेदार होंगे।
- अगर हमें इस दुनिया में वास्तविक शांति की सीख देनी है तो हमें इसे बच्चों के साथ शुरू करना होगा।
- अपने भीतर बच्चे को महसूस करें।
- आज मैं हजारों महात्मा गांधी, मार्टिन लूथर किंग और नेल्सन मंडेला को बढ़ते और हमारा आह्वान करते हुए देखता हूँ। लड़के और लड़कियाँ जुड़ चुके हैं। मैं भी इसमें शामिल हुआ हूँ। हम आपसे इसमें शामिल होने के लिए कहते हैं।

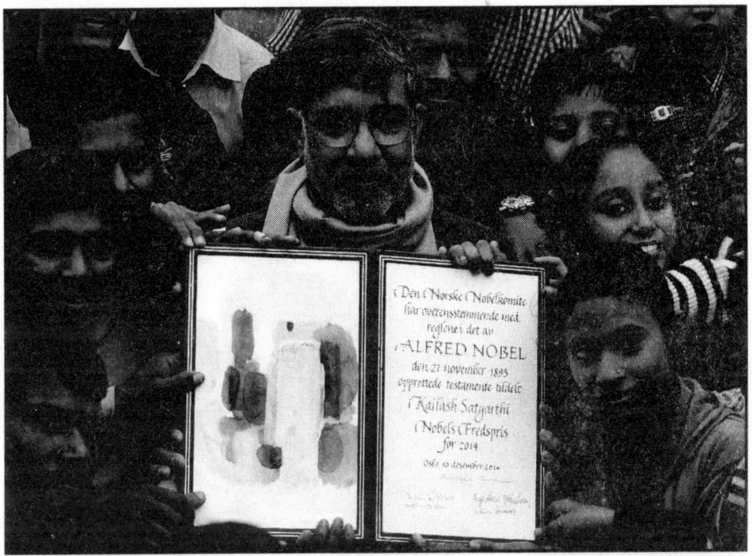

- ❖ आर्थिक विकास और मानव विकास साथ-साथ होना चाहिए। मानवीय मूल्यों की वकालत करने की सख्त जरूरत है।
- ❖ इस आधुनिक युग में पीड़ित लाखों बच्चों की दुर्दशा समझने के लिए मैं नोबेल कमिटी का शुक्रगुजार हूँ।
- ❖ गरीबी, बाल श्रम और अशिक्षा के बीच एक त्रिकोणीय संबंध है, जिनमें कारण और परिणाम का नाता है। हमें इस दुष्चक्र को तोड़ना होगा।
- ❖ चलिए, अंधकार से प्रकाश की ओर बढ़ें। चलिए, मृत्यु से देवत्व की ओर बढ़ें। चलिए, हम आगे बढ़ें।
- ❖ चलिए, हम लोगों में दया भाव जगाते हैं और उसे वैश्विक आंदोलन में तब्दील करते हैं। हम दया भाव का विश्व भर में प्रचार करते हैं। निष्क्रिय दया भाव नहीं, बल्कि परिवर्तनकारी दया भाव से ही न्याय, समता और स्वतंत्रता मिल सकती है। चलिए, हम अपने बच्चों के लिए दया भाव के जरिए विश्व को एकजुट करते हैं।
- ❖ चलिए, हम हमारे बच्चों के प्रति करुणा के माध्यम से दुनिया को एकजुट करते हैं।
- ❖ चाइल्ड स्लेवरी के खिलाफ हमारी लड़ाई, पारंपरिक मानसिकता, पॉलिसी डेफिसिट, जवाबदेही की कमी और दुनिया भर के बच्चों के लिए

तत्काल कुछ न करने के खिलाफ लड़ाई है।

❖ चाइल्ड स्लेवरी मानवता के खिलाफ एक अपराध है। मानवता खुद यहाँ दाँव पर है। अभी बहुत काम किया जाना बाकी है, लेकिन मैं अपने जीवनकाल में बाल श्रम का अंत देखूँगा।

❖ जब एक सप्ताह का वैश्विक सैन्य खर्च ही सभी बच्चों को कक्षाओं तक लाने के लिए पर्याप्त है तो मैं यह स्वीकार करने से इनकार करता हूँ कि यह विश्व बहुत गरीब है।

❖ दोस्तो, सबसे बड़ा संकट, जो आज मानवता के दरवाजे पर दस्तक दे रहा है, वह है असहिष्णुता।

❖ बचपन का मतलब है सादगी। दुनिया को बच्चों की नजर से देखो—यह बहुत खूबसूरत है।

❖ बचपन छीन लेना और स्वतंत्रता न देना सबसे बड़े पाप हैं, जो मनुष्य सदियों से करता आ रहा है।

❖ बच्चों के खिलाफ अपराध के लिए सभ्य समाज में कोई स्थान नहीं है।

❖ बच्चों को सपने देखने से वंचित करने से बढ़कर कोई अपराध नहीं है।

❖ बतौर एंटी-स्लेवरी-कम्युनिटी, हमें यह जरूर सुनिश्चित करना चाहिए कि यह अटेंशन ठोस एक्शन और रिजल्ट्स में बदले।

❖ बाल श्रम गरीबी, बेरोजगारी, अशिक्षा, जनसंख्या वृद्धि और अन्य सामाजिक समस्याओं को बढ़ाता है।

❖ बीस साल पहले हिमालय की तलहटी में, मेरी मुलाकात एक दुबले पतले लड़के से हुई। उसने मुझसे पूछा, 'क्या दुनिया इतनी गरीब है कि मुझे कोई औजार या बंदूक उठाने पर मजबूर करने की बजाए एक खिलौना और एक किताब नहीं दे सकती?'

❖ भारत सौ से भी अधिक समस्याओंवाला देश हो सकता है, लेकिन यह बिलियन सोलुशंसवाला देश भी है।

❖ मेरे जीवन का एकमात्र लक्ष्य है कि हर बच्चा, बच्चा होने के लिए आजाद हो, आगे बढ़ने और विकास करने के लिए आजाद हो, खाने, सोने और दिन की रोशनी देखने के लिए आजाद हो, हँसने और रोने के लिए आजाद हो, खेलने के लिए आजाद हो, सीखने, स्कूल जाने और सबसे बढ़कर सपने देखने के लिए आजाद हो।

- मेरे प्यारे बहनो और भाइयो, क्या मैं आपसे एक क्षण के लिए अपनी आँखें बंद करने और अपना हाथ अपने दिल के करीब रखने को कह सकता हूँ? क्या आप अपने अंदर के बच्चे को महसूस कर सकते हैं? अब, इस बच्चे को सुनिए। मुझे यकीन है, आप सुन सकते हैं!
- मैं ऐसी दुनिया का ख्वाब देखता हूँ, जहाँ बाल श्रम न हो, एक ऐसी दुनिया जिसमें हर बच्चा स्कूल जाता हो। एक दुनिया जहाँ हर बच्चे को उसका अधिकार मिले।
- मैं कभी मंदिर नहीं जाता, लेकिन जब मैं किसी बच्चे को देखता हूँ, तो मैं उसमें भगवान् देखता हूँ।
- मैं पूरी ताकत से इस बात की वकालत करता आया हूँ कि गरीबी को बाल मजदूरी जारी रखने का बहाना नहीं बनाना चाहिए। इससे गरीबी बढ़ती है। अगर बच्चों को शिक्षा से वंचित किया जाता है तो वे गरीब रह जाते हैं।
- मैं यह मानने से इनकार करता हूँ कि गुलामी की जंजीरें कभी भी आजादी की तलाश से मजबूत हो सकती हैं।
- मैं यह मानने से इनकार करता हूँ कि दुनिया इतनी गरीब है, जबकि सेनाओं पर होनेवाला सिर्फ एक हफ्ते का वैश्विक खर्च हमारे सभी बच्चों को क्लासरूम में ला सकता है।
- मैं शोषण से शिक्षा की ओर, और गरीबी से साझा समृद्धि की ओर प्रगति करने के लिए कहता हूँ, एक ऐसी प्रगति, जो गुलामी से आजादी की ओर हो, एक ऐसी प्रगति, जो हिंसा से शांति की ओर हो।
- मैं सकारात्मक हूँ कि मैं अपने जीवनकाल में बाल-श्रम का अंत देख सकता हूँ, क्योंकि अब गरीब-से-गरीब व्यक्ति भी महसूस कर रहा है कि शिक्षा वो साधन है, जो उन्हें सशक्त बना सकता है।
- मैं सचमुच बहुत सम्मानित महसूस कर रहा हूँ, लेकिन अगर मुझसे पहले यह पुरस्कार महात्मा गांधी को दिया जाता तो मैं और भी सम्मानित महसूस करता।
- मैं हमारे बच्चों के आसपास निष्क्रियता और निराशावाद को चुनौती देता हूँ। मैं खामोशी की इस संस्कृति, तटस्थता की इस संस्कृति को चुनौती देता हूँ।

- वो किसके बच्चे हैं, जो फुटबॉल सिलते हैं, फिर भी कभी फुटबॉल से खेले नहीं? वे हमारे बच्चे हैं। वे किसके बच्चे हैं, जो पत्थरों और खनिजों की खान में काम करते हैं? वे हमारे बच्चे हैं। वे किसके बच्चे हैं, जो कोको की पैदावार करते हैं, फिर भी चॉकलेट का टेस्ट नहीं जानते? वे सभी हमारे बच्चे हैं।
- सभी धर्म हमें बच्चों की देखभाल की शिक्षा देते हैं।
- हर एक मिनट मायने रखता है, हर एक बच्चा मायने रखता है, हर एक बचपन मायने रखता है।
- हर बार जब मैं एक बच्चे को मुक्त कराता हूँ, मुझे लगता है, यह भगवान् के कुछ करीब है।
- यह गरीबी, बेरोजगारी, अशिक्षा, जनसंख्या वृद्धि और अन्य सामाजिक समस्याओं को बढ़ावा देती है।

परिवार

कैलाश सत्यार्थी वर्तमान में दिल्ली में रहते हैं। उनके परिवार में उनकी पत्नी, बेटी, बेटा और बहू शामिल हैं। उनकी संस्था द्वारा बचाए गए बच्चे भी उनके साथ ही रहते हैं।

□

नोबेल पुरस्कार के बार में कुछ रोचक तथ्य

- 27 नवंबर, 1895 को अल्फ्रेड नोबेल ने अपनी अंतिम इच्छा एवं वसीयत पर हस्ताक्षर किए थे। उन्होंने अपनी संपत्ति का महत्तम अंश भौतिकी, रसायन, शरीर क्रिया-विज्ञान, साहित्य एवं शांति के क्षेत्र में पुरस्कारों के लिए प्रदान किया था, जिसे 'नोबेल पुरस्कार' के नाम से जाना जाता है। स्वीडन के केंद्रीय बैंक—स्वरिग्स रिक्स बैंक ने अल्फ्रेड नोबेल की स्मृति में अर्थशास्त्र के क्षेत्र में 'स्वरिग्स रिक्स बैंक पुरस्कार' की स्थापना की।
- वर्ष 1901 में अपने आरंभ से लेकर अब तक 'नोबेल पुरस्कार' वितरण के पचास आयोजन हो चुके हैं। इनमें से अधिकांश आयोजन प्रथम विश्वयुद्ध (1914-18) तथा द्वितीय विश्वयुद्ध (1939-45) के दौरान हुए हैं।
- 1901 से 2012 तक सभी श्रेणियों के सभी 'नोबेल पुरस्कार' विजेताओं की औसत आयु 59 वर्ष है।
- अब तक दो नोबेल पुरस्कार विजेताओं ने इस पुरस्कार को ग्रहण करने से मना किया है। ज्याँ पाल सात्र, जिन्होंने अपने आदर्शों के चलते अपने जीवन में सभी आधिकारिक सम्मानों को अस्वीकार किया, ने 1964 में साहित्य के लिए दिए गए नोबेल पुरस्कार को अस्वीकार कर दिया। वर्ष 1973 में ली डुक थो ने शांति के क्षेत्र में दिए गए नोबेल पुरस्कार को वियतनाम की दशा का हवाला देते हुए अस्वीकार कर दिया। उन्हें यह पुरस्कार वियतनाम शांति समझौते पर बातचीत करने के लिए अमेरिका के राज्य सचिव हेनरी किसिंजर के साथ संयुक्त रूप से दिया गया था।
- चार ऐसे भी नोबेल पुरस्कार विजेता रहे हैं, जिनकी सरकारों ने उन पर

पुरस्कार अस्वीकार करने का दबाव डाला। जर्मन तानाशाह एडोल्फ हिटलर ने तीन जर्मन नोबेल पुरस्कार विजेताओं—रिचर्ड कुन, एडोल्फ बुटनांट तथा गेरार्ड डोमैक पर पुरस्कार स्वीकार न करने का दबाव बनाया। कालांतर में तीनों ने नोबेल पुरस्कार डिप्लोमा एवं मेडल प्राप्त किया, किंतु उन्हें पुरस्कार राशि नहीं मिली। सोवियत यूनियन मूल के लेखक बोरिस पास्तरनाक, वर्ष 1958 में साहित्य के क्षेत्र में नोबेल पुरस्कार विजेता घोषित किए गए। आरंभ में उन्होंने पुरस्कार स्वीकार कर लिया, किंतु बाद में सोवियत यूनियन के अधिकारियों के दबाव में उन्हें यह पुरस्कार अस्वीकार करना पड़ा।

तीन नोबेल पुरस्कार विजेताओं के नाम ऐसे हैं, जो चयन के समय कैद में थे। इस सूची में जर्मनी के शांतिवादी पत्रकार कार्ल वॉन ऑसिव्जकी, म्याँमार की नेत्री आंग सान सू की तथा चीन के मानवाधिकार कार्यकर्ता लियू जिया बाओ सम्मिलित हैं।

□□□